銜接上學習之路

身心障礙者的教育輔助科技

藍瑋琛　總校閱

張倉凱、陳玉鳳、陳淑芬、王梅軒、鄭裕峰　譯

CONNECTING TO LEARN

Educational and Assistive Technology for People With Disabilities

Marcia J. Scherer

目錄 CONTENTS

作者簡介　/ iii

總校閱簡介　/ iv

譯者簡介　/ v

引言　/ vi

作者序　/ vii

致謝　/ viii

總校閱序　/ ix

譯序：讓科技有愛，造福世人　/ xi

第一篇　導論　/ 1

Chapter **1**　基礎感官的聯結　/ 3

第二篇　學習者特質與優勢　/ 23

Chapter **2**　聽障或視障學習者與學習成效　/ 25

Chapter **3**　聽障或視障的個人意義　/ 43

第三篇　學習環境　/ 61

Chapter **4**　從隔離到融合教育的推進　/ 63

Chapter **5**　融合與隔離教育的對照　/ 77

Chapter **6**　科技使融合教育更可行　/ 99

第四篇　訊息與教學傳遞之科技　/ 117

Chapter **7**　電腦：融合輔助性、資訊性和可接觸性的科技　/ 119

Chapter **8**　教育科技的需求效益　/ 137

Chapter **9**　獲得持續學習的機會　/ 163

第五篇　適合學習者的最佳科技與策略　/ 177

Chapter **10**　個別學習者的偏好與需求　/ 179

Chapter **11**　人與科技的適配模式　/ 201

第六篇 學習的聯結 / 221

Chapter **12** 個別化的整合 / 223

附　錄 / 243

附錄 A　使用者與科技適配的歷程與樣本評估表範例　/ 245
附錄 B　需求聲明表範例　/ 253
附錄 C　教育科技評估與選用檢核表　/ 263
附錄 D　輔助科技的發現與補助　/ 269
附錄 E　資訊資源　/ 271

詞　彙　表　/ 277
參考文獻　/ 283
作者索引　/ 303
主題索引　/ 307

（正文旁數碼係原文書頁碼，供索引檢索之用）

作者簡介

Marcia J. Scherer

是紐約魏博斯特致力於將科技與個人結合在一起的基金會主席。她也是羅徹斯特大學醫學中心的物理醫學和復健系的助理教授，並在國際聽力與語言研究中心擔任第二年助理研究員（她所參與的這個計畫是由羅徹斯特大學和聽力障礙者的國家科技中心／羅徹斯特科技學會所主持的）。她在羅徹斯特大學獲得博士學位和物理治療的碩士學位。

Scherer 博士也是《忍受生活中困難的狀態：輔助科技如何在障礙人士的生活中產生助益》一書的作者（第三版，2000），以及〈輔助性科技：一個對於成功復健的消費者和設備互相配合〉一文的作者（美國心理學會，2002）。她也是《評估、選擇和使用適當輔助性科技》一書的共同作者（與 Jan Galvin 一起完成）（1996），以及和 Laura Cushman 一起在美國心理學會（American Psychological Associate, APA）1995 年的期刊中發表〈醫療復健的心理評估〉一文；而這一期是美國心理學會關於心理學評估和儀器的期刊的第一卷。

她也在科技方面廣泛的寫了一些文章，因此也是《障礙者和復健》期刊的編輯委員會成員，以及《輔助性科技》、《科技和障礙者》期刊的編輯委員會成員。且是美國心理學會第二十二期（復健心理學）和第二十一期（應用實驗和工業心理學）的主編。她也是美國國會復健諮商醫療的夥伴之一，以及美國脊椎損傷心理治療和社會工作相關協會、美國教育研究協會、北美復健工程和輔助科技社團，以及具有特殊需要的會議和紐約科學學術相關組織的成員之一。

總校閱簡介

藍 瑋琛

現職：台北市立教育大學助理教授
　　　財團法人台北市來春教育基金會董事
學歷：日本國立廣島大學心理學博士
　　　國立台灣師範大學教育學系學士
　　　省立台北師專國小師資科畢業
經歷：國立花蓮師範學院助理教授
　　　教育部專員
　　　國小教師

譯者簡介

張倉凱

現職：教育部商借教師
學歷：台北市立教育大學國民教育研究所博士班
經歷：國小教師

陳玉鳳

現職：台北市西園國小特教班教師
學歷：台北市立師範學院身心障礙研究所碩士
經歷：國小教師

陳淑芬

現職：台北縣板橋市後埔國小教師
學歷：台北市立教育大學國民教育研究所博士班
經歷：外貿主管

王梅軒

現職：台北市敦化國小特教班教師
學歷：台北市立師範學院身心障礙研究所碩士
經歷：國小教師

鄭裕峰

現職：台北市蓬萊國小教師
學歷：台北市立師範學院特殊教育學系學士
經歷：國小教師

引言

由 Marcia Scherer 博士所寫的這本書：《銜接上學習之路——身心障礙者的教育輔助科技》，是以令人信服的語調所寫的非常好的資源。Scherer 博士使用個案病例療育以及個人的觀察，讓如何使用技術幫助聽覺障礙及視覺障礙者改善其生活的討論更生動。在本書討論的許多主題，皆由其他教師、家長、治療師和研究者來引證及觀察，提供了極好且平衡的觀點。

由不同程度的聽障及視障患者使用技術的回顧，提供了工具的入門，讓數以百計知覺障礙者更適應他們的環境和過更豐富的生活。聽障與視障之教育方法的演進，也清楚的説明了，社會對殘障的態度與科技對於促進這些改變所扮演的重要角色，是同時存在的演進。

透過本書，Scherer 博士回到知覺障礙者經由使用適當的協助性技術能延伸其能力的論題。雖然使用這些協助的工具，但知覺障礙者的自我實現明顯地被其他人的態度所影響；工具本身並非萬能，但善用適當的工具，可以讓人們擴展原有的能力；而這些能力被使用的程度就要視與其他人的關係之調和程度而定。

這本書對任何有興趣想要提升知覺障礙者生活的人有很高的參考價值。除了工具討論之外，本書還包含了許多美國當地視障與聽障影響的完整的資料數據，例如實用的圖表及圖片等。本書所提供的資源對於一些專業及非專業人士是非常有價值的。這些專業及非專業人士想了解問題的重要性及了解那些知覺殘障人士的生活方式，是可藉由個人的、社會的及教育的方式增強的。

LAWRENCE A. SCADDEN

作者序

　　這本書的副標題是「身心障礙者的教育輔助科技」，讀者將會注意到本書將焦點集中在聽障與視障的人士（即是那些感官障礙的人），和使用從孩童時期到成年時期的範例。透過本文來討論從各種學習環境之教育性和協助性技術。我相信對於聽障和視障者的建議和策略是有相當的適用性，特別是針對學習障礙者。因此我希望讀者能容易應用於其他身心障礙者（或沒有身心障礙者）有關廣泛的教育觀念以及一般的日常生活。

　　在1993年，我完成了第一版 *Living in the State of Stuck: How Technology Impacts the Lives of People with Disabilities* 一書，書中包含了一些例子，關於成人腦中風或脊髓受傷的人，他們如何使用協助性技術來幫助他們行動以及日常生活上的溝通、生活品質和復健。此書併入了我在當教育研究與發展的研究助理時（之後擔任教育研究和發展的評估專家）所寫的博士論文〔紐約羅徹斯特理工學院國家科技中心的聾人部門（NTID）〕。在此同時，我於羅徹斯特大學伊士曼音樂學院任教教育心理學。然後，於1994年，我在一個由NTID贊助和美國教育部所支持，有關於科技對於聽障者或視障者的國家級研討會中，組織團隊及擔任研討會評估員的角色，這促使我提高了有關於研討會中各議題和被提及的學習者的興趣。

　　但這是我在每個角色的經驗造就了我的興趣以及對此書重要內容的知識。我感到極為榮幸撰寫此書，也希望當你們在努力幫助各種障礙者的學習及在每一層級的教育上，可以發覺此書的優點及益處。

致謝

對於鼓勵和支持我完成此書的人致以十二萬分的感謝。首先,對於我從事電子工程師的丈夫,感謝你犧牲社交生活全力幫助,其中包含了你在此書中所做的完美藍圖架構。洞見觀瞻的他,觀察到多年前使用者對於技術法和他們的需求及偏好並未被注意。這促使他對我說:也許這是一個你可以深入調查的領域。

其次,感謝 Larry Scadden 博士,Larry Goldberg 和 Anne Duryea Astmann 在本書各章節草稿所提供的檢閱和精闢的建議。 第三,感謝羅徹斯特理工學院國家技術中心 Barbara McKee 博士和 Robert Frisina 博士的幫助和多年的友誼。第四,Gerald Craddock 博士在愛爾蘭廣泛的採用並且應用我的研究。

我衷心的感謝發展部編輯的 Ed Meidenbauer,助理執行 Mary Lynn Skutley,資料取得部編輯 Susan Reynolds,行銷專家 Russ Bahorsky,製作編輯 Dan Brachtesende,和所有 APA 出版社對於本書的支持及持續的指導。

我非常感謝羅徹斯特理工學院國家技術中心聾人部門的 Mark Benjamin 所提供的照片,感謝羅徹斯特聽覺及語言中心、Deborah Gilden 博士,以及 Smith-Kettlewell 眼球研究機構。感謝你們大家,若沒有你們的協助,讀者將很難想像現有的技術設備及系統。

最後,對於那些有無聽障或視障學生及教育家表達無上的感謝,感謝他們與我分享他們的想法與經驗。 他們的挫折和滿足,成功和失敗,未來的希望與夢想提供給我動力,就如同我在書中所述,而且這些都成為建立此書的基礎。

總校閱序

　　在學習之路上，常見到努力不懈克服身心障礙，了不起的毅力與心靈，而備受感動。由於生理障礙造成學習上的困難，導致學習機會的喪失，常是老師與家長的遺憾與痛心。

　　隨著資訊科技的發達，輔助科技（assistive technology）已經相當程度可以彌補生理上的障礙，讓許多不幸被隔離與孤立於學習機會之外的生命，在幼年的發展中，不再缺乏知識與智慧的灌溉與滋潤。及早進入學習大道，盡情馳騁求知的喜悅，是每一個人的基本人權。

　　學習無障礙是無障礙環境中最重要的主題之一。學習的基礎在於適切的溝通與對話，在人的溝通系統中，可以分為訊息接收、訊息表達與訊息理解。三部分都是不可或缺的一環。核心的訊息理解需要有相當程度的生理基礎之外，還需要有充分的學習與練習以促進發展。而適當有效的訊息接收與訊息表達能力，所構成的互動循環，正是提供理解能力發展的學習基礎。至於表達與接收的媒介，除了自然情境的表情、手勢與口語之外，替代或擴大性的輔助（Augmentative and Alternative Communication, AAC）工具與管道，則有許多創意與多元的成果。例如：精緻的圖示卡片、大字本圖書、擴視機、助聽器、電子耳、溝通版與各式各樣的電子化溝通機器。

　　隨著手機與電腦等資訊產業的發達，資訊革命正在快速地改變我們的生活形態，也同時促進科技輔具的研發與應用。對於學習無障礙與融合教育理想的實現帶來很大的期待。

　　「科技源自於人性的關懷」，我國的資訊產業稱雄全球，可惜資訊產業生產大國，在資訊應用上卻顯得落後。今後，在特殊教育上如何應用這個優勢實踐更高標準、更精緻

化的教育環境,是教育工作者的挑戰。本書提供了全面性的介紹,有豐富的概念與資訊,值得家長與老師參考,讓我們的幼苗都能跨越障礙獲得良好的自主學習機會。

翻譯是由一群充滿理想與使命感的年輕新銳學者。他們為這個新興領域的發展所做出的努力與奉獻,除了鞭策也應該給予鼓勵。最後心理出版社的耐心與鼓舞激勵,是本書能夠達成目標的最大貢獻者。

藍瑋琛

譯序：讓科技有愛，造福世人

　　輔助性科技之研發目的，乃是結合需求創造機會，使障礙者可以透過這些器具謀求生活中最大的助益。因此，如何讓「科技有愛造福世人」，便是身為一個特教從業人員對於輔助性科技的期望。

　　聽力障礙者和視力障礙者乃是身心障礙朋友中人數最多的族群，也是目前融入社會最成功的兩個族群。但許多視力障礙和聽力障礙者卻往往買了輔助性科技，卻不知如何使用，以及使用過程中發現人家對自己有不同的眼光。故譯者在獲知本書對於上述兩個方向都有詳加敘述，故徵得台北市立教育大學身心障礙研究所的藍瑋琛教授同意以及心理出版社的大力協助，將本書翻成中文以達譯者的目的。

　　本書針對聽力障礙和視力障礙生活中急需的輔助性科技，利用障礙者的角度來敘述，對於輔助性科技的期望和感覺。也提出很多不同的最新輔助性科技，可以供身心障礙朋友使用（因為這些輔具在國內亦可以獲得）。因此對於國內特教老師、家長和相關專業人員也有參考價值。

　　祈本譯作的出版，可以達到如標題所述的科技有愛，造福世人的目標。

譯者群

第一篇

導 論

衔接上學習之路

身心障礙者 的 教育輔助科技

Chapter 1

基礎感官的聯結

你必須在聯結與不聯結之間做一選擇。
——一位聽障女士

生命一直從我身邊流逝,不管是任何人或任何事。
而我不曾感覺有任何的聯結之處。
——一位新近成為聽障的青年

文字的普遍、共用與溝通力量遠大於口語的聯繫。
——John Dewey, 1916

身心障礙者 *的* 教育輔助科技

以下是一個聽障者的描述，當你無法聽到就如：

　　我覺得我自己與眾不同，社交上的不同。我覺得我的缺陷是我不知道如何玩遊戲，不太了解許多行為規則。我無法知道，以至於常常違反一些行為規範。我覺得自己好像站在門外觀看，隔著一扇玻璃窗，但我卻無法進入。

另一位描述聽障者如下：

　　當我聽不到時，我容易覺得急躁激動，因為我必須花費很大的氣力。我通常早上躺在床上，然後試著助聽器。我幾乎可以聽到我以前無法聽到的任何事，我覺得這是非常神奇的事。但是我無法忍受它……這個烙記……這種窘迫。當我漸漸長大時，我覺得它確實幫助到我……我真的覺得好像在聯結與不聯結間是一種選擇。我的助聽器是如此的有益，那個「烙記」再也不是問題了。

4　　聽力被認為是三種心理層次的特徵：(1)社交或符號象徵層次：接收和理解語言的能力（換句話說，就是與別人溝通）；(2)信號或警告的層次：讓人反應到一些線索，如嬰兒在哭或火警警報；以及 (3)基礎「聯結」的層次：人們接觸到周遭環境的察覺，或許有時不是有意識的，如有人在房內走動、交通或等等（Davis, 1997）。基礎感覺的聯結是最後的層次，給予生活的品質與定義這個世界是「存在的」。生活品質、聯結的基礎是本書的主題。依據目前的社會發展與教育實務，如何藉著今日的科技來增進生活品質是個關鍵議題。

　　對於有視覺障礙的人，也同樣是缺乏聯結的感覺，社交的孤立以及感覺無法與這個世界有所接觸。以下是一個視障者的敘述：

我們在紐約碰面，而且我們所做的每一件事都是錯的。我，一個視障者，還有湯姆，我們兩人都看不見。我們兩個白人在這裡，但我們還是覺得害怕。我們無法尋求協助，甚至不知道去哪裡打電話或者是任何事物。我們很害怕走失，而且老實說，在這種情況下，我們是無助的。這就好像一個人從另一國家來到這裡，而且不會講英語，從來沒來過這種大都市般的感覺。但是事實上，有人走近我們，他們所想做的只是幫忙。

對未知的恐懼，當我們無法確認環境的線索，將導致一個視障者的焦慮。但同時在這種情況下，也將帶來他人的憐憫。另一位說道：

我相信所有不同的障礙，對於盲的看法無非就是障礙的。我可以從我想的任何人獲得任何事物。事實上，過度掛念是普遍的。對於盲的有關看法，我從來都不了解，但我確信它存在。

對一位無法看到的人來說，能夠獨立是一大挑戰，得藉由環境線索及從手杖、導盲犬，或從他人得到協助等的定向專業訓練。對於視障者及弱視而言，閱讀及寫作的獨立也是相當大的挑戰。當你要寫一封私人信件時的隱私權，銀行對帳清單，或任何一個人閱讀給你聽。許多視障者都利用錄音帶或使用收音機做閱讀服務，但是對這些個人信件的形式常無法有所幫助，而且聽是一種令人覺得勞累的事情。有人告訴我，「當我聽錄音帶聽煩時，我的心裡會徬徨而且很難專心，你不能永遠只是聽」。

資訊是必要的連接環節

Hansell（1974）提出我們所生活的世界必須有七項基本的依附。這些依附包含與他人的聯結、社會角色、對事物的感覺，這樣的生活才有意義。

Hansell 認為對於高生活品質所必要的七項依附如下：

1. 生存的支持（食物、氧氣及資訊等），
2. 個人本體，
3. 與他人的聯結，
4. 與團體的聯結，
5. 社會角色，
6. 金錢與購買能力，以及
7. 有意義的系統。

　這七項依附是互相依存的，而且確定所有都是需要且是具有滿足的感覺。就如助聽器一樣，當有稍許不平衡時，就需要再調整。如在本章一開始的引言所描述，這樣的再調整會導致新的緊張刺激，感覺好像是被烙記般。終其一生，我們常是再重新平衡或重建我們的感覺及主體的利益。

　Hansell（1974）的理論陳述，現今我們的學生從學前到高中到大專，再到工作職場上的繼續教育，有各式各樣不同的教育安置目標。這議題特別陳述面臨現今教育制度就如對照到聯結個體到其他人、團體及社會角色；提供必須的知識使其成為社會有生產力的成員；以及幫助個體行為有目的及有意義。在充斥科技的社會，定義有效的教育實務工作與合格的教育工作者，但這也是面臨二十一世紀教育的最大挑戰之一。

　Hansell（1974）的首要依附條件，就是個人在環境中基本生活的獨立性，即食物、水、空氣與資訊。如果沒有資訊，那麼一個人就與社會隔絕，且會有心理壓力的危機。根據 Hansell 所說：

6

　　充分流動的生澀感覺為經驗提供了一個必須的啟動機。資訊的多樣性與形式提供經驗與經驗本身一個架構組織。當資訊的流通嚴重受阻（就如生活中孤立的形式或由於聽力或視力障礙所導致的孤立），資訊的連接通常必須慎重考量或處於嚴重的危險中。（pp. 35-36）

Hansell 相信溝通是相互的。就如我們需要某些資訊才能生存（你因為感染須看醫生），我們也需要回應某些訊息（我對盤尼西林會過敏）。當我們達到溝通的相互性，就已經達到確定溝通的要素，可以使彼此更了解。

資訊及溝通能力是成功生活的要件。如果沒有它們，基本上人們就會遠離主流社會。對那些無法聽到別人講話或無法看到視覺圖像的人，事實上就說明感官障礙的存在。

在美國聽力及視力損失的盛行率及發生率

一個有嚴重聽力或視力損失的個體，事實上感官障礙是被認為「低發生率」的，也就是說在人口數中是占少數比例的，而且在障礙族群中，比例也是少數。因此，對於年齡及興趣相關的同儕，要與他們分享相同障礙經驗是很大的挑戰。

美國教育部（1998a）報告在 1996 至 1997 學年度中六至二十一歲的身心障礙人口中，有 68,766 人（或所有身心障礙學生中的 1.3%人口）在「聽力損失」的範疇中接受特殊教育服務。然而，聽力損失的人數及毫無疑問更多人數的視障生，也許接受其他範疇的特殊教育服務，因為這些學生大多數可能同時有其他障礙。

與障礙相關的統計資料是很難建立的，常有數字上的差異且常過期。世界健康評估（National Health Interview Survey）（1995）的資料顯示，每1,000 人中有 85.8 人有聽力損失，那麼表示約有 22,465,000 人。商業及勞工部門（The Department of Commerce and Labor）所提供的數字，與 1995 年世界健康評估相仿，約有 2,200 萬人。但事實上根據世界健康組織（National Institutes of Health, NIH）的數字是 2,800 萬的人口。Strassler（1999）（DEAF-DIGEST GOLD 出版社的編輯者）說明這些都是有差異的：

有多少美國人是聽力障礙？問世界衛生組織——他們會回答你

7

有 2,800 萬人；問商業勞工部，而他們會告訴你——共同——計算出來是 2,200 萬人。當政府機構對這個數目的爭執，而我們則已錯失了 600 萬需要服務的人。

聽力或視力損失的定義因地制宜。以上的統計可能將美國分為不同的年齡群，也許不包括未受教育及非機構的個體，也許也依據較少信度的聽力或視力損失，如從聽力或視力的測試之自我陳述。

雖然聽力損失可能突然發生或者終其一生都是如此，但發生率突然劇升。從美國戶口普查局（U.S. Census Bureau）的人口資料已顯現出，在這五十年當中，公民的絕對數目及比例確實在增加中。在 1985 年五十歲或更年長者有 6,170 萬人，到了 2000 年超過 7,600 萬人，這個數目字超過在 1900 年的所有人數。

一個人的聽力障礙調適必須是發生於每個互動與每個溝通。這對每個參與的人都須額外付出，例如家庭成員、朋友、老師、同學、雇用者與同事等。因此，對於一個聽力障礙的人都可能至少有三位重要方式影響的人士。使用一個折衷數字，以美國現今有 2,500 萬的聽力障礙者來看，然後乘上四（一個聽力障礙者和三個重要的其他人），這樣得出大約有一億的人數，或者是每一州人數的 40%，是直接受聽力障礙所影響的。

如同聽力障礙，嚴重的視力障礙在十八歲或以下的年齡是被考慮為「低發生率」的障礙。他們在一般公立學校與同樣障礙及同樣年齡的同儕互動的機會是很少的，而且就像發現聽力障礙的資料，從某個來源的視力障礙的資料，通常與其他來源是不一致的。從 1995 年的美國國家健康訪談調查資料中，那年在美國人口 1,000 人當中出現率有 32.5 人有視力障礙（也就是有 8,511,000 人）。而聽力障礙出現率 1,000 人當中有 85.8 人（也就是有 22,465,000 人）。如果我們只是考慮十八歲或以下的人，從身心障礙兒童與青年人（2001b）國家資訊中心的資料來源，則指出大約每 1,000 名學生中有十二人（1.2%）是視力障礙者。如果我們考慮為法定或全盲的話，則大約是

8

每 2,000 名學生當中有一個（0.05%）。

「個別障礙教育方案」（IDEA）分為十三項障礙：

1. 特定學習障礙，

2. 語言障礙，

3. 智能障礙，

4. 情緒困擾，

5. 多重障礙，

6. 聽覺障礙，

7. 需要義肢的障礙（orthopedic impairment），

8. 其他健康障礙，

9. 視覺障礙，

10. 自閉症，

11. 聽障者，

12. 聽障—視障，以及

13. 腦創傷。

　　然而，1996 至 1997 年間在 IDEA 所分類的障礙中，超過 90%的學童接受服務。以下便是各類障礙接受服務的比例，依序為：學習障礙（51.1%）、語言障礙（20.1%）、智能障礙（11.4%）與情緒困擾（8.6%）。只有 1.3%的聽力損失與 0.5%的視力損失，只占全部小學及中學失能兒童不到 2%的比例（U.S. Department of Education, 1998a）。因為這個原因，總統委任小組對卓越的特殊教育（President's Commission on Excellence in Special Education）（2002）的報告——「為孩子及其家庭的特殊教育新紀元」中，建議將以下的三項替代十三項：

1. 感官障礙：就如視覺障礙、聽力障礙、聽障—視障障礙；以聽力及視力鑑定為基礎；

2. 身體的及神經心理障礙：像畸形、其他健康障礙、腦創傷、多重障礙、自閉症；透過醫學歷史及身體測試而以父母及醫生所鑑定的；

3. 發展障礙：像特定學習障礙、語言障礙、情緒困擾、輕度智能障礙，
   與發展遲緩；以教師參照及心理測驗密切聯結為鑑定；根據這個報
   告：「障礙並不是有或就是沒有，而是這個障礙其實是這個範圍的程
   度，而鑑定的最終目的是為了依據服務的需求而判斷。」

這些鑑定過程所建議的改變可能會包含在 IDEA 所認可中。

根據美國教育部特殊教育復健署（U.S. Department of Education, Office of
Special Education and Rehabilitative Service, 2001）調查，身心障礙的學齡學
生（即六至二十一歲）在過去幾年來比一般學校入學比例提高甚多。從 1977
到 1995 年之間，身心障礙學生參與聯邦計畫的學生數增加 47%，然而全部
公立學校入學率只增加 2%。在 1996 至 1997 學年度，超過 520 萬的六歲到
二十一歲的身心障礙學生，因 IDEA 法案接受服務，比前一年度增加超過
3.1%。在過去的十年裡，這些從六歲到十一歲的身心障礙學生數目提高
25.3%，從十二歲到十七歲的身心障礙學生數目提高 30.7%，而從十八歲到二
十一歲的身心障礙學生提高 14.7%。表 1.1 呈現出身心障礙兒童（從出生到
二十一歲）從 1976 到 1996 年在公立小學與中學所增加的數目。

表 1.1　由聯邦政府提供 K-12 1976-1977 到 1995-1996 年，從出生到二十一歲
　　　　的公立學校入學的身心障礙學生比例

障礙類別	1976-1977	1980-1981	1990-1991	1995-1996
所有障礙	8.33	10.13	11.55	12.43
聽力障礙	0.20	0.19	0.14	0.15
視覺障礙	0.09	0.08	0.06	0.06

註解：根據公立學校入學，從幼稚園到第 12 年級，包括少數幼稚園前的孩子。來自美國教育部 1999 年的州立中
心教育統計，*Digest of Education Statistic*，表 52，p.65。

聽力損失程度與所需協助：
助聽器與輔助科技幫助他們聯結

輔助科技（assistive technology，簡稱 AT）在法律上定義為：「任何項目、一件設備或任何產品系統，經商業要求而修改、客戶訂做，以增加、維持或改善身心障礙者的功能」（Technology-Related Assistance of Individuals With Disabilities Act of 1988, Pub. L. 100-819, p.3）。輔具對一個有聽力損失的人而言，它就像可以與世界連接之鑰。簡單的輔具就如閃爍器、閃光燈警報裝置，以及放大聲音的電話撥碼。助聽器有許多不同的形式（圖 1.1 是其中兩種），是聽力損失的人所最常用的裝置之一。Cochlear 移植對於許多嚴重的聽力障礙者有幫助，但在這裡我們將不會把它當是單獨裝置來討論。這個對於聽力障礙者的輔助科技將在以後另一個範疇討論。

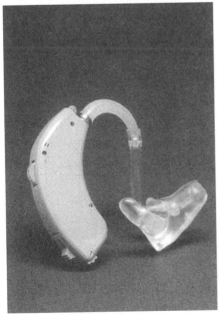
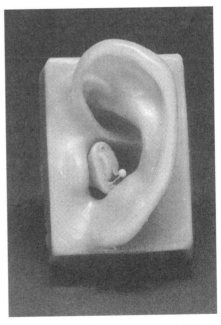

圖 1.1　耳後及耳內的助聽器。紐約羅徹斯特大學和聽力障礙者的國家科技中心／羅徹斯特科技學會專為聽障所設計的。

身心障礙者 *的* 教育輔助科技

警報及信號裝置

　　這些裝置是透過閃爍燈或閃爍器或震動器,可以利用非常細微聲音的聯結以引起個體的注意。它們包括定時器、警報器(火、煙、瓦斯)、電子呼叫器、鬧鐘以及門鈴或電話響的信號器。訓練動物來提醒聽力損失的人在各種不同環境的聲音,包含門鈴與電話響、警報器等等。

11

團體情境及大區域的擴大聲音裝置

　　為了改善在像教室、電影院、大型專業會議等等的大區域聲音,可以使用無線電的輔助聽力系統。主要有三種樣式:(1)憑藉聯邦溝通委員會(Federal Communications Commission)使用收音機頻率的 FM 系統,從麥克風傳輸到接收器(調到相同收音機頻率)以連接到耳機或助聽器。當麥克風放置靠近聲音來源時,可使用 FM 系統。例如,在大型專業會議時,演講者會被要求將傳輸器放在皮帶上,而麥克風則靠近嘴巴,以使聲音可以直接傳到接收器。另外大區域可以使用(2)聲音導入迴路(見圖 1.2);以及(3)用紅外線燈傳輸聲音的紅外線系統。所有系統都要求有聽力損失的人要有接收器。

電話裝置

12　　藉由電話放大聲音可以從嵌入的音量、串聯的放大器與附加的可攜帶放大器來控制完成。對於重度聽力損失的人而言,透過 text 電話(TT)或 TTY 可以與另一人通話。TT 或 TTY 可允許使用一般電話。它像這樣工作:

　　　　TTY 是由像打字機一樣所組成的陳列品。這個視覺陳列品以在紙上印出字體的形式,字母與數字符號構成的,或者兩者都有。電

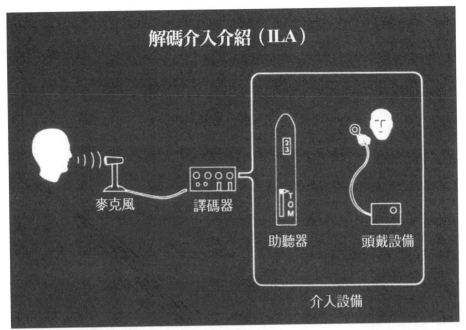

圖 1.2　聲音導入迴路的線路圖。紐約羅徹斯特大學和聽力障礙者的國家科技中心／羅徹斯特科技學會專為聽障所設計的。

話聽筒放在聯結器上，然後印出信息。壓下鍵盤的字母就會產生不同的音調，音調形成印刷出來的信息是透過電話線到另一線的末端。這個電話也必須連接到 TTY，這樣這個信息才可以解碼及呈現出來。最新型的 TTY 有聲音附帶（VOD）型式，這可以使聽力困難的人能夠說出這個信息，而且從 TTY 接收答案。（Dugan, 1997, p.54）

TTY 會話的傳統縮寫多年以來逐漸發展。例如：圖 1.3，信息以 GA 結束，就是「繼續」（go ahead）的縮寫。Cagle 與 Cagle（1991）已發展 TTY 成規與縮寫的書，對於任何新的 TTY 或 TT 讀者都應閱讀。假若 TTY 讀者不想用 TTY 與別人說話，那麼就需要使用中繼服務。自從 1993 年以來，中

13

繼服務在每一州都可使用。一個有聽力障礙的人可透過 TTY 呼叫服務，而聽力接線生從 TTY 接收到信息。接線生打電話給另一方，然後轉達信息的噪音資料給 TTY 讀者。然後這個 TTY 接線生打出聲音回應到 TTY。當使用中繼服務和接線生說話就如你想和某人交談一樣，這是非常重要的。這個中繼接線生將會打出或逐字翻譯說出信息和回應。

　　另外遠距離的溝通來源包括數字無線電話，雙向信息與電子郵件。

✦ 通信裝置與調整的通信科技

　　這領域的裝置所提供的媒體如收音機、電視與 CD ／立體系統。對於輕

圖 1.3　TTY 或 TT（text 電話）機器。注意編碼在數字的右上方連接到無線電話上。紐約羅徹斯特大學和聽力障礙者的國家科技中心／羅徹斯特科技學會專為聽障所設計的。

度到中度的聽障人士來說，這些裝置可以透過導入迴路系統或耳機連接到助聽器。而對於重度的聽障人士來說，密閉及開放的字幕（closed and open captioning）可以顯示在螢幕上以利閱讀。很重要的是，在 1993 年的 7 月 1 日之後，「譯碼線路法案」（Decoder Circuitry Act）要求所有電視至少要在十三吋以上，所有線路也要包含解碼字幕。更新的產品還包括從字幕傳輸系統擷取字幕的個人字幕系統，而且可以透過一組用夾子夾住字幕顯示的眼鏡。這字幕似乎是浮動在眼睛的前面。

　　如表 1.2 中，較嚴重的聽力障礙者需要複雜科技的結合。許多人聲稱需要輔助的聽力裝置，因而能忍受這些小器具造成的煩躁不安，而對聯結交流的不便利變成能適應。

表 1.2　根據聽力障礙程度的聯結選擇

聽力障礙程度	警戒	團體與大區域	電話	通訊
0- 25 dB（正常聽力）	沒有	沒有	沒有	沒有
26-40 dB（輕度聽障）	沒有	大區域的聽力系統	電話擴大器	電視／收音機擴大組，擴大電話
41-70 dB（中度聽障）	電鈴的閃爍燈；火、煙、瓦斯等的閃爍燈	個人擴大器，大區域的聽力系統	電話擴大器	電視聽力設備（FM 音頻迴路）
71 dB 以上（重度聽障）	電鈴的閃爍燈；火、煙、瓦斯等的閃爍燈，震動鬧鐘	個人擴大器，大區域的聽力系統，手語翻譯服務	text 電話（TT）或中繼服務	字幕（對所有障礙度皆有用，但重度聽障有需要）

註解：取自 M.B. Dugan, Hauppauge, 1997 紐約巴諾教育系列的《與聽力障礙生活的關鍵》。版權為巴諾教育系列所有。經同意由《現在聽得更好：參與者手冊》（pp.44-46）改寫。 羅徹斯特聽力與語言中心，2001 年。版權 2001 年，羅徹斯特聽力與語言中心。經由同意改寫。

視力損失程度與科技及其他輔助方式

引起視力損失可能因為許多不同的因素，例如在出生時缺乏氧氣、眼睛創傷，及疾病引起，如糖尿病。這些可導致改變視力損失的程度，從全盲到只影響一隻眼睛。根據身心障礙兒童與青少年的聯邦資訊中心（National Information Center for Children and Youth With Disabilities, 2001b）定義部分盲、弱視、法定盲以及用在教育的全盲敘述為視力損失的學生如下：

- 部分盲（partially sighted）：指一些視力問題而需要特殊教育。
- 弱視（low vision）：通常指有嚴重視力損失，不須限制遠距離視力。

14 弱視指的是不能在一般目力距離內看報紙，甚至得借助於眼鏡或隱形眼鏡。他們使用視力及其他感官學習，甚至需要燈光或印刷尺寸調整，有時需要點字。

- 法定盲（legally blind）：指的是較優眼少於 20/200 視力或極限的視力（20 度最寬點）。
- 全盲（totally blind）：指的是這些學生要靠點字或其他非視覺媒體學習。

表 1.3 提供適合這四個範圍個體的科技例子。很重要的是要注意到因視

15 **表 1.3　關於視力障礙的科技輔具範例**

視力障礙程度	閱讀／書寫	移動性
部分盲／弱視	簡易到複雜的放大裝置；放印刷紙在黃色醋酸酯唱片上以凸顯，電腦正文放大	無需長條杖、導盲犬
法定盲	閉路電路電視（CCTV）或者收音機放大器；替代的電腦輸入、輸出與導航方式	導盲犬、長條杖、聲波引導、全球衛星定位系統（GPS）
全　盲	點字科技（可攜帶式的 notetaker）；視覺上特質認知（OCR）軟體；替代性的電腦輸入、輸出與導航方式	導盲犬、長條杖、聲波引導、全球衛星定位系統（GPS）

註解：取自 J.D. Leventhal 的適用輔助科技的評估、選擇與使用中的《視力障礙或視力損傷的輔助裝置》（pp. 125-143）。J. Galvin 與 M. Scherer 編輯，蓋次堡，MD: Aspen。版權 1996 年由 Aspen 改寫。

力障礙變成較完整，他們基本上需要使用更多的協助和高科技以及複雜的科技，以幫助他們閱讀、書寫及移動。

輔助科技也有負面觀點與挫折

15

在大部分的生活領域，科技既會帶來希望也會帶來陷阱圈套。雖然使用輔助科技有許多好處，也同時會有隔離的可能性。這聽起來似乎有所悖論，有些輔助科技特別是高科技的，有時用起來會凸顯一個人的不同，而且使得輔助科技的使用者看來是「不同的」。許多人在使用輔助科技（如助聽器）時，常覺得自己被烙印。我訪談的一位聽力損失的學生，她個人覺得戴助聽器會被同儕認為有印記。換句話說，甚至自己沒戴助聽器時，她仍會察覺到輔助科技的烙印，因為有聽力損失也像助聽器的使用者一樣。她描述了這種情況：

16

當我漸漸長大時，學校有另一位男孩也是聽力障礙者。他可以聽得比我好一點點……他過去常常戴著那種裝在身上的一種助聽器。我不可能忍受那種事。人們會看著你。而且身為一個女生戴著那些小凸塊……他是唯一另一位的聽力障礙者，我們兩人卻彼此躲開對方。

聽力與視力損失的教育意義

身心障礙兒童與青少年聯邦資訊中心（2001b）為視力損失兒童列出以下的教育意涵：

一個兒童發展上的視力損失結果決定於發生狀況的嚴重度、損

失的形式與年齡，還有兒童全部的功能層次。許多兒童有多重障礙，他們的視力損失可能導致動作、認知與／或社交發展遲緩。一個年輕的視力損失兒童，很少有機會在周邊的環境探索有趣的主題，因此，也會失去經歷與學習的機會。缺乏探索也許一直持續著，直到學習變得有動機或是介入開始後。

因為視力損失的兒童無法看到父母、同儕，他們無法模仿社交行為或了解非口語的線索。視力障礙對於一個成長的兒童而言是一種阻礙。視力障礙的學生在一般教室上課，也許需要額外的特殊設備與調整以加強聽力技巧、溝通、定向以及行動性、職業／生涯選擇，還有每天的生活技巧。那些弱視和法定全盲的學生也許更有效地使用他們殘餘的視力時需要幫忙，以及特殊的救助和工具。視力障礙且有其他障礙的學生更需要專業團隊方法，以及更需注重在自我照顧和每日的生活技巧。

視力障礙的兒童應該早日診斷，以早日接受療育方案。電腦形式的科技與弱視鏡片的輔助，可以幫助許多部分視覺障礙的人、弱視者與盲童，使得他們可以參與一般教室的活動。大字印刷材料、錄音書本以及點字書籍都是有用的。（Fact Sheet No. 13）

根據身心障礙兒童與青少年聯邦資訊中心（2001a），聽力損失的兒童在學習單字、文法、字順、片語表達以及其他口語溝通等方面有困難。在四、五歲以前，大多數聽力障礙的兒童因為聾的緣故，而上整天課，並從事特殊的溝通與語言工作。聽力障礙的學生：

使用口頭或手部的方式溝通，或者使用兩種方式。口頭溝通包括言語、讀唇法及使用殘餘的聽力（這個可能包含助聽器的使用及／或輔助聽力裝置的使用）。手部的溝通包括符號與手指拼法（需要手語翻譯員以促進有聽力障礙者及非聽力障礙者之間的溝通）。

全部的溝通，就如一種教導的方式，它是口頭方式加上符號與手指
拼法的結合。（身心障礙兒童與青年的國家資料中心，2001a, Fact
Sheet. No.3）

聽力與視力損失的學習者因為科技變得較獨立。事實上，他們所獲得的
大多數資料，現在是以科技為本位以及透過電信或電腦科技來傳遞資訊。這
使得讀寫能力變得更重要。對於聽力障礙者而言，字幕或是口譯系統是普通
的；對於視力障礙者而言，他們可以選擇語言輸出、電子放大器、擴視
（OCR）輔具，與點字輔具。對於所有的教育程度，依據他們對輔具的特殊
需求與優先仍繼續研究中。其他研究領域的需要是：(1)這些輔具有效及無效
的影響之分析；與(2)對於可影響人與輔具的最適合性、輔具使用的訓練以及
輔具的最佳使用情形的策略與工具的鑑定。

本書架構

既然輔具對於視力與聽力損失的人而言，在教育機會的量與質兩方面都
有顯著的影響，並且會有更多機會的發生是有巨大潛力的。同時聽力損失及
視力損失的人，可能存在監控可能性的限制或阻礙的新發展之需要。因此這
些人終其一生與教育生涯，包括他們在學校的閱讀與成人文字教育，這是有
決定性的機會的。

這本書的重要觀點是聚焦於人與輔具合適性的參數與步驟。我個人非常
同意生命觀點的合適性。為了合適與增進學習，有許多要素是必須考量的。
這些包含以下要素。

◆ 學習者的特質與優先權

輔助不僅只是「驚嘆」（gee whiz）而已，可能造成學習的分散以及增

18

身心障礙者 *的* 教育輔助科技

進個體能力。同時移除輔具時也產生障礙。故對學習概念上也有相同需求。

學習環境

雖然對於障礙人士，擴展教育機會的質與量有法定的支持，但大多數聚焦在教室的環境。終身學習要求在實驗室、圖書館，及其他資料陳列室、社區本位中心的學習以及在家等，都須同等的注意。需要發展遠距學習，以讓人們可以在更多的環境中學習。

獲得資訊與教學安置的科技

不管是不是身心障礙者，也不論年齡，都需要獲得完整資訊的目標。對於視力障礙者而言，圖表和有插圖的資訊是很大的挑戰；而對於聽力障礙者而言，他們的困難則是聲音和聽覺的資訊。由於缺乏可利用的科技知識與使用訓練，致使身心障礙者仍存有許多瓶頸。

呈現的資訊有許多不同的需求、學習模式與方式。對於為身心障礙學生而選擇的特定科技與安置系統需要更多資訊。教育工作者須主動提供科技輔具的介紹以及使用練習。

配合學習者的最佳化科技與策略

教學與學習的關鍵在於確信資訊是有意義的，而對於身心障礙學生而言，科技輔具通常是關鍵所在。每位個體都有特定的優勢能力、學習形式與需求，尋求符合學生要求與科技之間的適切性是需要了解這些因素的。

19　　　這本書主要為圍繞這些一般主題而分為四個部分。關於對視力障礙或聽力障礙者的科技輔具技巧已討論過，但對於這些輔具能提供個體利益，如學習、社交參與與生活品質等之教育與社交實務則著墨較少。本書的特點主要

有那些曾經為發現革新與成功的方法而掙扎奮鬥的實際生活與經驗者的心聲，而較少純粹科技與教條式性質的理論。為了使這本書能夠讓讀者更利於實務上的應用，我花了數小時訪談和觀察他們的實際環境生活，而且要求他們描述他們成功的經驗、他們所遭遇的難題以及如何克服、努力的成果與改變或改善的建議。對於視力障礙或聽力障礙者，我常使用的技術是生命線訪問（lifeline interview）（Rubin, Rahhal, & Poon, 1998）。這是非常簡單，但它的幫助卻從來不會是無用的。人們可以回憶重要的事件以及看出情況的聯結。我開始在一張紙上畫出一條線呈現出他們的全部生命長度，然後問我正在訪談的這些人，告訴他們我在這條線標上一個記號代表著就是今天。這個可以馬上給我一個想法就是他們可以看到他們自己未來的長度。然後我接著繼續問他們出生的日子並標記出來，從那一點開始，我問他們指出他們生命中的重要事件。憑藉著看到這些先後順序發生的事情，通常會讓他們記起多年未曾想到的事情，以及看出某些重要事件是如何在塑造未來後續的事件中扮演著一個重要角色。我觀察到許多的「啊哈」和「燈泡中斷」的這個科技經驗。這可以使我對於他們對自己未來發展有立即的想法。

聯結性的基本概念與利益的感覺，通常是源自有品質的互動與體驗。人們需要感覺與他們聯結的環境、人與資訊。輔助與教育科技輔具已經為障礙者降低許多的不便與障礙，甚至對於在教育與職場上的成功，如在教室、社區以及在家裡，都有關鍵性的幫助。因此，本書很適合廣泛族群的讀者，如發展上、教育上、健康、復健以及學校心理師；特殊教育工作者；父母與身心障礙者；成人教育者；職能治療師，以及視力障礙或聽力障礙的專業人士。這本書將帶給視力障礙或聽力障礙者極大的利益，對他們終其一生可增進互動與學習機會。

本書所討論的重要人物一覽表以及他們的身分如下：

Betty，紐約州立視障學校的教師

Frank Bowe，一個 Hofstra 大學的教授，從三歲起就變成聾者

Philip Bravin，國家字幕機構公司的前總裁及執行長

20

Norm Coombs，羅徹斯特科技機構，他是一位盲者，且在遠距課程教導
　盲生歷史學

Dave，公司的工程師，他是一個嚴重的聽力障礙者

Ellen，一個幼稚園的學生，他是一位盲者也是腦性麻痺患者

Jamie，紐約州立視障學校的學生，他既聾且啞，又是一位自閉症者

Janet，擁有電機工程博士學位，在全國財星前五百大公司工作，也是一
　位嚴重的聽力障礙者

Jeffrey，一位大學新鮮人，是位弱視生

Kate，嚴重的聽力障礙者，描述大學時代的困難時光

Larry Scadden，為身心障礙者的國家科學基礎課程的前任規劃董事，他
　在四歲時即成為一位盲者

Stephen，公立學校的一名五年級弱視學生

第二篇
學習者特質與優勢

Chapter 2

聽障或視障學習者與學習成效

經驗為一個提供生澀感覺能豐沛流動著的啟動機。
資訊的多樣化與形態提供經驗者組織,
就如同經驗本身一樣。
當資訊流通受到嚴重限制,
則資訊的聯結通常會被中斷,
或是有被中斷的危險性。
——Norris Hansell（1974, pp.35-36）

　　每位學習者具有不同的特質與優勢。為了幫助每位學習者能達到在教育上的成功，理想的指導與學習環境需個別化，以允許學習者從中選擇最適合自己特質與目標的適當管道。Philip Bravin 是國際字幕機構（National Captioning Institute）的前任總裁與執行董事，且任職 IBM 公司達二十五年之久，以下是他的觀點：

　　　通常我們有五種感覺——嗅覺、觸覺、視覺、聽覺與味覺。但是我只想聚焦在視覺與聽覺兩種上。所有這些感覺都是接收器，無法表達任何事物。我們命名五種我們接收訊息的感覺方式。

　　　我們所接收的資料或訊息。電腦資料包括三種基本形式——文字、圖表與聲音。我在這裡想對資料與訊息做個區別。當我給你一串號碼時，它們沒有任何意義。但當我說 9-1-4 然後 738 及破折號，接著四個號碼，那是什麼？很顯然的那是電話號碼。資料是沒有意義的，但當賦予意義時，它就變成訊息了。

　　　當一個人從視覺或聽覺接收到資料，他們將在資料的過程轉換為訊息。如果我們沒有用這種方式，那麼我們在學習環境中就無法個別汲取知識。輸入須修正以適合個體的需求與希望，以使他們達到最大的學習成效。（Bravin, 1994）

　　視力或者是聽力的損失確實對個體取得資料有影響。如果無法取得資料，那麼就無法獲得或完全了解有意義的訊息了。在這一章裡，我們將敘述更多有關聽障與視障的經驗，以及科技與其他用來取得資料的策略；在下一章裡，我們將討論一些聽障或視障者的個人意義，以及他們所遭受的阻礙與困境，但卻成功的例子。

24

了解聽力損失

聽力損失有很多的成因與結果來源（Dugan, 1997; McFadyen, 1996; Men-
cher, Gerber, & McCombe, 1997; Myers, 2000; Scheetz, 2001），並討論從這些
實體中得到訊息的精華。在最基礎的層次來說，聽力損失可以發生在一耳或
兩耳，也可以只有一部分的損傷，如外耳、中耳或內耳。當外耳或中耳有損
傷或阻礙時，則稱為「傳導性」（conductive）的聽力損失。如果是耳垢或是
在外耳的聽覺器官導管受到感染，則會導致傳導性的損傷。傳導性的損傷基
本是導致在低頻範圍（low-frequency ranges）的聽力損失，對於音量較有影
響，但語言的了解較不重要。中耳問題包括鼓膜的穿孔與感染。對於傳導性
聽力損失而言，「聲音好像很輕柔但說話夠清楚，如果聲音夠大的話」
（Dugan, 1997, p.17）。傳導性的聽力損失通常不會造成嚴重的損傷，而屬於
傳導性損失的人，通常可以使用助聽器。而且，通常傳導性損失可以借助內
科或外科幫忙。

感覺神經的聽力損失通常由於感覺器官的傷害（內耳的毛狀細胞或是神
經）或是疾病引起中樞神經系統的聽覺中心損傷（如：因為高燒及藥物的副
作用）；外傷（包括噪音）；以及最普遍的是因與年齡相關的感覺神經靈敏
度的損耗問題。內耳的損傷導致感覺神經的損耗，而這個人對於高頻率、高
音會感到相當困難，像 s、 f 與 sh 的子音對他們而言很難。這些聽力損失範
圍從輕度到重度，甚至就算使用擴大器提高音量，一個感覺神經聽力損失的
人可能收到扭曲的聲音。他們無法了解整句話，是因為有部分的字失落，甚
至是有一些句子沒聽到。這也同時減少了欣賞電視及收音機的能力，通常使
用助聽器也無法成功。

傳導性與感覺神經的雙重損傷意指外耳或中耳及內耳的問題，這導致了
混合聽力損失。第四種聽力損失是中樞聽力損失，這是由於中樞神經系統的
神經或神經核損傷或傷害之故，或是到大腦的途徑或大腦本身的損傷。

聽障程度通常分為輕度、中度、重度或極重度，決定於一個人聽的強度

25

與頻度。評估聽力損失最普通的方式是透過聽力測量測試。聽力計根據建立的標準可調整，從正常一般到聽力損失的變化。量測聲音的強度或響度（測量單位 dB）與頻度或音高（測量單位 Hz）。

> 「正常」聽力的界限所標記的強度為 0 dB。每增加 3-dB 表示聲音強度的倍增。聽力損失可以以 dB 量測，如果一個人是 25-dB 聽力損失，那就表示他聽不到小於 25-dB 強度的聲音。（McFadyen, 1996, p.145）

非聽覺因素，就像人際和社會經驗，與聽力損失結合就導致了對於那些有損傷個體具有獨特意義的感覺。因為像那種非聽覺因素的影響是很難測量的，聲音邏輯（audiologic）的建議有時候似乎會錯失一些我們想得知的訊息。

兒童的聽力損失

身心障礙者個人教育法案（The Individuals With Disabilities Education Act，簡稱 IDEA），是為確保身心障礙兒童在可能情況下獲得最好的教育而訂定，以及為這些兒童提供必要的調整及設施。IDEA 在第四章及第六章有更深度的討論，因此在此處只將焦點放在 IDEA 法令下合於接受特殊教育的聽障或視障兒童。

雖然「聽力損傷」的條件通常是指廣泛範圍的聽力傷害，包括全聾，而 IDEA 分別定義聽力損傷與全聾；在 IDEA 對聽力損傷的定義為「聽力的損傷，不管是永久的或是會變動的，都會對兒童的學業表現造成不利」。一個有聽力損失的兒童通常可回應聽覺刺激，這包括語言在內。「聾」換句話說，在 IDEA 的定義為「聽力受損非常嚴重以致妨礙到以所有或大部分方式接收到聲音，以及透過聽力，不管有沒有擴大，在接收語言的資訊過程都是有所損傷的」。通常在孩子的聽力大於 90dB，才會考慮教育安置的目的，雖

26

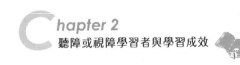

表 2.1 　成人及兒童之聽力損失結果的範圍與敘述

損失程度	敘述	兒童	成人
0-25 dB	正常	無	無
26-40 dB 聲音方面 （子音）	輕度重聽	團體中以輕聲或在遠距離有困難。可能有語言遲緩。需要充分的環境調適。	在嘈雜環境及團體有困難。需要充足的調適環境。
41-55 dB 聲音方面 （母音）	中度重聽	在團體中有困難；對談一定很大聲。語言及學習困難。除了環境，助聽器可能有益。需要特殊教育安置與諮詢。	對話時聲音需很大而且需視覺線索。除了環境的調適外，需要助聽器。
56-70 dB 嬰兒哭聲	中／重度	在許多情況很難了解對話。需要助聽器，以及特殊教育安置。	在對話中及團體中漸漸困難，需要擴大器或助聽器的輔助。
71-90 dB 真空清潔器	重度	聽不到對話。語言及說話困難，需要助聽器及特殊教育安置。	聽不到對話，需要視覺線索。需要職業評估與個人諮商。助聽器、信號及通訊設備很重要。
91 dB 以上 電話鈴聲	極重度	可聽到大的嘈雜聲但只知道震動。視力是主要的溝通途徑（手語、字幕）。	可聽到大的嘈雜聲但只知道震動。視力是主要的溝通途徑（手語、字幕）。

註解：取自《聽力損失生活的關鍵》（p.10），M. B. Dugan, 1997, Hauppauge，紐約：巴諾教育系列。版權所有 1997。
　　巴諾教育系列改寫。

然這與孩子所居住的各州規定不同。表 2.1 列出聽力損失與聽力困難的關係。

　　若聽力損傷本身未影響一個人的智力或學習的能力，但有聽力困難或視障的學生通常會需求一些特殊教育形式服務，以獲得充足的教育。

科技與調適

　　在 IDEA 法令之下，對於有聽力障礙的學生提供的幫助，包含語言及聽力訓練、放大系統、為使用手語的學生提供口譯者服務、有利的教室座位安

排以促進閱讀、字幕的觀看、記錄者的協助（幫學生做筆記，使學生可專注於教師及指導教材）；以替代式溝通模式（如手語），及為個人發展的諮商服務。身體上聽力損失觀點會造成一些聽覺能力與策略，來協助個體在接受資料後轉換為資訊。在任何聽力障礙的範圍內，對促進成人與兒童的策略都是類似的。下表 2.2 列出了成人與兒童建議的策略，是為了在不同情境下所遇到的溝通困難。

　　各種不同的視力損傷形式與原因已在第一章討論過。因此，本章剩下的部分將焦點放在兒童與視力損傷的學習以及基本上用來協助他們接受資料的一些科技種類。

視力障礙兒童

　　根據美國視障基金會（American Foundation for the Blind）（2002a）調
29 查，在美國大約有 93,600 個從出生到二十一歲的兒童，是全盲或有視力障礙的，而接受某些形式的特殊教育：

> 　　這些學生是一個極端不同的團體。不只是由於他們視力障礙的本質與程度上的不同而已，而且他們對於視力損傷的調適方式也有不同。他們的學業功能層次也差距相當大。而且他們在利用視覺接受訊息的各種方式與其他團體不同，如種族與種族上的背景不同、宗教、地理位置與收入等都不同。由於這些的差異性，我們要記得每個小孩都須視為有獨特需求的個體，這是非常重要的。

　　大多數的學業工作是結構的，以至於視力是接受資訊的主要感官。看的能力受到限制以及從相關環境接受資訊也受阻，這樣將會影響一個兒童活動自由的意識，以及對自我的發展與切合和歸屬感。

　　全盲或視障的學生教育應包含所有一般普通教育教材的基礎領域，另外

表 2.2　在不同情況下與聽障人士溝通的策略　　　　　　　　　28

溝通困境	對聽障者的策略	對與聽障者溝通的策略
噪音或雜音	盡量避免分散力並且集中注意力在說話者上；轉換到較安靜的地方，當在溝通時，看著他的臉及表情。	如果可能的話，消除背景雜音（如關掉收音機）；當你在說話時，確定對方在看著你及注意你；說話慢且清楚，但嘴型不用太誇張；提高聲音但不要大叫；如你被要求重說，請重複你的回應並加上臉部表情或非口語線索；不要吃口香糖或是嘴型不清楚；試著站在不複雜的環境裡。
遠距離的說話者與聽者之間的對話	盡量與說話者靠近；考慮使用助聽設備；盡可能找到較少雜音的環境，但你可清楚看到說話者的臉及肢體動作。	面對觀眾及說話慢且清楚；提高你的聲音；盡量使用姿勢及非口語線索；如果口譯者與聽障者在一起，直接對聽障者說話而不是對口譯者。
多數說話者	告訴他們你有聽力問題，而且請一次一個人說話、速度放慢且聲音大聲；你的位置要盡量讓這些人看到你的臉；讓對話自然進行，但問你沒聽到的特定問題而不是問「什麼」。要求對方重複片語，而非重述。	確定每位說話者說話慢且清楚，且一次一個人說話；說話者在說話時須面對聽障者，確定光線良好且每位說話者都能讓聽障者看到臉部；當有口譯者，請面對眾人而不是對口譯者。
低光線情形	盡可能靠近說話者；試著移到光線較亮的地方；盡量將光線集中在說話者的臉上。	最重要的事情是光線良好的地方；提高你的聲調但不是大叫；當對話時要面對說話者。
複雜的訊息	如果可行的話，要求寫下來；要求寫下重點。	準備小冊子寫下溝通的重點；定義新的或少用的字或首字母縮略字；總結你所說的話；隨時注意聽者的面部表情；如有口譯者在場，對著聽障者而不是對口譯者。

註解：取自《聽力損失生活的關鍵》（p.10），M.B. Dugan, 1997, Hauppauge，紐約：巴諾教育系列。版權所有 1997。巴諾教育系列改寫。

還須包含「延伸核心教材」（expanded core curriculum），提供現今社會的生活與工作獨立（Ramsey, 1997）。延伸核心教材應包含以下的全部或部分：

- 獨立生活的技巧：包括完成每天的工作，如清潔工作、煮飯、看時間、處理金錢等等；
- 社會互動技巧；
- 學業補救技巧：包括取得資料的技術，如點字閱讀及書寫、使用光學設備閱讀標準印刷，及聽力學習方式；
- 定向與移動：是指一個人在一個環境中及安全旅行的方式；
- 視力效率技巧：意思指在現有的最佳視力使用找到策略；
- 軟體或硬體的科技輔具之使用與技巧；
- 生涯教育。

以上所指是當一個孩子已適當評估其個人特質、視力障礙發生年齡、在有學習經驗之前、發展層次，與可能的其他障礙。最普通的介入是藉著印刷資料，如放大的印刷字體、收音機或點字。輔助科技如電腦調整的輸入與輸出與弱視鏡片及錄音帶的協助，使得許多部分視障、弱視及全盲的學生能參與一般教室的活動。

科技與調適

表 2.3 總結「為視障者及欲與他們溝通者在各種不同環境的策略」，這個表的內容與表 2.2 有關聽障者溝通是類似的。

這些策略對大區域的情境（教室、會議等）很有幫助。對全盲者或是弱視者而言，獨立閱讀與寫作是他們最大的挑戰之一。因為每種策略都有優勢及弱勢，許多長大成人的視障者，都曾經歷過許多年的一些高科技與低科技結合的裝備，以增進他們的閱讀與寫作能力。例如，許多人不知道點字，而寧願一個助手幫他們看而為他們口述。然而，這個結果對於視障者的隱私權造成不利，如私人信件、銀行對帳單及其他文件等。許多視障者使用書本的

錄音帶或預錄的內容及使用收音機閱讀服務，但是這些方法也無法幫助個人的通信往來。

表 2.3　在不同情境下對於視障者及溝通者的溝通策略

溝通困境	對視障者的策略	對與視障者溝通的策略
雜音或噪音	盡量避免分散力及集中注意力在說者上；移動到較安靜的地方，讓你可以較清楚聽到聲音及獲得環境的線索。	假如可能的話，將背景雜音去除（如：關掉收音機）；在說話時確定與你對話者注意到你；雖然視障者看不到你，仍須面對視障者，並將聲音放大。
對話者間的距離	盡可能靠近說話者；盡量選擇較少雜音的環境；如果你看不到所呈現的視覺訊息，要求敘述性的服務；並要求可行的視覺材料形式。	面對聽者，將速度放慢且清楚；提高音調；描述所有視覺與圖形材料與特定姿勢及非口語的線索。
多人說話者	告訴其他人你有視力困難，且要求他們在說話時先告知名字；盡量選擇較少噪音的環境；如果你錯失重要訊息，詢問特定問題而不是只說「什麼」？	確定一次一個人說話，且直接面對聽眾；確定光線良好且避免不需要的雜音（如關掉頂頭的投射燈）；提供視覺性或圖形資料的口語描述。
低光線	盡可能靠近說話者；試著移動到光線較良好的地方；盡量利用現有光線以專注在說話者的臉部。	最重要是獲得更多的光線，或盡可能移到光線較好的地方；當說話時要面對聽眾。
複雜的資訊	如果可行，請要求預先的線索或要求重點。	事先準備筆記，用大字體寫下重點綱要或先錄音；確定新字、不常用的字；先說你要說的話，再總結你剛剛說的話；注意聽者的臉部表情以察覺是否已了解，當提供描述性服務須告訴聽眾。

32

✦ 什麼是點字？

點字（Braille）的命名來自發明者的名字——Louis Braille，這也就是常常看到寫成 B 字母的原因。在網路上可以獲得許多有關點字的敘述（American Foundation for the Blind, 2002b; Castellano & Kosman, 1997; National Federation of the Blind, 2002; Wormsley, 2000）。基本上來說，點字有三種不同等級，在等級 1，一個字體相當於點字的一個「單元」，在特定形式或結構是由六個浮起的點組成，代表一個字體或符號。在等級 1，構成每個字母的字體、數字、標點符號與特定點字組成的符號；在等級 2，是更複雜的系統，且不像等級 1 有縮寫的系統。「and」與「the」都是在等級 2。而且，像平常用的結尾如 -ing 或開始的 dis- 都是以一個點字符號代表。甚至所有常用的字也許會有獨特的符號或以一個單獨的字體代表（例如：字體 d 空一格或在任何一邊的標點符號，即代表 do）。等級 2 的點字更難學習，而且它的複雜是因為符號的意義決定於發生的情形。等級 3 的點字是為更縮短的點字系統。

33

基礎的點字如何運用？它以六個點為一個單元，而三點高及兩點寬，如下：

1 ..4

2 ..5

3 ..6

字母前面，從 A 到 J 的十個字體，使用上面四點，舉例：

A　B　C　D　E　F　G　H　I　J

當這些相同的十個特徵在先前已被特殊符號用了，它們從 1 到 0。接下來字母的十個字體（從 K 到 T），在較低的左邊加上點。最後的從 U 到 Z 的字體，Louis Braille 從 A 到 E 加上 3 點和 6 點（底部兩點）以形成 U 到 Z。Louis Braille 原創並沒有包含 W，那是因為在法語並不流行。然而二十年後，

不列顛帝國的人民要求加上 W 字，他藉著從 J 加上點 6 成為 W（底部右點）。全部有六十三個可能的組合，因此遠超過剩下的三十七個組合。他們用來創立像 and, for, the, with 的縮寫字或像 er, sh 與 th 的一般字的組合。

有各種不同的方法產出點字，其中一種稱為石板（slate）和尖筆（stylus）。這是一種小的設備，用金屬模板取代紙，而尖筆（看起來好像是一個小型尖銳的鉛筆但它的尾端是針）被按在一個六點單元模板的組列上，以產生每個想要的點。根據一位石板與尖筆使用者說：

> 當你開始擊出所有的點數時，你會對於作者原先的受限有一個全新的體驗。儘管你是從左到右讀點字，當使用石板與尖筆時，你必須從右到左擊出點數，因為你正翻著這頁在讀著。

石板與尖筆（American Foundation for the Blind，2002b）剛好可以容易地放在襯衫的口袋，幾乎沒什麼重量，而且可以陪這個人到處走。雖然這個系統不是設計來記錄課本的內容，對於在教室或會議都是可方便記下筆記的。例如，當我和一位盲者同事參加一場大學會議時，我注意到他拿出石板與尖筆並在他的名片凸出他的名字、電話號碼、網址大約有二十個。而當我開車到會場時，另一名同事也是盲者，他對我說：「這是在開會時的唯一最好方式，我可以記下稍後我想做評論的一些話，因為它就像筆和紙可以隨意寫出。」

另外一種獲得點字檔案的方式包含手式點字凸物（很像老式的手用打字機一樣）和附在電腦的點字印表機。

✦ 高科技與低科技之結合

視覺障礙者愈來愈依賴電腦設備，這可幫助他們私下處理閱讀與寫作。較舊式、電子機械式的設備稱為Opticon〔視覺到觸覺的轉換（Optical to Tac-

34

tile Conversion）〕，在 1971 年開始上市（Scherer, 1982; University of Illinois at Urbana-Champaign, Graduate School of Library and Information Science, 2002）。它將符號、字體或數字轉換成一串在原始圖像上類似砂紙的手指觸碰結構。它只比一般卡式錄影帶稍大些，有兩個主要的元件：(1)一個 $1 \times 1\frac{1}{2}$ 吋的照相機是可自由移動的，而且可用手操作，依照一定方向去移動一整頁的內文；塞繩附在照相機連到(2)底盤，使用者可將左手食指放在超過 144「刺激桿」（stimulator rods）的區域。這個刺激桿的特定安排可產生照相機的圖片，那代碼感覺會像刺癢似的，例如像字母 O，對使用者而言就像一個震動的小坑一樣。

當桿提起然後震動時，就會產出像砂紙似的。它可以形成標準的字體與符號，像教科書那樣的印刷體，而不是手寫的字體。

一位視障的同事告訴我，他在 1980 年代初期即有一部 Opticon back。他發現它非常緩慢，感謝目前的掃瞄器與螢幕閱讀器（兩者都較便宜且較好）。他說：「我每分鐘大約讀十五個字，而我的手指會遲鈍二十至三十分鐘。」Opticon 現在以較好科技取代：擴視（OCR）系統可以「掃瞄印刷或自動輸入檔案，快速以虛構（合成）語言或點字呈現字幕」（Leventhal, 1996, p. 129）。它也是一樣，使用照相機以取得印刷頁數的影像，第二個要素是重新認知軟體以轉換影像到正文，第三個則是語音合成機轉換正文到合成的聲音輸出。前面的兩個要素在目前機器上的照相機與正文影像的互動，在現今電腦掃瞄文件的機器可以看到。

35　　那些個人電腦附有合成語音輸出的裝備，應用電腦化的語言讀出出現在螢幕上的字，它們可令使用者完全獨立與隱私地讀與寫網路信件訊息。如果需要訊息的影印，點字附電腦的印表機可印出來給使用者。另一種選擇，使用者可輸入或打出訊息以及利用更新點字鍵盤讀出。此點字鍵盤如圖 2.1。它包括一組識別號碼（pin），大約有 1/3 吋長，以點字六點的不同數字橫欄排列。Jay Leventhal，是一位在紐約市的美國盲者基金會科技中心的資深資源專家，他對於如何使用描述如下：

圖 2.1　更新點字鍵盤樣式，The Smith-Kettlewell Eye 研究機構，舊金山，加州。

　　一個用來展示的改良點字是一種 20、40 或 80 個字元的單獨裝置。而點字字體是一種利用電子方式上升或下降的針形裝置，這種新改良的陳列方式是讓資料隨著視窗畫面移動而改變呈現方式。（Leventhal, 1996, p.128）

　　使用者對於使用更新的點字有何觀點？電腦翻譯出訊息到適合的點字符號、字母或數字，以及識別號碼以提升合適的點結構。當一個人用手指碰觸識別號碼或點以獲得訊息，其他針移除後，第二頁訊息產生。

　　一個使用者相信它有助於閱讀書籍：

身心障礙者 *的* 教育輔助科技

36　　　　當過了一會兒，我聽錄音帶感到厭煩時，我的心裡猶豫且很難
專注。你不能永遠聽。改良式的點字很棒，但是你的手指經過這些
針時，必須非常小心，因為如果它們彎曲了，必須把它們弄直或送
回修理。

　　Braille 'n Speak，如圖 2.2 所示，是一種為視力障礙者所設計的普遍用來
記錄上課內容的機器（notetaker）（http://www.freedomscientific.com）。由
Dean Blazie 在 1988 年所發明。它是一種滑動的單一體，大小形式如錄音帶，
具有 Perkins 形式的鍵盤（七個黑色按鈕——六個點加上一個空格鍵）。三
個按鈕排一直線在左方，三個在右方，第七個在它們的中央。在較低的右手

圖 2.2　Braille' n Speak 可攜帶型的記錄機。Courtesy of Deborah Gilden, PhD.,
　　　　加州舊金山的 Smith-Kettlewell 視力發展機構。

邊角落是狹窄的空間，這是揚聲器。這些都是裝備上可看得見的。它是電腦，雖然相當小且很輕（大約一磅重）。它可以很小的原因是因為沒有監視器及線路的需要。雖然沒有鍵盤或滑鼠，但是它可以像一般標準的鍵盤、滑鼠與監視器使用。而且它有很多的記憶體——一百八十頁 RAM 的容量。一頁有 4,096 個位元組，所以在 Braille 'n Speak 中，一頁相當於三頁的印刷或八頁的點字。當增加到一百八十時，那就是它有多少的儲存容量。另外，它有一個儲存新舊資料隨機記憶體（超過一百八十頁的 RAM 容量）。

Braille 'n Speak 是一種多用途的裝置，Charlie，一個巴達維亞大學的視障畢業生對我說。他對它非常熟練，而且教導別人如何使用：

> 有一台膝上型輕便電腦，你可以將檔案區分到不同的使用手冊，我可以用這個來做。它也有語言建構在裡面。它有時鐘、日曆與定時器（時間表示方式），它有一個一般的計算機和精密的科學用計算機，因此學生可以帶著它到教室上課，在每一堂不同的課建立不同的檔案，而且當他們進入代數或統計或是微積分，所有的這些計算機功能都在他們的手指上。它真是令人覺得神奇的個人資料助理。

Braille 'n Speak 非常輕巧且攜帶方便。它附帶的攜帶箱子有個袋子，可提供很大的用途。Charlie 描述：

> 在旁邊的接口是獨特的，在那個接口，你可以將它裝接在一個配件的磁碟片，那個可以允許你下載資料。也就是說我已寫下一張紙，然後我想給任何一人。我可在磁碟片裡下載，然後你可以帶回家裡，再放到你的個人電腦，然後在以一般的正文來閱讀它。或者，你想要給我資料讓我閱讀，我可以拿你的磁碟片，放在磁碟機裡，然後從裡面下載資料，然後就可以瀏覽了。

37

　　一個點字翻譯機將 ASCII 內容翻譯成 Grade II，或速記、點字。現在，當我說到點字時……會給你一個想法，當我們說一頁時，一頁的印刷相當於大約 2.5 到三頁的點字。在等級 1 點字時，當你書寫一個一個字母，因為點字本身很大，會花相當大的空間。例如，舊的和新的 testament 在簡略的點字裡是十八冊，每一冊是三吋厚度，一尺正方形。現在你了解為何視障者不能攜帶《聖經》到教堂去的原因。我有一個口袋型字典，就像一本平裝書，大約有 3/4 吋的厚度，一般平裝書大小。在點字第二級裡，它的八冊就是為了加裝口袋版本。

　　Braille 'n Speak 的另一出入口是印表機出入口。這種單體，我可以直接掛在一般墨水印表機或雷射印表機。我可以寫信而且我可以印出來及寄出去；我可以做自己的工作，我不用請別人幫我寫信。也許我需要別人做，但為了我的隱私權，我可以有自己的個人溝通。我可以以不同的意見將點字印出。現在，如果我有想寫的教材，我會傳到點字機或甚至我可以自己留下，或假如我想在點字磁碟的檔案上讀，或如果你想要我點字，我插入於此，就有兩種運用，在幾秒鐘之後，我就有點字影印。所以這個單一裝置可以允許我有磁碟片副本、印表機上副本或點字副本。我現在有三種溝通方式可以運用。

　　這個多功能程度當然比石板和尖筆的方法向前跨一大步，因為點字書寫而且還可攜帶。而且，與石板和尖筆的方法不同的地方就是點字的設計不需「返回」（backward）。

　　在這一點上，我觀察到 Charlie 進入 Braille' n Speak 的資料，以至於可以聽到聲音輸出。對我來說，它聽起來好像機器人在講話一樣，而且非常的快速。這個機器聲音對我而言並無法識別轉調，雖然它已設計提供一點點的轉音而且在標點符號都有暫停（就如逗號和句號）。這個聲音轉調會在句子落

下，而在問號提高。但是因為速度太快，我只能辨認大約三個可理解的單字，而且無法察覺它的轉調。就像是 Charlie 對於 Braille' n Speak 如此地精通，他說：

> 我不太常使用語音合成機，因為語言並不是都很好，除非你插入一個較大的擴音器。在這裡的擴音器大小大約像鎳一樣。所以你不用去想品質會有多好。但是我會打開它，它會說：「Braille' n Speak 2000……就緒……」然後它會給我一個正在使用的檔案名稱，當你關掉時，它就停在你正在使用的檔案，然後它會給我時間，你可以放慢或者是提高速度。所以我已經準備好記下筆記，當我回家時我可以印出來或者是可以編輯或歸檔。它確實有這個能力可以重複我輸入的任何事。而且如果我不喜歡這個發音方法，我還可以改變它。它裡面有一本辭典，我可以改變它說話的語音方式。這對於人的名字有幫助。它有 300,000 個拼音檢查，而且可以辨別出省略符號，所以當你書寫一份文件，你可以去查拼字然後繼續寫。它是一個「發現物」機制，所以當你下載一本書到這裡面，而你正在閱讀時，你只想找這本書的某部分，你只要到檔案上方，就像任何電腦打出搜尋機制，然後你按出你正想要搜尋的，那麼它就會出現。它真的非常快，比我使用過的任何個人電腦還快。

到目前為止，Braille 'n Speak 有三個層級，最基本層級稱為 Braille 'n Speak Classic，包含時鐘、日曆與一般（非科學的）計算機。Classic 有四十五頁的容量；下一個層級 640，有一百五十頁的容量；最後一個層級 2000，已如上敘述。2000 有許多其他的內容，如微型編碼。根據 Charlie 所說： *39*

> 我也可以從桌上驅動出入口插入數據機到電話線，而現在我可以進入網際網路。另外我覺得有一種好的科技產品是掃瞄器。當我

　　拿到時，我可以第一次讀完自己五十年來的信件。我也可以從檢查系統下載以保持我的帳務平衡。我也可以寫支票及印出來；我可以做我自己私人的帳務，而且不會讓任何人知道。我不需要其他人來讀我的信件、帳單以及我的隱私。對我來說，我現在可以取得第一手資料。

　　以上只是剛好是裝置與科技設備的一些例子，產品已演進一段時間，而幫助許多視力障礙者能有獨立閱讀與寫作的能力（American Foundation for the Blind, 2002b; University of Illinois at Urbana-Champaign, Graduate School of Library and Information Science, 2002）。每天都有新產品的發展，例如，在2000年新的記錄器，BrailleNote，一種與 Braille 'n Speak 競爭的新產品上市。它的特徵就是有 8 鍵點字鍵盤，點字呈現（18 或 32 位元），以及聲音輸出。BrailleNote 與 Braille'n Speak 兩種都提供記錄、文字處理與一些基本功能、語言輸出與日曆，而且它們可以連接到電腦介面。但是建議它們有一些不同的使用方法。BrailleNote 具有更靈敏（intuitive）的手動系統，特別是如果一個人已經使用電腦，會給予 Braille 或 QWERTY 鍵盤的選擇，兩種都是連接到電腦，但以不同方式連接。BrailleNote 有一些創新的特色（例如全球衛星定位系統，亦即 GPS）且較容易學習。它聲稱「製造結果與標準視窗應用相容（http://www.braillenote.com）。然而，Braille'n Speak 使用已超過十五年而且是非常穩定的產品（http://www.freedom scientific.com）。

　　專為視力障礙者之科技發展似乎已演進至複雜裝置，以提供他們資訊處理與他人及任何地方的獨立溝通。科技亦會造成許多阻礙，令人產生挫折，甚至須克服。到目前為止，要與視力障礙者與聽力障礙者相處仍有許多挑戰，但仍因人而異。對於任何人而言，聽力或視力障礙的意義是個人化建構，而且是經由每個人複雜的人格、態度與行為，以及協助的品質與提供的教導而定。這將是第三章所要討論的主題。

Chapter 3

聽障或視障的個人意義

我總覺得我像站在外面向內看，那兒有一扇玻璃窗，
而我卻無法進入裡面。

——一個出生即聽障的女士

有些事情必須靠感覺，因感覺是如此難以捉摸、複雜、
且有時是痛苦的。

——一個成人才成為嚴重聽障的女士

當你需要別人幫你，你就等於沒有任何秘密可言。

——一個全盲的男士

　　人們根據他們個人的個性與態度去改變他們的身體與感覺能力。這些是由於他們的社會關係歷練、背景經驗、生活形式優勢、建立人際關係網與溝通需求、關於他們在各種不同情境所獲得的能力與功能所培養的判斷與見解所形成，而且他們所建立的調整模式是為了應對損失與改變（Scherer, 1996a, 2000）。基本上，他們會發現這些環境特質也能對他們的聽力或視力損失發揮很強的影響力。當然，決定這個損失的性質與嚴重度是最大的因素之一，在什麼年齡發生，以及是否有關疼痛或其他疾病或傷害。

　　Hofstra 大學教授 Frank Bowe 長期為身心障礙者奉獻，且是創立美國 1990 年身心障礙者法案（Americans With Disabilities Act）的重要人物之一。在 1994 年，他發表了完整的演說，更清楚說明訊息要道不會總是像平坦的道路一樣（Bowe, 1994）。在會場裡他說了一些早期科技較為幽默的例子，他強調科技的進展與感官障礙的個人反應。

42　　　　Larry Scadden（Scadden 博士寫這本書的引言）我們兩人在幾週前才通過電話。Larry 自從他四歲時就盲了，而我是在三歲變為聾者。我們都說這是多麼的神奇，竟然在沒有科技的適應，我們都能完成公立學校學業。而且，我們雙方都繼續接受教育。我們兩人都擁有博士學位。而且我們都必須做這行工作，像是蒐集資料、分析與報告。我們兩人都使用現代科技。

　　　　Larry 和我都已從人到機器有些動向。當我們兩人還年輕時，我們以資料為中介與別人互動。Larry 必須使用點字，然後人們必須為他介紹點字。人們必須閱讀書籍，將它們翻譯成點字，然後錄到錄音機裡，非常耗費人力，非常耗費勞力。對我來說，這也是事實。當我大約在二十歲時，我打了第一次電話。在我三十歲時，我才看了第一次電視而且才知道發生什麼事。事實上，每個互動我都必須經過別人傳達。當看電視時，聽到人必須停止然後告訴我發生什麼事情。如果有人打電話給我時，別人幫我接了電話。如果我打

電話給我媽媽，或者是打電話約會，不管做什麼事，都是別人幫我代勞。我仍然記得有一次，我在宿舍為了準備考試在讀書時，有人走進來向我說：「Steve 打電話找你，你要在八點鐘在圖書館與他見面，然後給他一些指導。」然後我回答：「好。」別人幫我做了決定，因為用電話對我來說是個很大的麻煩。

對任何年齡的人，尤其是青年人，適應與歸屬感是重要的目標。根據 Erik Erikson（1963）提出的心理社會發展（psychosocial development）的階段理論，當一個人發展出個體的自我與同儕團體的一分子，青年期是關鍵時期。這些關係的風格、類型與優先種類會形成未來在友誼與潛在夥伴的選擇。因此青年人主要的任務就是了解自己本身是一個獨立的個體，也是一個社會或更多的社會團體中的一分子。Bowe 博士敘述他試著要去適應他的同儕之經驗如下：

> 我記得當我在十四或十五歲時，試著要去過像所有十四及十五歲年輕人的生活。那時候，他們都正在看電視節目及電影，而我也嘗試如此。當我站在電視機前面四個半小時的時間，我完全無法讀任何一字的唇語，我覺得相當沮喪與挫折（因為我是一個好的讀唇者），但是過了半小時，我還是一無所解。最後我父親下班回到家中，站在那兒兩秒鐘，然後說：「這就是問題所在，他們講的是法文，但卻配音成英文。」

43

當從一種調適好的觀點與高度成功的成年人來說，這顯然經歷過許多辭不達意與窘境，而當試著與別人溝通時自然形成挫折。

人們對與他人溝通有很大的需求，而教育使得老師與學生聯結，學生又與他人聯結。當然，不同年齡的學生有不同的聯結需求。在這一章當中，對於教導視障者或聽障者的情境，我會討論 Erikson 的發展階段與 Abraham Mas-

low（1954）的需求層次。雖然在這章裡，我主要在談聽力障礙，但就討論過的許多經驗，也可以知道視力障礙及其他障礙者。

聽障與視障的反應取決於許多原因

我在羅徹斯特大學的伊士曼音樂學校講授教育心理導論達七年之久。概括性來說，教育心理是與學習者的發展與差異性、動機與思考，及與教學與教導策略相關。學習者的特質有兩項重要觀點，在這章主要談的是，個人發展出個體獨特的優勢與特質的方式，及人們有動機學習的方法。

稍早，Erikson 的心理社會發展理論提及青年人是了解自己是一個個體及他是社會團體或更多社會團體的一分子之關鍵期。Erikson 的心理社會發展理論對終其一生的健康人格在教育心理是非常普遍的（Eggen & Kauchak, 2001; Ormrod, 2000），因為他說的是對照從小學到中學後教育基礎的個人與教育議題。同時它也強調當面臨這些人生階段時的個人人際、社會與教育壓力。

Erikson（1963）相信一個人的進展是透過一連續階段到更高的發展階層等級。Erikson 認為一個人在完全呈現成人的健康人格特質之前，必須經過八個階段或危機。如果一項特定危機未解決，對能成功解決連續性危機就更加困難。Erikson 的心理社會發展階段，都是將重心放在每個危機的正向結果上。

44

1. 嬰兒期	信任對不信任 基本生存需求的滿足
2. 嬰幼兒期	自主與羞怯及懷疑 自我控制的表達導致自主
3. 幼兒期	積極進取對內疚 積極進取的正向結果導致目的及 企圖心

4. 學齡兒童期	勤勉對自卑 活動的成功導致成就感
5. 青少年	認同對混淆 自我的了解、自信,能有所選擇 及表達
6. 成年早期	親密對孤立 施與及接受愛的能力
7. 成年人	創造生產對停滯 生產及製造的慾望
8. 成年晚期	整合對絕望 認為一個人的生命已完整及完成

　　但是假若像聽障或視障者,這些階段又像什麼呢?對某些人來說,也許沒有任何不同。但對其他人來說,就如 Frank Bowe 博士所言,他們對自己的自信心、做決定及表達決定,以及覺得歸屬感等方面將面臨挑戰及阻礙。被同儕接納、從朋友得到情緒支持的來源,以及可躲掉一些所了解可接受行為的規則。

　　如 Frank Bowe,Janet 生下來即為聽障者。Janet 是電力工程博士,而且在財星五百大公司工作。她未婚,並與年邁母親同住,由母親接聽所有的電話,直到在三年前聽力惡化為止。

　　Janet 是一位高且有吸引力的女人,她走路步調小且體態僵直。她很少微笑,而且說話聲音輕且缺乏音調變化。她對話的風格就如她的動作一樣緩慢,而且在說話前常會仔細地選擇及斟酌其用語。因此,我們訪談進行得十分緩慢。一開始時,我在一張紙上畫了一條生命線,然後要求她在她的生命中的重要事件做記號。她在生命線上做的第一個記號為剛去學校的那一天。

　　　　我在兒童時期就戴著助聽器。但助聽器並不合我的尺寸,它有
　　個電池包裝吊在我的腿上,且我必須借助三包或四包香煙的尺寸墊

45

在胸上。我剛到學校時,環顧四周看是否有人在注視我。沒有人在看我,基本上第一天就這樣過去了。

凡事都還可以,直到上了國中。那時我所處的環境,社交愈顯得困難,在那時候我的不同就變得更明顯了。我覺得我與別人不同,社交不同。我覺得我的障礙並不是不了解如何玩遊戲,而是有些規則並不像寫下來的規則。我不知道它們是什麼,所以我有時會違反一些行為規範,那段時間就像毀壞我的自信心。我常覺得好像有一扇玻璃窗在那邊,而我站在外面觀看,但我卻無法進入裡面。這不僅讓我變得內向且不了解其他人的需求,這也使得我變得好像會怕其他人一樣。

我是一個獨行俠。我開始發展出強壯且獨立的自我形象。這是一種生活方式,也合併成我人格的一部分。這並不是說我很快樂,而是我要開始發展一些可以生存的過程。當然也就有一些回饋,像是我自己獨立做事可以有成就的感覺,我得到一些平安。我也相信其他人必須學習這些事,也許有些人從不。

然後我再問 Janet 有關她在大學時候的生活。這應該已有一段時間,根據 Erikson 的理論,她的焦點轉變成親密的形成、相互的滿意關係,以及需求相互性、妥協與犧牲之關係的知識。當人們無法學習到有關的「行為規則」與形成親密關係,那麼就會導致孤獨的感覺。我問 Janet 大學生活像什麼,以及她的朋友是否與她高中時期有所不同。

46

在大學時期,我讀了很多,但不是學習很多。我選擇我所要讀的,這是一種學習方式,也許你不須了解你所在環境的社交禮儀。這是我學習規則的方式。我不是很外向,我笑得不多,看起來似乎不太友善。很遺憾我稍早未看到社交規則,我仍然正在學習。

如果我重複去做,我可以較肯定地形成友誼關係。我發展出一

種哲學，可能是透過因為害怕而產生拒絕，現在已逐漸改善了或是不再了。這就像握著你的手，如果它們沒有抓住你，我就準備拉過去了。

當我再問，在她的內心深處，是否想改變一些不同的事。她回答如下：

> 我最想做的一件事是改善我的聽力問題。而且更肯定的是形成友誼。我想如果我有機會到聾啞學校，而不是到一般普通學校的話，我的個性可能會完全不同。也許我的生涯不會那麼值得，但我想也許會較快樂些。

如同像 Janet 漸漸長大時，現在許多聽障年輕人也覺得社會孤立，且無法與同儕保持聯繫。為了了解個體差異性以便調整，對於 Erikson 的理論，可以知道當與重度聽力障礙者共事時，會導致更深的焦慮、憂鬱、生氣、孤寂與獨立。

身心障礙的人口中，與心理問題最為有關的是聽力障礙（de Graaf & Bijl, 1998; Pollard, 1996）。在早期時，對於兒童時期的聽力損失有情緒與心理調整，將較容易。而在稍長時則發現相當困難（Kristina, 1995）。然而，調整是相當大的變數，必須依據個人的生活經驗，習慣性的處理挑戰方式，以及社交的程度有關（Thomas, 1985; Vernon & Andrews, 1995）。例如：那些外向、較喜歡團體活動、而且生涯強調人際關係的人，會與那些保有隱私生活的人不同。而且有些終其一生戴著助聽器的人，他們會覺得不方便或困窘（Schirmer, 2001）。有關科技使用的意義是個別化的而且會影響所有的障礙者（Pape, Kim, & Weiner, 2002; Scherer, 2000）。我曾訪談過一位女士，「你必須在聯結與非聯結間做一選擇，如果情緒沒有調適好，則設置與調整將沒有助益」。

對於一個人的自尊而言，選擇戴助聽器會覺得被烙印，若不戴助聽器會

47

覺得無法與人溝通,這是兩難的問題。除此之外,對聽力障礙者而言,個人與社會觀點常會覺得充滿壓力。當在壓力下,個人聽的能力與參與互動時會變得彼此讓步。這位是我訪談中聲音清晰的一位:

> 現在有些時候當我覺得很累我會聽得不好。當我休息夠,我可以聽得較好。所以,我的聽力決定於我的身體狀況,這是顯而易見的。這是很重要的,我降低壓力、焦慮和疲憊,而這些都是為了想要聽和想要理解所要付出的努力。

壓力與社交獨立的循環將會對那些人發展出調整他們的聽力損失,與找到方法去放鬆、參與社會關係(可能透過使用助聽器與輔助聽力裝置),而且做出個人、人際間,與環境必需的調整,以舒適地參與對話與社會活動(Thomas, 1985)。

需要滿足、動機與自尊

Maslow 發展出五個階層的需求,以讓個體可以滿足他們的生活:
1. 身體的或物質的
   (1)生存
   (2)安全
2. 社會/親密
   (1)歸屬感
   (2)自尊
3. 智力/成就
   (1)認知
   (2)了解
4. 美學的、藝術的

5. 自我實現

Maslow 認為需求必須迎合每個依次連續的層次，從最低身體的或物質的需求，在一個人移到下一層次前，如果無法達到需求將會憤怒或焦慮。當一個年輕人突然意識到重大的聽力損失時，他會將焦點集中到自尊與社會需求上。通常這些成人會發現自己必須從每一階段重新來過，重新適應新的朋友，也許完全迎合新的生涯領域，而不是原先所計畫的。

當我們考慮 Maslow 的歸屬感與自尊的社會／親密需求，相當於 Erikson 的第五個階段青少年的「認同對混淆」時期。Erikson 的想法就如 Maslow 一樣，強調在這個階段中發展自我、自信心與能力以做選擇及表達的重要性。

自尊包含對自我概念的了解，清楚的認同，而且相信這些都是有價值的。我們所接收與給予的訊息都帶來認同。當我們無法接收這種訊息，或我們所接受到的訊息是令人困惑的、不完整的，或訊息太多太快，則我們會感到被淹沒。而將導致認同危機與低自尊（Seppa, 1997; Shirmer, 2001; Tuttle & Tuttle, 1996），表 3.1 列出當視障者或聽障者無法接收到某些訊息時的心理社會學習與行為挑戰。

當漸漸長大而過了青少年與成人的發展階段時，因缺乏與同儕的聯繫，無法形成認同，而漸漸會對自己缺乏自尊。一個女士，Kate，敘述她自己在

表 3.1　視障者與聽障者面臨的心理社會學習與行為挑戰

感官障礙	心理社會學習挑戰	心理社會行為挑戰
聽力障礙	缺乏口語對話與以聽覺為媒介的訊息	較少一般有關人際關係間的溝通形式
	缺乏口語訊息與線索（例如：聲音的變化與聲音表情、感情）	由於缺乏口語線索的概念，導致在與人對話時的混淆與誤解
視力障礙	缺乏視覺訊息（例如：非口語的線索、肢體語言、影片與其他視覺媒體）	在團體情境時的視覺會混淆
	較少機會模仿他人行為	在非口語行為的不確定感，與他人相處時會感到焦慮

兒童及少女時代過得很好，但當她轉銜到大學時代時，卻感覺到相當困難。
再一次，我使用生命線訪談技術，以獲得在她生命中較生動的重要事件。關
於她早年學校生活，她說：

在大學以前，我覺得還可以。老師幫我安排在每一班級的前
座，他們站在班級的前方，會在黑板寫筆記。除了高中英文課外，
其他課程我都坐在前排，所以還跟得上學習。這個英文老師的教學
方法是會問學生問題，而且讓同學參與。當同學回答問題時，他會
陳述且回應，說「很好，再多說些」。我坐在前座，心裡想著「這
個答案是什麼？現在發生什麼事？」可是我完全無法了解。我習慣
性會去思考這是我的錯誤，我不夠專心，因為通常在我的卡片上這
樣寫著，而不是寫是因為我聽不到。我去想那是我的問題，然後只
有我必須去做調整。

就是因為這樣，我無法完成大學學業。我的聽力損失逐漸征服
我，我不再聽，我功課常寫錯。剛進入大學時我是一位快樂的人，
但後來我變得被征服了。這是我一生中，我第一次覺得我無法處
理。本來我是一位非常外向活潑的人，後來變成退縮。我不想看到
任何人，也不想跟任何人相處。

然後她告訴我她在大學時遇到她未來的先生，很幸運地拯救了她的生
命。

如果不是遇到他的話，我可能會因為聽力障礙造成的憂鬱和社
會孤立，而去自殺。當我們在約會時，他告訴我必須戴上助聽器。
我從未忘記……這真的是不可思議的經驗。我說：「這是什麼雜
音，我聽到的嗡嗡聲是什麼？」那就是冷氣機。我以前從未聽過冷
氣機的聲音。

當新發現她與外界聯繫的能力後,一般人會想Kate會開始增進自尊心,
但其實不然,另一個負向的概念是很難拔除的,那就是戴著助聽器的烙印,
即便她真正的困難是由於在社交上會漏失訊息。

當我戴上助聽器後,我每次出門都會圍上圍巾,所以如果吹起
風,人們就不會看到我戴著助聽器了。你沒有看過一個人到了二十
歲才戴上助聽器。真的是很不容易適應。

接下來幾年真的是很難度過,因為在很多情境我都完全不了解
別人在說什麼。當你覺得常常脫軌而且常搞不清事情,你就會變得
沒信心。

有一次我參加露營時,有人對我說,「我看過你,但你不理
我」,或是「我以前看過你,但你連看我一眼都沒有」。我真的被
打敗了,我是一個友善的人,我非常喜歡交朋友及社交生活,但我
慢慢變成一個寂寞又孤寂的人。

我又問Kate:「所以這令你改變?與你無法溝通的人也許有改變,也許
沒有改變,所以你會做調整?」

也許吧!那些無法與我溝通的人沒有改變,變的人是我。

我們的互動跟其他人類似,當這些互動產生分享策略時,可以改善或反
轉心理壓力,而形成較正向的自我觀念。從其他人身上,我們獲得一些自我
形象、自尊心及滿足概念的必需要素。溝通交換可以幫助我們形成健康的個
人認同,或像早期的Janet的情形一樣,當不完整時會導致困惑與極度的孤
立。當與身心障礙者共事時,不管是年齡或發展階段,同儕關係網或支援團
體是相當有幫助的。這些團體由其他相似的身心障礙者所組成,因此可分享
經驗。就如Janet所說,如果她去就讀聽障學校,她的情緒可能會比較好。

在現今的融合環境裡，在校內或校外透過機構及協會的活動，可以獲得同儕的支援。類似這樣的一個機構名稱為聽力困難自助會（Self Help for Hard of Hearing People），在全美國有二百五十個分會，有很多兒童團體（www.shhh.org）。這個協會有國外會員，而且在澳洲有姊妹協會。

調整適應

對於生下來就是聽力障礙或視力障礙者，需要終生的調適過程。任何個體都會呈現長期的調適形式與跨情境的調整。但對於一些在成人才成為聽障或視障者，對感官能力的調適將是痛苦難忘的。

Lee Meyerson 是一位重度聽障者，是亞利桑那州立大學的心理系教授（已退休）。他過去是美國心理學會（American Psychological Association）分部 22（復健心理）的總裁，並且是《心理重建》期刊的創立編輯。Meyerson 奉獻生涯於評估與改進身心障礙者能力的發展過程。在第二次世界大戰過後，他描述一些剛成為聽障者許多調適形式的特徵（R.G. Barker, Wright, Meyerson, & Gonick, 1953）。雖然他描述聽力障礙，但到今天也可分享在成人期視力障礙者許多相同的感覺與反應的經驗。Meyerson 的調整形式 1 就如 Janet 一樣，寧願退縮到安全及熟悉的環境，最後成為一個渴望的學習者，不需與他人聯結而可控制其生活事件。在調適形式 2 時，會自己扮演，就好像他或她並沒有聽力障礙一般。當聽力障礙者面對不同溝通能力與視力互動所存在的阻礙時，需花費很大力氣以降低、偽裝或補償。這些人好像居住在兩個世界間的邊緣地帶，對聽力障礙感覺到羞恥，但意識到他們無法與他們正常聽力的一群有相等的會話能力。在調整形式 3 時，這個聽力障礙者認知事實而接受這就是他的一部分，而不需看輕自己。

一個人也許在社交上是調整形式 1，而在工作上是調整形式 3，或反之亦然。雖然有些可以用許多重要的方法調適他們的聽力障礙，但也許會形成永久的瘡疤，將會確定個人的生活形式與主要人格。Janet 就是一個例子。然

051

而她可以看清對其生活所造成的衝擊,而將衝擊結合成她個體永遠的一部分。

另一個人告訴我說,當嘗試著要維持在聽力障礙的情境下是非常疲累的。甚至就算她有許多朋友,而且社交非常活躍,她仍然較喜歡獨處與享受單獨的活動。當獨處時,對她而言,學習聯結變成是應對的策略。

> 當我身邊有許多人時,我必須要顯現出很有精神去面對情境,然而我覺得去聽每個人說話很累。我避免參加宴會,而選擇與三兩朋友去用餐。我非常善於獨處,雖然不是總是在讀書,但我讀了很多。我看電視和玩拼字。

許多聽力障礙者發現與其他聽力障礙者相處與學習是有幫助的。它給人感覺較不疲累,而且可互相分享經驗。這包含了彼此的社會支持,與了解他人每天所面臨的困境及挫折之經驗(Pillemer & Suitor, 1996; Yalom, 1995)。這可以令人確信,而且讓人感覺並非孤獨的。支持團體在溝通的示範與分享新策略上,也被發現是有益的。對於 Kate 而言,出現調適形式 3 的成就是在於參與支持團體之後: *52*

> 我終於可以有足夠的自尊說:「我沒有聽到,你可以再重複一遍嗎?」我從來不相信支持團體是有價值的,直到現在我才改變我的想法。因為他們幫助我讓我了解到這不是我的缺陷,也不是我的錯,只是我的聽力問題。我對我自己的態度以及期望改變了。我需要改變,回溯過去的生活,我幾乎花了二十五年,才獲得了我的自尊心。

Dave 是一個重度聽障的工程師。根據 Dave 所言,也同樣獲得自我認識與自我主張的調適。

　　就如我所了解，討論聽力障礙者議題，會提及他們的錯誤。雖然是明顯的聽力問題，但有些同樣聽力障礙程度者卻是可以應對得很好。我想這主要是心理態度問題。而且更重要的是自我認定。直到一個個體自己願意尊重自己。我知道一個女人在會議情境時，對於迴路系統有需求。如果她還沒有迴路系統裝置，她會說：「各位，我需要你的合作幫助我與你溝通，我需要你使用麥克風。」如果她不這樣要求，我想她會覺得不舒服。

　　我想對於聽力障礙者的心理衝擊有許多事情可做。有許多聽力障礙者無法適應家庭情境，另外有些聽力障礙者的家人無法適應聽力障礙個體，或者不會多花一些力氣與努力和他們溝通。對於重度聽力障礙者而言，他們最大的需求就是接受他們自己的損失，第二是積極改善他們自己的生活品質。

53

　　根據 Dave 所說，他總是在調適形式 3 的狀況。他告訴我他比較內向，而從不會特別感覺由於他的聽力障礙而生活有所改變。

　　對我而言，聽力障礙不會對我的生活形態造成很大的改變。有很多次當我處於宴會中，我覺得無法投入，但是我可以接受，因為我知道那是沒有辦法的事情。所以，為什麼要煩惱？我試著找一二人溝通，我覺得那樣也很好。我傾向於內向型的人，所以除非必要，我總是花滿多時間獨處。我喜歡閱讀。

　　不像 Dave 那樣，有許多人在兒童期後變成重度聽力困難，或兒童期後才獲得語言，他們會說世界好像死掉了，而且他們會變得孤立且與世界脫離聯絡。對他們而言，助聽器變得很重要，且可幫助他們重新與外界聯絡，以及調整到接近調適形式 3 的狀況，即使助聽器無法幫助他們恢復他們的聽力（Scheetz, 2001; Tyler & Schum, 1995）。

事實上，對於聽力障礙者，雖然他們有戴助聽器，但仍有些互動可能會特別有問題。就如一個女人對我指出的：

> 聽力障礙對心理上的語言與社交上的語言，真的是痛苦的障礙。它對於我們生活會造成很大的影響與衝擊，包括你的性生活。我必須選擇聽我先生在說什麼以及用哨子或者破壞我的助聽器。我在床上說話，但聽不到他在說什麼，這樣會降低彼此的親密。對於親子關係亦是如此。你與孩子缺乏親密而且較少對話。你的孩子會向誰吐露秘密？因為你沒有提高音調與他聊聊親密的話，你總是輕聲細語地說。

對於能達到調適形式 3 將是非常困難的戰役，而且需花很多時間。除此之外，仍需要支持性的夥伴與其他的家庭成員，甚至是社交或同儕支持團體。這也需要依賴於個人的核心資源、氣質與人格。有一個人向我說：

> 這幾年真是過得很辛苦。我很堅韌的，而且堅韌對我有幫助。我很快就能復原。我想我遭受許多傷害，當我說到韌性時……你可以保有你的自尊的唯一方式就是堅韌。你不能總是期待別人說你很好，唯一的方法就是你要有自尊心與自信，而且無論如何你要覺得自己很好。

這個人陳述聽力障礙對於心理的影響，聽力障礙的個人意義。現今，對於醫學與健康照顧提供者的時間壓力，諮商與心理服務也能降低壓力並達到成效。 *54*

> 有關於一些感覺的事是必須做的。因為感覺是如此的複雜、無法理解，而且有時甚至會令人痛苦。人們很難去應付，這是我能理

解的，而且我相信那是最重要也是最難的部分。那就是為什麼人們
常不去面對它。對於每個人的感覺不同，它需要花很多精神及專門
技術去嘗試解決。當你已經想出來，你才可以開始談論有關助聽器
與輔助聽力裝置。

　　總結來說，在這章裡所陳述的是對於聽力障礙者與視力障礙者在生命中
所面臨的困境，以及心理健康、社交關係與功能性情境的負面影響，而透過
適當的輔具可以降低這些負面影響（Heine & Browning, 2002; Keller, Morton,
Thomas, & Potter, 1999; Wallhagen, Strawbridge, Shema, Kurata, & Kaplan,
2001）。使用科技輔具的好處是因使用者對於他們使用的實際期望之程度所
影響，而且也會影響一個人的人格氣質（Barry & Barry, 2002；Barry &
McCarthy, 2001），科技的使用與一般外觀、調整、樂觀程度、先前經驗與
滿意度皆有關係（Scherer, 2000; Scherer & Frisina, 1998）。

　　對於聽力障礙者而言，特別是親密關係會有所影響（Hetu, Jones, & Getty,
1993），而一般聯結與溝通的缺乏將形成局限的社交關係、孤立與社交退
縮；壓力、疲累以及煩躁、焦慮、孤獨與低自尊；貧乏的生活品質；與不良
的心理與健康情形（Aguayo & Coady, 2001; Knutson & Lansing, 1990; Mulrow
et al., 1990）。同儕的支持也被發現幫助良多。一個聽力障礙者對我說：

　　　　我們都是跟其他人互相學習策略、技巧與感情等。這是非常重
　　要的，在一個群體中有些人會有較大困難，而有些會有相同的困
　　難，這是可以互相支持的。我的意思是它可以因你觀察與假設而給
　　你一種適合你的感覺……因為這是其他人可以確認的。這對於一個
　　人的自尊心非常重要。

　　除了這些試著找出幫助聽力障礙者或視力障礙者在不同的心理觀點所發
生的困難之外，我們都生活在非常緊張的情境且須改變。科技與資訊的探索

留給我們許多須克服的地方。在職場中，要用很少的時間做很多事，在學校裡，課程排得太緊湊，而在家裡的生活與活動就如吃速食般的迅速。不管聽不聽或看不看，我們通常總是沒有聯結。當一個人無法做資訊處理、與他人交換訊息以及使用訊息成長與發展，這是非常沮喪的事。當一個人無法聽到別人的話並與他人溝通有更大的困難，這是令人疲累且挫折的。但是現今時代，對於輔助與教育的科技之發展與實用性都有法源的規定，不管孩子的聽力或視力障礙程度，這些系統都可以提供學生相等的學習機會。不管孩子的聽力、視力、活動性與語言的障礙程度，現今的學生可以互相學習與互動。教育科技與輔助科技的成長，以及我們如何使用在教育情境中，是我們現今所要關注的主題。

第三篇
學習環境

Chapter 4

從隔離到融合教育的推進

主流教育對她而言，並不是最主要的部分。
在感情上來說，我認為它不值得。
——一位聽力障礙大學生的母親

我不知道假如我有那種討論團體／研討的機會，
我是否能完成更好的教育，
我是否能變成一個完全不一樣的人，
我並不知道。
——一位過去在公立學校受教育的成年聽障者

　　今日大部分的障礙生，不管他們是在聽、看、說、行動不便或學習困難，他們所進入的一級或二級教育學校裡，都沒有一樣有障礙的同儕。這樣的教育當初在術語上叫作「主流教育」，現在我們則稱為「融合教育」。談到早期的時候，經由大幅的教育科技與輔助科技（英文叫：ATs）的存在，融合教育變成是可以實現的。

　　二十一世紀的高中生，無論他們是否有障礙，他們都生活與學習在高科技的世界，包括：電腦、VCR、CD、DVD、網路、全球資訊網（www）。他們與世界上不同文化與種族背景的人，分享這些高科技的世界以及他們全部的學校生活，這樣的話，他們會變得更多或更少與他們自己班上不同背景的學生做交流。

　　超過了二十五年以上的時間一直到 1975 年之前，美國人的觀點既無法接受特殊的差異性，也不是獨步全球的。然而有些事情很快的發生了。在1975 年，教育性的法律「主流教育法」隨著對所有障礙小孩的教育法案（Education of All Handicapped Children Act）而通過。這個法條要求有障礙的孩童與青少年必須盡可能的在「限制最少的機構中」接受教育，有障礙的學生應該被安排在普通班裡。隨著時間的過去，這些障礙生都能被安置在「普通班」裡，也因此開始需要去使用這些輔助的科技（ATs），以使老師能夠成功的教育這些學生（Hasselbring & Glaser, 2000; Parette, 1991）。由於障礙生與其他學生不一樣的教育輔具，他們與一般學生僅配有標準的教科書、筆記本與筆，在外觀上看過去是不同的（Scherer, 1991, 1992b）。即使能在物質方面的教材做整合，也無法在某些社會層面上做整合。而且在今日來說，確實在很多的地方都是這樣。

　　微電子的技術使機械與電腦變得更複雜，也變得更小更方便攜帶，使那些障礙生有能力及機會大大地去拓展他們的領域。電子與電腦化的 ATs（例如：能夠在大的演講教室，即時地使用照片圖解來教學生念單字）的快速發展意味著：那些具有嚴重障礙的學生也能變得比較可能在普通班上課（McKee & Scherer, 1987）。輔具的發展使主流教育裡的障礙生一起加入學

60

習變得更容易,反過來說,主流教育的經驗也使得 ATs 被要求需要更加地發展(Scherer, 1991)。這樣的結果使得,今日許多有障礙的學生,不管是聽力、視力、行動不便或講話上的障礙,都能夠進入公立學校就讀,有獨立自主的能力,且在畢業後也能夠進入大學就讀,具有能被雇用的競爭力。然而使用電腦對許多障礙生來說仍然是一大挑戰,導致產生了學習數位技能上的區隔,或說是使這一群學生區分成窮人或富人,這樣的情形將會危及教育的公平性(Scherer, 1992a)。

　我在第一章提到,與障礙相關的統計數字資料,未必能夠有系統且持續的被蒐集起來。相信那些在文章與報導上可以利用的數據在發表時與被蒐集起來之間,會有時間上的延遲。表 4.1(U.S. Department of Education, 2001)說明在 1990 至 1991 年這段期間,在美國本土與離島區域的六至二十一歲的學生中,約有 4,400 萬人接受特殊教育的安置。九年以後,1999 至 2000 年

表 4.1　安置在 IDEA 的 6 至 21 歲學生,在 1990 至 1991 年與 1999 至 2000 年 *61*
這兩段區間相比,其各種障礙的類型上,人數的變化情形。

	1990-1991	1999-2000	差距	變化率(%)
特殊學習障礙	2,144,017	2,871,966	727,949	34.0
說話或語言障礙	987,778	1,089,964	102,186	10.3
智能障礙	551,457	614,433	62,976	11.4
情緒障礙	390,764	470,111	79,347	20.3
多重障礙	97,629	112,993	15,364	15.7
聽力損傷	59,211	71,671	12,460	21.0
顏面損傷	49,340	71,422	22,082	44.8
其他健康缺損	56,349	254,110	197,761	351.0
視覺損傷	23,682	26,590	2,908	12.3
自閉症		65,424		
聾一盲	1,524	1,845	321	21.1
腦部外傷		13,874		
發展遲緩		19,304		
所有障礙	4,361,751	5,683,707	1,321,956	30.3

註解:取自《美國國會對 IDEA 的報告年刊》(p.11-23),美國教育部門,特殊教育計畫處,2001 年。

期間，則約有 5,700 萬人接受特殊教育的安置，在這九年期間平均增加了 30.3%的人數。人數最多的一群是單一學習障礙的學生，不過成長的比例最多的是其他健康上有損傷的障礙生人數，整體來說，九年來各種類別的成長率至少都在 10%以上。有視力損傷的學生人數增加了 12.3%，聽力損傷的學生人數增加了 21.0%（不包括又聾又盲的學生）。很可能是許多有聽力與視力損傷的學生同時也會有學習上的障礙。

在 1997 至 1998 年期間，有 52.5%的三至五歲障礙學童被安置在普通班。不過六至二十一歲的障礙生被安排在普通班的比率則較低了一些。但是，無庸置疑的是，這樣的數據會隨著三至五歲學童其教育上的發展而有所增加，而且會在整個系統上產生移動（見表 4.2）。

十年多來，那些視力與聽力損傷的學生被安置的教育環境有了重大的改變，從隔離機構、隔離教室、資源教室到普通班。這樣的變化情形在表 4.3 可以看得出來。

表 4.2　三至二十一歲身心障礙學生在教育環境中接受特殊教育服務的比例
（1997 年至 1998 年）

特性	所有環境	普通班	資源班	隔離教室
依年齡				
3-21 歲所有學生	100.0	47.0	27.2	21.4
3-5 歲	100.0	52.5	8.5	31.2
6-21 歲	100.0	46.4	29.0	20.4
障礙類型				
智　障	100.0	12.6	29.6	51.7
視　障	100.0	48.1	20.1	17.3
聽　障	100.0	38.8	19.0	25.4
嚴重情障	100.0	24.9	23.3	33.5
多重障礙	100.0	10.0	17.3	45.1

註解：有一些報告的變數，例如：州與州之間的概估或殘存的資料及未經標準化的定義，及三歲至五歲的兒童無法判定是否為身心障礙。
　　身心障礙的資料只從六歲至二十一歲的學生建立，由於資料涵蓋所有年齡，所以無法完整呈現詳細的資料。
來源：美國教育部門，國際教育統計中心，2000 年，教育統計摘要，表 54。

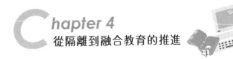

表 4.3　六至二十一歲視障及聽障學生在教育環境中十年來的改變　　　　62

障礙生的受教環境	在 1986%	在 1996%	點的變化%
聽力缺損			
普通班	20.0	36.2	16.2
資源班	22.4	18.9	-3.5
隔離班	32.6	26.8	-5.8
隔離機構	25.0	18.2	-6.8
視覺缺損			
普通班	32.8	47.7	14.9
資源班	25.1	20.6	-4.5
隔離班	17.9	17.1	-0.08
隔離機構	24.2	14.6	-9.6

註解：學生接受服務的數據來自於 IDEA 的 B 部分，是美國各州及邊遠的區域。取自：美國教育部門、特殊教育計畫處，2001 年。

　　表 4.3 的教育環境類型是由美國教育部門、特殊教育及復健處所定義的，根據以下的原則：

● 普通班：假如一位障礙生他每天在學校所需要接受特殊教育安置部分少於 21% 的話，就把他安置在普通班。

● 資源班：假如一位障礙生他每天在學校所需要接受特殊教育安置部分超出 21% 的最大限度，而在 21% 至 60% 的話，就把他安置在資源班。　　62

● 隔離班級：假如一位障礙生他每天在學校所需要接受特殊教育安置部分多於 60% 的話，就把他安置在隔離班級。

● 隔離機構：假如一位障礙生，他沒有去學校與一般的學生學習的話，　　63
那麼就將他安置在隔離的機構中接受教育。隔離機構如寄宿機構、家庭或醫院。

　　事實上幾乎現在所有的障礙生（約 96%）都被安置在普通學校，在 1998 至 1999 年的就學期間；有 2.9% 的障礙生受教於公立或私立的日間隔離學校；有 0.7% 的障礙生就讀於公立或私立的寄宿機構；而 0.5% 的障礙生在家裡或

醫院內接受安置。表 4.4 是一份關於聽力與視力損傷學生的統計資料。

64　表 4.4　六至二十一歲有聽力或視力缺損的學生被安置在不同的教育環境之人數
　　　　　表從 1989-1990 至 1998-1999 區間

	聽力缺損							
	<21%	21-60%	>60%	公立隔離機構	私立隔離機構	公立住宿機構	私立住宿機構	家庭醫院環境	總數
1989-1990	15,146	10,170	17,782	3,908	2,028	6,423	479	117	56,053
1990-1991	16,157	11,844	19,693	3,504	1,988	6,261	383	315	60,145
1991-1992	16,469	12,477	19,017	3,512	2,327	6,548	474	80	60,904
1992-1993	18,276	12,227	17,435	3,448	1,674	8,146	542	234	61,982
1993-1994	20,266	13,230	20,295	2,701	1,963	7,030	531	147	66,163
1994-1995	22,539	12,443	18,381	2,447	1,850	5,894	652	133	64,339
1995-1996	24,034	12,532	17,778	2,818	1,791	6,648	663	175	66,439
1996-1997	25,607	12,523	18,142	3,372	1,883	6,046	586	124	68,283
1997-1998	26,697	13,102	17,445	3,168	1,888	5,746	585	161	68,792
1998-1999	27,893	13,177	17,835	3,192	1,820	5,737	592	145	70,391

65

	視力缺損							
	<21%	21-60%	>60%	公立隔離機構	私立隔離機構	公立住宿機構	私立住宿機構	家庭醫院環境	總數
1989-1990	9,250	5,561	4,960	778	274	2,181	375	129	23,508
1990-1991	11,177	6,159	5,295	925	410	2,125	219	260	26,570
1991-1992	9,937	5,325	4,923	767	1,370	2,379	286	106	25,093
1992-1993	10,769	4,987	4,266	930	399	2,029	191	120	23,691
1993-1994	11,252	5,299	4,567	630	404	2,366	173	135	24,826
1994-1995	11,534	5,295	4,322	729	474	2,384	234	132	25,104
1995-1996	12,021	5,186	4,299	869	488	1,978	201	145	25,187
1996-1997	12,526	4,972	4,561	990	597	1,897	268	159	25,970
1997-1998	12,535	5,233	4,505	1,263	493	1,522	337	172	26,060
1998-1999	13,042	5,093	4,340	1,226	554	1,589	277	147	26,268

註解：(1)不包括那些聽障或視障學生。從 1989 至 1990 年開始學校的機構被要求報告其普通班、資源班和隔離班
　　　　學生分配的情形，根據他們被安置在普通班的時間%，而非他們在特殊教育班級的時間%（分別是<21%、
　　　　21-60%、>60%）。
　　　(2)這些資料從 1998 年 12 月 1 日開始，在 2000 年 9 月 25 日做更新，期間經歷了《報告計畫被取消到國會
　　　　立法確立》（pp. A-193-A-193）美國教育部 2001 年所提出的特殊教育計畫中的身心障礙個人教育法案。

根據美國的教育部門估計，在二十一世紀，當學生繼續在學校的各個階 *63*
層學習（從幼稚園到中等教育後階段），在教導這些學生的技術層面上將會
有大量的需求量，以符合這些學生學習上的需要，也需要一些人力上的訓練
來運用這些技術，隨著公立學校中的聽力與視力損傷學生人數的增多，帶給
老師們更多的挑戰：如學生額外的障礙和對英語能力的缺乏（eASTERBRO-
OKS, 1999）。

隔離機構 vs. 融合教育

紐約的羅徹斯特學校是專門安置幼稚園到高中的聽障生的地方（RSD,
Rochester School for the Deaf），也是國立聽障生技術學校（NTID, National
Technical Institute for the Deaf），亦是八所的 RIT（Rochester Institute for
Technology）之一。NTID 是世界最大的聽障生技術學校，也是最早在大學裡
致力教育大量聽障生的學校。來自全美各地和其他國家的學生，為了學習各
種職業技術來到 NTID，為了取得學士的學位而去 RIT。有一位專教聽障生
的教育家，他對學校的課務都很熟悉，他跟我談論說：

> 聽障生的教育從 70 年代中期開始，可以看到有很大的改變——
> 從寄宿學校到融合教育，甚至在今天許多在 NTID 的聾生，他們有
> 參加融合學校，相信會比他們在寄宿學校中獲得更多的幫助去適應
> 社會上的生活，也對他們將來在大學裡的生活做了很好的準備。 *66*

一位學生表示他的感觸說：當他來到 NTID，他遇到很多跟他一樣有聽
力障礙的人，感覺很舒坦，不會覺得很奇怪。

許多在 NTID 的聽障學生告訴我，在融合教育的機構常常都會變得很依
賴他的父母，他們常常需要父母的幫助和支持，不管是在課業上或感情上
（Bondi-Wolcott & Scherer, 1988）。由於這些理由，NTID 的主辦人特別在新

生介紹週的時候,為他們舉行會議來幫助這些父母與學生獨立行動,我開始要求每個夏天都要去和那些父母與學生面談,與他們討論人際關係與主流的經驗。其中有一位學生的媽媽回憶起她的女兒:

> 高中是很困難的,學習社會上的知識多過於課業上。她在普通班上課時所得到的社會經驗是比較負面的。因為沒有其他聽障生在他們的班上。最後我想她所獲得的知識會比她跟其他聽障生在一起還多,但是對她而言,主流教育並不是最重要的事。就情感上來說,這樣並不值得。

另一位母親則認為主流教育限制了她女兒所擁有的支持來源,「因為她是在主流教育下,失去了接觸這些資源班的人員和其他人員依賴的機會,當她有問題的時候,就不能在耳邊輕聲諮詢他們。」

只有當那些聽力損失學生遠離當時所處的情境時,他們才能明顯解決自己所面臨的挑戰。例如:一位成年女性分享她聽力損失的個人和教育的經驗,在她開始注意到時已經是十二歲了。當時她的教育和社會生活跟現在有聽力喪失的青少年在很多地方上是差不多的,但在有些地方是不一樣的,儘管有協助和教育技術的發展,她多年前所認識的同學也和她的感覺一樣。「當我在學校時,有身體障礙的人,只能自己看著辦。沒有像現在一樣的支援系統。」這位女性的說法,呼應了許多在主流學校或是包括在 NTID 裡的學生和家長們跟我說的一樣。我請求這位女性與我分享她的「生活故事」。於是她從她感覺到聽力損失的青少年時期開始說起。

> 十四歲那年的夏天我的聽力降低。當我和其他女孩去露營時,她們討論著聽到了花栗鼠和雨滴到帳棚屋頂上的聲音,但我完全聽不到她們所說的那些聲音。所以當我回家之後,我走到樓上而且嘗試著去傾聽,但我什麼都聽不到。我聽不到我的手指頭敲欄杆的聲

67

音，我只聽到我耳朵裡有呼嘯聲（就像風吹過樹的聲音），但當我回到家裡以後，我仍然可以聽到我耳朵裡有這些雜音。所以一定是發生什麼問題了，我感到很驚恐，我祈禱著當我明天一早睡醒，一切可恢復正常，但結果並沒有這樣。

我突然感覺到這將會對我的父母造成重大傷害，我向姊姊哭訴，我說：「馬格，我聽不見了，而且我無法回學校去上課了」，於是我姐也跟著哭了起來，她抱著我說：「哦！甜心，你必須回學校去上課。」而且我的父母也如此說，我回學校去上課了，但是我仍然聽不見，而且我覺得很痛苦，當我說我聽不見，老師不相信我，他們認為是我注意力不集中，甚至我都聽不到老師說什麼，於是我獨自寫著我的功課。

我很好奇的想知道，當她在一個不同類型的教育機構（能夠得到課業上和社會上幫助的機構）會作何感想，現在這種支援是能夠獲得的，不知道她會產生何種不同的想法。

現代文化的差異和我高中時代相比已經改變很多了，某些以前被視為是不可能的，現在都能夠實現了。我希望在高中能夠成立一個討論性的團體。這個的團體裡，由一位受過訓練的領導者所領導，加上一位懂手語的顧問（必須很了解聽力正常的人和聽力障礙青少年的情況），老師也是一樣。透過這樣的團體，他們能夠使學生表達出他們的個人經驗和分享他們的挫折。有挫折的地方，不只是有聽力困難的青少年聽不懂其他人在說什麼，還包括聽力正常的人也不知如何與聽力困難的青少年溝通。青少年的自我意識很強，他們不想和其他青少年不一樣，而且會對那些跟他們不一樣的同學有所猜疑。我並不想要和他們不一樣，但當我和其他人不一樣時，他們就不會接受我。不過如果你開始去分享，那麼雙方將會擺脫某

些限制，不管是聽力困難還是聽力正常的人，都不了解聽力喪失的情況是怎樣的。所以他們必須接受那樣的分享與了解，然後可以討論要用什麼溝通的策略，對老師而言，就是要運用實質的策略與輔具來幫助學生。

　　分享感覺和經驗是很重要的，而且要了解你並非是孤獨的。聽不懂別人在說什麼是會感到緊張，所以壓力的管理是很重要的一部分，另一點很重要的是養成果斷的訓練。遇到這樣的情形，要能夠舉起手來要求老師講慢一點。否則聽力困難的學生會遺漏掉很多老師教導的東西。我不知道假如我有那樣的幫助，是否我能完成更好的教育，是否我能變成一個完全不一樣的人，這一點我並不知道。

　　許多有重大聽力障礙而現在已經成年的人，希望他們過去能夠進入一間專門針對聽障生的學校裡學習——或者是說，想知道假如他們以前能在那樣子的學校裡受教育的話，今天的他們會有什麼不一樣。他們也像那位女士一樣，引述以上的話，提供融合教育的機構如何對那些聽障生或聽力困難的人有更好的幫助，來與他們的同儕之間做整合。儘管那些協助聽力損傷人們的技術日益發展，許多基礎的議題被聯結在一起，對於使那些障礙生能夠養成正面的個性與自尊心及歸屬感還是一樣有限。許多障礙生仍然感到孤獨與挫折，這在下面的章節內容中會跟大家加以描述。

融合教育造成多所聽障學校的停辦

　　未來聽障生選擇住宿式專門學校的機會是愈來愈小了。因為 1975 年的回歸主流方案，使得視障生住宿式學校學生人數大幅縮減，有許多學校都因而關閉了。

　　1817 年第一所聽障生學校在康乃狄克州的哈特福特開始招生，緊接著在 1818 年成立的是紐約州及 1820 年的費城，全美的聽障生學校至此展開連續

68

不斷的運作。這些學校是傳播聽障人文化及美國手語的重要機構。此處的文化（culture）在 1994 年被 Lang 定義為「一種連續的思考及行動模式」，這句話是從 Ruth Benedict（1887-1948）的著作——《寂靜的星球》（*Silence of the Spheres*）一書中擷取出來的。Benedict 小時候因為罹患麻疹而成為聽障者，後來成為一位卓越的人類學家。Lang 寫道：「這種連續的思考及行動模式，被視為聽障人朋友的貢獻，指的就是他們的語言、他們的藝術、他們的詩以及以各種面貌的傳承」（p. xxix）。

學校中聽力缺損的聽障生不僅要學習手語，還要在廣闊的聽語文化中學習如何以無聲的條件生存及工作。由於內在的同儕支持系統，學校提供了聽障生正規的學習環境，包括所有聽障者運動團體都得以與一般的聽語學校競賽。例如，源自於聽障生足球隊的專用手勢被運用在今日的足球運動當中。

大約在專為聽障生設立專門學校的同時，視障生學校也成立了。這兩者同為住宿式的學校，當時有很多學生必須離鄉背井來到這兩所學校接受教育。以下將舉例描述視障生學校的概況。

已有多所視障學校停辦或轉型

位於紐約市巴達維亞的紐約州立視力障礙學校是個美麗的地方。座落於小丘之上，占地廣闊。它的紅磚建築、白色廊柱、圓形大廳、修剪整齊的草坪及茂盛的灌木林，看起來就像是一所私立大學的校園。

這所學校創立於 1868 年，當初創立的目的是作為「視障的收容機構」，收容因南北戰爭瞎了眼睛而退役的軍人。在它創立的初期，巴達維亞仍然是個鄉村小鎮，隨著十九世紀各項公共設施的紛紛設立，小鎮逐漸蛻變為現代化的都市。經過數年後，當初的收容機構才逐漸發展成為學校。

在 1950 年代，德國麻疹仍在全世界猖獗，造成了許多感染德國麻疹的產婦生下了一出生即伴隨著耳聾或眼盲殘疾的嬰兒。1950 年代晚期到 1960 年代之間，進入住宿式專門學校的學生達到了頂點。根據一位巴達維亞學校

69

工作人員的說法：

> 　　在某一方面來說，專門學校是非常獨特的。當我在 1975 年剛
> 到此地的時候，有一位資深兼職教師，她帶一堂英文課，全班平均
> 智商達 135。在 1970 年代，94-142 號法案，也就是回歸主流教育方
> 案（mainstreaming law）通過後，我們失去了所有的「普通視障
> 生」（normal blind）（也就是沒有其他學習上、知覺器官或肢體方
> 面的殘缺者）。我們花了七年的過渡時期，慢慢成為一所七十人以
> 下的小型學校，專收五至二十一歲多重障礙的法定視障生（因為那
> 是經由我們的認可，服務視力在接受矯正後仍是 20/200 或更少的
> 人）。這些學生同時合併其他障礙，如智能不足、聽力缺損、自閉
> 症……等，全部都是低功能者。以現在而言，這樣的學生人數——
> 七十人，可說是相當大的數目了。

70

　　雖然容納了較多學生，但是，校園本身並無太大改變。校園中兩幢磚造建築物，如鏡子般對稱地佇立於學校主要建築物的兩側。這兩幢磚造建築物分別作為男孩與女孩們的宿舍。還有一所從國小到高中階段的獨立學校，就像是獨立的健康中心和健身房一樣。

　　因為巴達維亞學校依然是針對視障生所設立的學校，校園裡也設立書庫，專為收藏點字書及大字體印刷書本。書庫所服務的視力缺損者是不分年齡及居住地的。經由交流的圖書出借服務，其他州的居民亦可使用此處的資料。

　　書庫裡的大字體印刷書本與點字書一樣，同樣作為教育的必需品。像這樣的教科書書庫其最大的效益在於保存及分享資源。舉例來說，高中生物學若做成點字書必然是好幾大冊，而且所費不貲。因為點字書過於昂貴且市場有限（很多小型市鎮也許只有一位視力缺損的學生），因此，當有學生因需要而做了點字書時，這本點字書也將被保存於書庫當中，並且也可能在將來

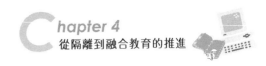
提供給另一州的視障生使用。

聯邦政府制定一項聯邦配額制度以補償需要使用這些昂貴學習教材的視障生。1879 年美國國家視障人出版社（APH; http://www.aph.org）開始是由美國國會所託管，在聯邦法令制定提升視障教育的政策下，提供美國境內大學以下教育階段視覺缺損學生相關的教育資料。APH 出版點字書、大字體印刷品、錄音帶、電腦磁碟以及觸覺繪畫出版品，同時提供種類豐富的教育及日常生活出版物（例如點字板、觸覺尺、特別閱讀燈、點字用紙……等）給學生及不同年齡層的個人。除此之外，APH 還提供各種服務幫助顧客及視覺領域方面的專家，例如提供來自美國北部各州相關機構的有聲數據資料。

每一州透過法定的基金會向 APH 購買大學教育階段以下視障生的學習教材。每一個美國校區根據它們所服務的學生數目提供定額的配給。透過基金會的聯繫服務，各州決定如何去迎合學生的需求以及如何提供技術和教育的資源。因此，在紐約州，資源透過巴達維亞視障學校提供給各州分享。以下是相關程序如何根據資源中心的指示運作：

> 學生被他們所屬的州立教育部門登錄（以紐約州為例）為法定視障生（legally blind），他們必須是法定視障生。聯邦登錄的法令文件解釋法定視障生是合格地定義為學生。他們在進入大學之前，每週都必須有至少二十小時的教育計畫。這還包括學前的孩子以及在其他教育方案之下的孩子們（例如，在發展中心裡大學階段以下教育者）。除了紐約市及長島以外，我走遍全紐約州，傳遞資源。將參考書從美國國家視障者出版社送到了視障者的手中，同時他們擁有一份電腦化的系統能夠查出全美書籍的所在地。我們每年都能分配到一定的經費，當這些錢用完時，我們就必須要等到來年了。但是學生們仍能獲取他們所需要的，因為我們知道資源中心的資料能夠流通到他們的手上。

71

Charlie 在第二章時曾首次參與討論，並描述他的布萊爾演說裝置（Braille 'n Speak device）。我曾請教 Charlie 有關於盲生學校只收「視障生」（normal blind）時期的經驗。他提到有許多論點與我曾經聽說的是相同的，也就是說，同在一個學校的視障生或聽障生，他們發展出比較好的社交技巧、歸屬感與認同感。迄今，就像許多聽障學生一樣，Charlie 相信在融合教育體系下能夠獲得最好的學習效果。Charlie 受到良好的教育並且是一位成功的學者，但是多年前他也曾經歷當時的教育制度。在經歷了那樣的制度後，現在他過得如何？在學校裡誰教授點字？什麼是視力缺損學生的當前經驗？我們將在下一章進行討論。

Chapter 5

融合與隔離教育的對照

我所做的，大部分是系統化和結構化，而非是使學生適應一些專業化的器材。我相信要讓視障生能在自己的生活空間中感到控制和結合感，動作模式和其他模式是非常重要的，而我也使用了非常多的東西，但你仍必須回到整個系統中來檢視——「我是否掌握了這個原則？我填滿了這個空缺嗎？」

——老師，紐約州立視障學校

在這個章節，我會比較兩種不同的學習經驗，包含了每一個不同的學習目標與教學技巧，第一個是幼稚園到五年級的融合課程，第二個是視覺障礙學生的隔離課程，我也會介紹額外的術語，像是提供給視障生的服務性動物。

如何實施融合

二十一世紀早期，想像當你在美國某區域最好的公立學校的五年級班級裡面並且你看不見。當我走進這個融合的班級，我看見學生三三兩兩的坐在座位上，而這些桌子被安排環繞在教室的前面，在這裡我注意到的學生，Stephen 和另一個男生坐在一起，而視障老師緊接著在他的後面。這間教室的老師正在黑板上教著正負數的課程。視障老師緊靠在 Stephen 的前面，而我看見她正和他講話。Stephen 的目光落在授課老師的身上。

授課老師要求學生們站起來，老師將他們分成兩半，一半在教室左邊，一半在教室右邊，老師拿起了兩堆紙，一堆分配給一邊的學生，另一堆分配給剩下的那一堆學生，學生們所拿到的紙條上一半是題目另一半是答案，他們的任務就是尋找另一半的學生配對出正確的問題與答案。

當 Stephen 起身移動去加入其他學生時，視障老師也同時跟著他移動，當學生緩慢的往來並嘗試尋找他們正確的配對，視障老師就在那裡檢視 Stephen 問題的答案，一些男孩開始將他們手上的紙揉成紙團或是紙飛機互相丟來丟去，但都不是 Stephen，他和視障老師安靜的站著，拿著他的問題，五分鐘過後，問題和答案配對得差不多了，就等候老師的下一步指示。

老師吩咐配對成功的每一組當中拿到問題紙條的學生念出他們紙上的問題，要求全班念出紙上問題的答案，Stephen 仍然安靜的拿著他的問題和視障老師站在一起，當所有問題與答案核對完畢以後活動結束，所有人都回到位置上去了，包括 Stephen 和站在他右後方的視障老師。

有兩件事令我震驚，第一，當特殊學生和同齡同學混合在一起，看起來

74

像是想要與同伴互動時，我們該如何抑制特殊教育的支持。另一方面，老師應避免對學生使用指揮的語氣，不是說「做這個」，他應該請問學生：「能請你做這個嗎？」關於丟紙團與紙飛機，「如果你停止這行為我將會很欣賞，你願意停止這樣做嗎?」這個五年級中上階層的班級順從了，但我可以確定當他們的身體停止了丟擲的動作並變得安靜時，他們的心裡會說：「好吧！就這一次吧！」

在教室裡面，Stephen 是唯一一個值得注意的視障生，這並不罕見，社會孤立的問題是缺少同等關係和信賴他人，這些問題持續考驗著教育家和父母，根據由 Sacks、Wolfe 和 Tierney（1998）的研究，「許多視障生就像許多聽障生，在他們發展出與人相處的技巧後，會有較多的社會經驗或是正面的社會遭遇，藉由和同齡夥伴見面而達到與社會的結合和接受的機會並不多。這些學生們許多將他們自己的時間用在專注於消極的活動，看電視、聽收音機或 CD，和睡覺」（p. 477）。

這是二十一世紀早期，當你在同一間學校的幼稚園而你也是看不見，接下來的這項訊息是我在這間教室觀察的筆記： ₇₅

這間教室簡易的劃出兩個活動角落，彩色的插圖掛滿了這間教室的牆，小的儲藏容器在這間教室的後面，在教室另一邊的活動區域，有一排跟教室一樣寬的窗戶，窗戶下面是放滿了書籍與教具的書櫃。

在這個融合教室裡大概有二十位五歲的學生、二位家長義工、視障老師，還有個人助手和幼稚園老師，大部分學生是三個或四個一組坐在一起，而且他們正在閱讀和畫畫，在教室的後面，Ellen 和她的視障老師正在從事某件事情，她安靜的認真的做著某件事，跟同齡的同學比起來她比較不起眼，她看起來像剛起床就來到學校，她的頭髮需要整理，她的衣服也不大合身，她非常輕聲細語而且安靜，但是很和善，她常打呵欠。

　　Ellen是全盲伴隨腦性麻痺（她能獨立行走但是緩慢，並伴隨較大的步伐，而且常表現出快要失足的樣子）。理論上來說，和同儕結合在一起，她非常期待能和他們做一樣的事，並和他們保持良好的關係，她的座位被安排在最靠近門的地方，因為她的行動力，就像其他的學生，她有她的抽屜和蠟筆和其他東西，但是她的東西有用點字法標記。

　　視障老師每個禮拜教導 Ellen 五個小時（一天一小時）學點字法和一些學術的東西，她有全天候的個人助理，他是一位互動融合教育老師，Ellen每週也花五小時跟他學習，如何使用長手杖、職業學科、生理學科，還有定向和行動。

　　定向和行動或者我們常稱為O&M，是訓練沒有視力的人：(1)能夠獨自在環境當中對他們自己的位置產生意識，並且知道物體與他們之間的關係，藉由使用一些地標（門、欄杆……）、地表的不同、聲波環境的聲音，還有味道，來找到他們在這個空間所在的位置；(2)在他們的環境當中更安全且自信的行走著（Blasch, Wiener, & Welsh, 1997），在紐約視障學校出版的《老師的定向行動指導手冊》（*Orientation Mobility for Teacher*）描述的過程中有時是難以理解的：

　　　你可以回想瞎子摸象的故事，三位視障生在檢查各個大象不同的部位之後，藉著只有一小部分的推斷，分別發表出自己心目中的大象，當有正常視力的小孩，他或她能藉著一看便領會出那東西的形體，而視障生必須透過連續且一系列的觀察感受，並伴隨其他的知覺感覺（聽、嗅、味覺），才能形成一個正確甚至不正確的形象。

　　定向訓練藉由全神貫注能幫助概念的發展，還有身體形象的認知，關鍵

的環境空間概念，例如上面下面或是附近，盲生需要實際的接觸，才能在他們的環境中發展出正確的意識。

行動力能藉由一些長手杖、電梯設備、導盲設施，或是服務性動物（或導盲犬；Blasch et al., 1997）。許多獨立行動都是結合這些行動協助的設備。

為人類服務的動物對於視障者是一項很重要的資源

在 1990 年美國身心障礙者法案中，認可為人類服務的動物對於身心障礙者的價值，並有了前瞻性的定義：

為人類服務的動物意指任何引導的及提供暗示的狗，或其他被訓練來工作或為了有私人給付的身心障礙者實行任務，包含但並不限制於引導有視力損傷的個體、警惕聽覺損傷者有其他的干擾者或聲音的出現、提供最小的保護及營救工作、拉著輪椅或取來點滴架。（CFR 36.104）

為人類服務的動物以各種方式協助個體，他們被訓練去取來和歸還點滴或需要的品項，和拉輪椅下斜坡路，或穿越身心障礙個體無法獨自到達的距離（Arkow, 1989; Sachs-Ericsson, Hansen, & Fitzgerald, 2002）。為人類服務的狗也被訓練去做其他的任務，例如：打開開關及關上開關、開門、提材料、捲疊文書資料和寄發電子郵件。除了提供有益的服務外，此動物的姿態像是靠著提高社會對身心障礙者的認知（Lockwood, 1983）和提升交談，去幫助移除社會的障壁（Messent, 1984）。

現今大約有三十五個服務性及幫助聽力損傷者之狗的組織，訓練動物來幫助個體。大部分這些組織的成立都是靠著捐贈物及捐贈者，和幾乎不用經費的訓練為人類服務的動物。然而這些需要為人類服務動物的人必須在名單上等待三到五年，這是由於尋找服務動物的限制，這對於想恢復獨立生活的

個體是一項阻撓。

　　根據Zapf和Rough（2002）的研究，這些服務狗的機構利用服務狗的訓練者去訓練動物學習多樣的命令，來幫助這些委託人（身心障礙者）。服務狗的訓練者將和委託者及服務狗一同工作，並組成一個工作團隊。雖然大部分的服務狗訓練者有動物權威和教練的背景，但他們並沒有幫助身心障礙者的背景知識及專家意見，現今許多服務動物計畫無法適當訓練個體當評估者，評定委託者的需求，並適當的連接委託者的服務狗。為了修補這種情況，Zapf已經發展出一個評量方法和一系列的評定——服務動物適應介入量表（Zapf & Rough, 2002），這套評量又被分割為一系列階段性的評量。評量的第一步是決定為人類服務的動物對幫助特定的個體是否為一個適當的方式，其中包含了從三個臨床領域來評量一個人——物質的、認知的、心理的。其次的階段是評量一個人對於服務動物使用的傾向，其中包含評量一個人的背景知識和對於動物的經驗、技能活動的層次、個人特徵、對於服務動物與人力資源能力的需求比較。

每天都做抽離和融入的活動

　　對 Ellen 來說有很多東西需要學習，而這樣學校領域的學習被大家認為是一項義務。當 Ellen 進入幼稚園做學生時受到傷害，以至於她一直停留在幼稚園和初期的學校，她的父母想讓她接受完整的教育且伴隨著某種方式的服務，例如：點字等，因此 Ellen 的生活充滿拉出和推進的活動。她離開她在 O＆M 的教室做職能和物理治療，並學習去使用一根長的手杖，最後的學習包含了訓練一個視障者去使用白色的手杖（可以折疊的和不能折疊的手杖），而這根手杖的長度是依使用者個別加以考慮，讓使用者可以使用得像利用手杖碰觸地面的技巧（或真空吸塵器的技巧）一樣好，其中包含了走路時在前方以弓形移動手杖的方式，和利用手杖去碰觸在腳前面的地方（Blasch et al., 1997）。

Ellen的視覺老師進入她的教室並和她一起工作。這位視覺老師之前是來自於另一個學校，為了準備迎接這位老師的來到，助理人員在教室裡提供了一張卡片，讓 Ellen 等待這位老師。以下是我觀察的筆記。

助理人員拿著筆記簿給走近手推車並拉出 Perkins 點字卡的視覺教師，然後這位教師用點字所記之印刷，記錄 Ellen 的日誌（每個在班上的學生都必須有的），之後這位教師從手推車中拉出一組指示物的卡片，在每一張卡片上，她會先用點字所記之印刷記入一封信上的字母，而這封信也是她親手寫的。她現在和 Ellen 一起坐在像椅子一樣大小的桌子，且她拿著指示物的卡片給 Ellen，Ellen每答對兩次，老師便會將一便士放在 Ellen 前方較難接觸到的桌子上的小紙盒內，假如 Ellen 玩那個小紙盒，老師便會收回一便士，當 Ellen 擁有超過十五個便士時，便可以得到一份獎賞，例如 Ellen可以聽 Helen Keller 故事的錄音帶。在任何地方的運動裡，Ellen 都很難集中精神，每件事對她來說似乎都很困難，甚至是展開一個笑容，她猛打呵欠且一直都沒辦法集中精神，而她的視覺老師則一直要求她集中精神，且保持身體的靜止。

最後當 Ellen 增加到第十五個便士時，我們便搬到第二個有錄音機（有插座）的教室，由於這個插座的關係，讓我們每個人都必須坐在窗戶底下衣櫥前面的地板上，當 Ellen 一坐下且尋找到舒服的座位姿勢時，視覺訓練老師馬上開始注意Ellen的平衡感及姿勢。當我們在聽 Helen Keller 的錄音帶時，其他的學生開始在我們後面衣櫥上的三個盒子中的一個放置他們學校的作業，但是他們不能接近這個盒子，因為我們擋住他們的路了。

在這一小時要結束時，這位視覺訓練老師把所有的東西都放回手推車中，並改到另一個學校，Ellen 也再次回她的班級吃午餐。

78

充實基礎與適應課程

當時 Stephen 和 Ellen 曾在距離紐約州立視障學校三十哩,約有七十個學生的有名公立學校受教育。第四章中曾提到,學生們全都是法定的視障生,但他們有額外的障礙,像是智能障礙、聽覺障礙,或是自閉症和可能是醫療上的疏失(例如:呼吸遏止、長時間病的發作)。

表 4.3(看第四章)顯示在 1986 和 1996 年六至二十一歲有聽力上或視覺上障礙的孩子就讀普通班大體上增加的百分比,然而,就讀於資源班或是被獨立分出來的班級,和被獨立隔離的社區的百分比則降低。根據美國教育部特殊教育及復健服務中心表示(1998b):

> 關於環境的形態在孩子有障礙時,在教育上的廣度及教育環境會因障礙而有數次的改變。例如:在 1995 至 96 學年,大約有 89% 有語言能力或語文障礙的孩子仍在普通班受正統教育,這些學生中大約 10% 伴隨有智能障礙。目前有障礙的孩子就讀於資源班或另外隔離的班級的情況已有日趨沒落的趨勢,但是這種模式沒辦法完全適用於全部的障礙類別。在孩子中有八到十二種的障礙類別,有更嚴重的傾向,則置於資源班或是另外隔離的班級,在 1985 至 86 和 1995 至 96 年則有增加的趨勢(在 1991 至 92 和 1995 至 96 年的自閉症和腦部外傷所造成的障礙)。儘管如此,孩子在這八種障礙類別中有許多是設置了分開的技能,顯示出高度相關性則降低。

上面被列於第一章的這十三種障礙(包括聽力與視力的損傷),是根據在聯邦法底下,特殊個體教育法(IDEA)的分類。在表 5.1 中,有明確的解釋。

表 5.1　特殊個體教育法中十三種障礙類型　　　　　　　　　　　　　　　*80*

1. 自閉症：屬於一種發展性的障礙，影響有意義的語言或非語言的溝通，以及社交能力，一般是在三歲前就可看出，這會對幼兒的教育學業成績造成不利。其他角色常和自閉症有重複的行為和形式化的舉止，對環境的變化或是常規的改變會有反抗的行為，另外，對知覺性的經驗較有反應。

2. 聽力障礙伴隨視覺障礙者：伴隨著有聽力上及視覺上的損害，這樣的又有聽力的問題同時也有視力的問題的組合，造成一些像是溝通上和其他發展及教育上的問題，會讓他們不能適應於特殊教育中單一只有視障或聽障的孩子。

3. 聽障者……

4. 有聽力上的損傷（聽障）：在聽力上有損傷，有可能是永久性或是變動短暫性的，這樣會對孩子在教育的學業成績上有不利的影響，因為在一些情況下，孩子因為聽力損傷沒辦法透過「聽」獲得語言上的訊息。

5. 心智上發展遲緩（智能障礙）：其智商能力低於一般人的平均數，且伴隨有適應行為不良的症狀，而且已證實會對發展時期的孩子造成教育學業上的不利。

6. 多重障礙：（像是智能障礙加上全聾、智能障礙加上肢體障礙等等）造成這嚴重教育問題的組合，在特殊教育計畫中，無法單獨的顯現障礙，這項不包括又聾又盲的人。

7. 肢體障礙：一些肢體障礙會對孩子的教育及學業造成不利的影響。這障礙的原因項目包括了先天性的發育不良（例如：畸形腳，以及一些其他因素），損傷造成了一些疾病（例如：小兒麻痺、肺結核病菌轉移至骨頭上），而有些損傷障礙則是來自其他因素（例如：大腦的中風、截肢，或骨折或燒傷所造成的痙攣）。

8. 其他健康上的損傷：有體能上、生存能力或警覺性上的限制，由於慢性疾病或是嚴重的健康上的問題，像是心臟問題、肺結核、風濕病、腎炎、氣喘、疾病性貧血、血友病、癲癇、鉛中毒、白血病，或是糖尿病，這些因素造成孩子在教育上不利的影響。

9. 嚴重的情緒困擾：有一種或較多特徵，顯示長時間下會對孩子的教育造成不良的影響：

    a. 智力、知覺或健康等一些因素，造成無法解釋的學習上的困擾。

    b. 一些因素是在於為了在同儕或老師的面前保持讓他們滿意的個人責任感；

    c. 在一般的環境下無適合的行為模式或感覺；

    d. 普遍有不高興或沮喪的心情；

    e. 有發展生理上症狀或是害怕和個人及學校問題的傾向。

    這項目包含了精神分裂症。這些項目不適用於孩子的社交適應不良，除非這是決定他們有嚴重的情緒困擾的因素。

10. 特殊的學習障礙：一種或多種基本的心理性混亂，過程包含了解、使用，或讀寫　　　　*81*

（續）

表 5.1　　（續）

語文，可能顯露出在聽、說、讀、寫、算（想）、拼字，或是在做數學計算的能力上有瑕疵。這項目包含了一些情況像是知覺性的障礙、大腦損傷、小腦的官能障礙、識字困難和發展性的失語症。這項目不適用於孩子有視力、聽力，或是缺乏動機、智能障礙、情緒障礙，或是對環境、文化、經濟不利等因素所造成的學習問題。

11. 說話能力或語言障礙：一種溝通障礙，像是口吃、發音困難、語言障礙、聲音性障礙，造成對孩子的教育有不利的影響。

12. 腦部外傷所造成的障礙：因為腦部由於傷害造成外觀上及生理上的影響，導致全部或是部分功能性的障礙，或是心理性的障礙，或兩者皆有，這些因素會對孩子的教育造成不利的影響。這項目是用在一處或多處的開放性或閉鎖性的腦部損傷，像是認知區、語言區、記憶區、注意力區、理解區、抽象思考區、判斷區、問題解決區、感覺中樞區、概念區、動機能力、心理性行為、生理功能、資訊處理，和語言能力。這項目不適用於先天性的腦傷、退化性及出生時造成的外傷。

13. 視覺障礙：一種視覺上的障礙，認為對孩子的教育有不利的影響。這項目包含了部分盲或全盲。

註解：取自《美國國會的第 20 號年刊報告》，IDEA 美國教育部門的特殊教育與復健安置署，1988。（聯邦法條，1995，第 34 章，300.7 節）

⁷⁹　　目前在紐約州立視障學校就讀的學生，每個人都呈現出表 5.1 這十三種類型中，多種不同缺陷的結合；因為學生身體和健康狀況上的困難，學校有他們自己的醫療中心，隨時都有護士待命，且各類代表特殊領域的醫生，一週會有四天到學校來。

　　大部分有視力缺損或健康狀況問題的學生，是因早產和生產中所發生的意外造成的；包括氧氣不足（遺傳缺陷和外傷為其次）。大多數學生的缺陷是來自於大腦不正常的區塊，且他們的眼睛並不是完全地有問題，許多是表面上的損傷，他們還是看得見，但並不是很清楚，他們無法完全使用其視力的功能。有些在還是嬰兒階段時，有很好的功能，而大部分則反應困難。學校告訴我：「幫助學生和他人有良好的互動關係，占了大部分的課程，即使是鼓勵部分的學生，也是非常有挑戰性的。」

　　以下是這些學生在學校裡典型的一天。

　　早上七點，所有協助的老師都到達學校，他們直接到宿舍裡叫學生起

床，一個老師負責兩個學生。這是讓學生能夠學習穿衣和盥洗技巧的時候，像是選擇衣服、扣釦子等，任何年紀的學生都可操作。在七點半時，教師會到達，並協助他們。有兩間單幢住所，有屬於中等程度的照料設備，或是 ICF 的設備裝置，這是給十五到十六歲的青少年，無論任何理由，其家裡無法提供與其本質和年紀適當照顧與需要者皆可前來。基本上，這些學生都在受看護的狀況下，而這地方是他們全年的住所，他們在這邊受教育，也住在這邊。讓我印象深刻的是，這地方相似於醫院多於社區。學生們有他們的臥室，但是共用客廳的空間。透過窗戶我可以看見戶外的知覺活動庭院。這個地方可以讓孩子攀爬在木製的城堡，適應會擺動和滑動的東西，在水裡玩聲音的遊戲，和玩小型高爾夫。這裡也有一些區域種有香料草本植物。

81

在教室裡也有很好的配備。像在一個教室裡，我看到有很多倒下的形狀體和墊子。這學校盡可能的試著集中這些設備在一些教室，這樣一來，他們就不需要購買大量的器材或是分散的使用不同功能的配備。

跟一般公立學校比較，這所學校也提供了一些相關服務，像是物理治療、職能治療、語言治療和聽力師。他們也跟隨學校的行事曆作息和放假，但這也造成治療訓練的中斷。許多學生心甘情願的只是坐著而沒做任何事，有些是因為害怕他們起床後想試著移動而造成受傷，另外是因為沒有可移動的物品讓他們去移動。

這所學校提供一星期五天的適性的生理教育。那裡有三位老師兩兩互證適性的生理教育以及教導視覺障礙。所有課堂的分配都是六個學生，兩個助理教師，和一個正式老師。多數學生都能得到一對一的注意。

82

體育課包括使用特殊的游泳池；地板可以升高，整個泳池大概有二到四呎高的水，溫度約在華氏九十二度左右；這是用來治療的泳池，對某些學生來說，在水底下是他們唯一的機會，可以自由的擺動他們的四肢。

所有老師都能熟練於使用和調整任何對學生有效的方式，在我觀察到的一堂課中，根據其中一位老師所言，他們著重於幫助學生，讓他們在他們的環境內，能夠發展一個或多個目標的「內心地圖」。

就我們對於一幅有意涵圖畫的理解，並不總是能夠有形的傳送給一個盲人，這是我們工作上困難的地方！你不能只拿了一幅圖畫，放在他們面前，就期待他們能夠了解其中的意義；這需要有技巧，包括教導他們如何理解，並解釋圖形，之後還要歸納，你也必須讓他們能夠看見整幅圖的面貌！

我們使用了許多加熱成形，和一種畫圖墨水，遇熱能感應，且浮出表面的紙；在自然課的時候，我帶了植物的葉子，並讓這些葉子能夠立體起來；我們也使用強力膠，沾黏植物的莖，讓它能夠突出在表面上！

在這台電腦上的，是我們改造的一個遊戲，我們放了能讓他們感覺到的機械開關，所以他們能夠實際感受；另外在鍵盤上面，有盲人用的點字機，且搭配音樂，讓他們能夠辨認音調，預期會發生什麼事情！我列印出 Intellikeys 的鍵盤，並用 super string 記錄下所有資訊！

當有一個學生從其他地方轉過來時，老師會到他目前的課堂裡，觀察這位學生。他們告訴我：

我從來沒有看過一個孩子的能力往後退的，也沒有看過任何一個孩子在這個地方愈變愈差！相反的，我總是看到顯著的改變，但是中心的基礎課程，現在有些偏離了！這種現象包括了相反的結果，當對他們的要求和其他的小孩一樣愈來愈高時，就沒了相對的情形！包括許多學生最後成了中輟生！而他們的父母會說：「我的小孩就像教室裡頭的沙鼠，其他的孩子只是喜歡她，但她並不會學到或做到任何事情！」

對於功能較強的學生，我們有一個完全以社區本位為主的課程，他們早

上待在住所裡做一些簡單的餐點準備、清理、洗衣等的工作；他們會計畫完整的一餐、進城買一些生活用品，或是在餐廳裡用餐、看球賽等，並參與社區活動！學校有小型客車接送學生，但就像一位老師所說的：因他們常離開校園做一些活動，所以較難有機會搭上這類的車！一些學生參與某些課程，為之後的工作做準備；而較缺乏工作潛能的學生，會使用模擬的房間，讓他們未來能夠獨立生活：像是練習準備餐點、烹飪等活動。

當一天結束後，學生們返回他們居住的地方，一樣是一位老師對兩位學生。在晚上時，他們有一個負責設計多種休閒活動課程的治療專家，設法讓這些學生有許多進城的機會，像是去音樂廳或到棒球場看棒球等。根據他們內部一位職員的說法：「我們盡量讓他們融入到社區裡，但還是有許多孩子不適合這樣的課程，甚至這可能會對於某些學生太過刺激。」當學生到了二十一歲的時候，他們會到其鄉鎮所提供的成人課程裡去學習，而學校會提供給學生一位幫助者，幫助他們這段過渡時期，

> 白天大多數的學生會去接受治療，過去我們有一些可能會進入庇護工廠工作的孩子，或許有一兩家，可以處理這些需要支持的員工；但是眼睛看不見是一個很大的因素！和其他障礙類別比較起來，這困難了許多。而庇護工廠現在也不再那麼熱門了，但對我們而言，安置這些學生在庇護工廠裡，就和一般公立學校讓他們的學生進入一流大學，是一樣的心情！

這些有視覺缺陷的學生（和那些有聽力缺損的），其特質和十幾年前的有所不同，且這變化包括了學生可以到公立學校的普通班就讀，這個進展——有些人會說是變革——在教育上，藉由給視力或聽力有所缺損學生增加教育的服務與科技的可行性，創造了更多的可能！被訓練的專業人員可以選擇許多不同產品、設備與技術的配置，而學生也能夠選擇多種不同的學習環境。但一些顯著的例子，關於 Stephen、Ellen 和在紐約州立視障學校的盲人

83

學生，他們所強調的是源於個人化的、實際的方法來教導，一個「教導與學習的策略」，而不是使用單一的科技。雖像這樣專注於實際方法，可能會讓學生對社交產生不適，但它也提供了每一位學生，根據他們被發現在某方面最好的領域範圍裡，最大限度的學習機會！接下來的，則是一個在紐約州立視障學校裡教導盲人的老師，討論他對於個人化方法到教育的進一步觀點。

在紐約州立視障學校超過三十五年的教學經驗

我和 Betty 正在她的教室裡談話。很明顯地那是一間老舊的教室在一幢老舊的建築物裡，並有著很高的天花板和淡褐色的赤裸牆壁。在教室的牆壁上沒有學生的美術作品讓教室的周圍富有色彩和學生的創造力。在教室裡甚至沒有許多家具，這就是 Betty 的大辦公桌和少數可使用的椅子看起來好像很顯眼的原因。

Betty 比一般與她同年紀的人擁有較多的活力和較年輕的面容。當我們在談話的時候，她會突然間停頓下來，然後去聽一下和看一下三位學生中的其中一位學生。當我們正在談話的時候，她從未錯失過並且常常預料到學生在做的每一件事。她描述著她和學生們在一起時的工作：

> 如果你認為夠認真的話，你可以改造幾乎所有任何的事。但是如果那些改造對其他人會產生尷尬的話，我認為你並不是讓他們賦予能力，而且會成為他們障礙的一部分。

> 我是嚴謹的並且要求一個好的策略的人，我會將我所獲得的所有經驗都告訴你，因為我沒有太多時間去算出究竟在這裡有多少東西。

在第四章，我指出大部分的學校已經從服務標準視障的學生改變到有多重障礙的學生（除了視覺損失之外）有好幾年了。Betty 也提起他們在早期年

代是如何教導他們一些木工技能和化學方面的事及一些典型的科目，然後她
說：

現在，在公立學校，他們很怕讓他們這樣去做。他們在團體中
工作，而且那些視力障礙學生只有將物質放進試管裡。所以他們在
這個過程中並沒有發展到他們的理解能力。他們了解的部分僅在於
他們所聽到的程度而已。

我們很明確的知道關於標準視障者的一件事，那就是他們的口
語能力是非常前進的，甚至超過他們實際上的功能技巧，因為他們
能用聽的去學習任何事。他們可以現學現賣，聽起來就像天才一
樣，不用給予他關於別人在說什麼，以及那是什麼意思的任何提
示。但是在公立學校，他們傳授訊息的基本模式是以聽覺和口語的
方式。所以他們可以現學現賣，但是都不夠具體。

這裡另一個例子是關於我所指的意思，在公立學校，當他們談
論到動物時，他們會有一個塑膠模型。我們是有一個動物的圖書
館，裡面所準備的都是動物的標本，所以學生們能夠了解動物的大
小、氣味、結構和任何有關於動物的每一件事。像這樣一個盲人的
觀念例子是從未看過的。因此，他們會知道，為什麼我們有這樣的
動物圖書館，但是我們不能有完全實體的大象。我們只有大象的
腳。「看這隻腳有多大！你可以想像這隻動物的大小。」我們會解
釋有關於這隻大象的大小和牠的高度長度等等。他們總會點頭並說
「喔，好」。我們認為我們做了一件很棒的工作。我們去一個高中
旅行時去過的地方——華盛頓 DC，到 Smithsonian，那裡有大象在
那邊。所以我安排去爬越繩索，因為沒有任何方法比讓他們去摸到
大象更容易讓他們了解任何的事了。嗯！我們爬越了繩索，一個女
孩……我可以看到她今天的臉色，她是歡喜的，喔！我的天啊！她
說：「你知道嗎？我從來不了解以前你曾讓我們碰觸過的腳，牠的

85

全身竟有這麼大。我沒有線索可以知道。」所以你可以描述母牛，當母牛來到你家時，你甚至可以接受全部的一部分。但是他們不能憑空的去想像，所以當我教他們有關卡車時，我不給他們小型的玩具模型。我們去接觸真正的卡車。

但是你如何去教導全盲和完全不懂光線的經驗的孩子，什麼是顏色？你如何教導他們概念的發展，例如身體的肖像和空間的概念，例如定向性（在上面，在下面）、順序、數量？聽的技能和聽覺的理解？適當的行為？Betty分享她所接觸過的經驗。

我們在草地上坐下來，然後開始我們的課程，我們會談論太陽的感覺像是黃色，「將你的臉碰觸地上去聞聞看草的味道。那就是綠色。你已經可以說草的顏色是綠色，但是我可以告訴你們，我看到的就像你們聞到的一樣。」

Betty曾經非常注意她班上的學生，當他回座位和伸展身體時，她都注意著他。有一次他被安排回去再做他的工作時，她回來告訴我說：

那是 Jamie，他是聽障、視障和自閉。但是 Jamie 有視覺的能力。我們不知道他有多少的視覺能力，但是我們知道他看得見。在這邊沒有一個小孩是注意力不集中的，他的到來將會是個包袱，Jamie 有很大的衝動控制問題，有時甚至需要藥物的控制。他有優勢的部分，但是對我來說，我沒有足夠的能力讓他能長時間的集中注意力去學習訊息。我確信如果我們無法接收訊息，我們將無法到達任何地方完成任何事情。我們需要一種方法去傳達接受訊息。所以對於他，我現在只能使用現有的符號和畫報，因為我們不知道他有多少的視覺能力。但是我們必須學習。

　　Jamie 已經通過一個接一個的教學和一個接一個的課程，但是沒有一個是能夠滿足他的需求的。我是個頑固的人。我認為它會花我一段時間，但是一定有辦法可以完成。我們和他到一間小間的教室（那間就像是一個很大的壁櫥隔開了主要的教室）。這是我特地為他安排的。當我們開始的時候，他會破壞教室。所以我將每一樣東西用螺絲釘在牆壁的木板上，讓他無法再扔那些東西。現在沒有任何東西在桌子上、架子上了。我拿開所有能刺激他的東西。這裡還有許多東西，但他無法去觸碰所有的刺激物。我將所有電燈泡拿走，除了一個之外。我和他和那沒拿走的燈一起工作，並一直監督著他工作的區域。對 Jamie 和其他一些皮層視覺損害的孩子來說，這是一件好事，因為他們可以聚焦於一個地方。所以他的焦點只在對的地方（Betty 指著桌子上的一個小地方）。現在他已經達到喜歡的地步。我認為，這個孩子現在已十五歲了，而且他將不會再有這樣的機會了。現在他將經歷兩個小時內平均做二十個工作。我們混合並交替不同的發動機以挑出瑕疵品出來並給予獎勵，獎勵對他而言是很重要的，而能否得到獎勵都是可以預先知道。他能知道何時會有獎勵。

　　他聽不見所以我不能使用蜂鳴器，而燈對他來說都有著不同的含義。所以我必須使用一種他能夠理解的方式。我選擇使用風扇，因為我認為他將會知道當它繼續轉動和或當它停止時，就代表著某件事的開始或停止。所以我們使用風扇作為信號。在風扇繼續轉動時就代表開始，當它停止時就代表結束。他必須接收理解它，他描述出他能知道何時他必須工作和何時他能休息。這是有可能發生的事，有一次我們給他一個提示，幫助他掌握了解這個環境。

　　這似乎是基礎操作制約，包含靠增強與懲罰去希望達到的行為狀況，而每一個連續的步驟都是朝向希望達到的行為目標。我渴望知道更多 Betty 嘗

86

試著去做並且達到成果，還有教導 Jamie 及其他學生的相關事情。所以我問 Betty 更多的詳情細節。

　　他們知道他們必須去做我要求的事，還有我們可以朝難的方式或容易的方式去做，但無論如何我們就是要完成它。你必須建立這樣的關係。因為這些事是不會拖過當晚之後才完成，但在這六星期來，在我班上每一個孩子都知道他自己該做什麼。

　　以 Jamie 來說。他是一個打擊手。他會走過來重擊這裡的每一個人。所以我讓他不斷發生嗎？不，你不能這樣做。我隨時碰觸他，像是輕拍他的手，我會很溫柔的。所以當他錯誤時、重打別人時，我們會回過頭來一起檢討。昨天，他很高興看到我，他不常這樣，但是他昨天早上真的很高興而且笑得很開心的走到我身邊，輕拍我的手。所以在這一年裡，他開始試著去做這些相關的事和適當的碰觸。當然，我們必須向他的同儕說明這樣的情況。

　　過一段時間，我開始將一些東西放回架子上。我們用文件盒裝著並將它們搬運到這裡。所以我可以離開他們到這裡來了。

　　在這個論點上，我需要去了解發生了什麼事，當 Betty 一天中的不愉快或是什麼理由需要另一個老師和學生再一次一起工作，她回答指出對行為研究步驟方法。

87　　　　當我設計我的活動書給教職員，我對她們說明每一件事的工作分析步驟，一個簡單的事件也許就會有十二個工作步驟，但是這些將被確定它們將永遠相同，這個替代方法是可預見的，能輕易的學到一個行為，和我所做的完全相同的方法。最後我把它們裝訂成卡片，所以現在我不需要每個學生都重寫，我只要使用照片在課程的順序上。

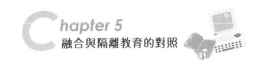

Betty 突然的猶豫彷彿在冥想自己的成長，我坐在那裡，在沉默中讓她思考，幾分鐘後她看著我說：

　　我有很多需要去學習，我想知道 Jamie 是如何知道是我，是因為我帶有香味嗎？他使用的這個是什麼？如果這不是我的臉，會如何？因為我們需要知道，如果我可以得到一些明確的結果。此外我需要他一整天的事件，他是很難控制的，如果我們能理解如何給他需要的資訊，他必須整天在外，而能得到的幫助很少，你只能放一個溝通板在一個小架子上，或其他什麼的，他只是這樣做，然後這是最後結果，我們給他生活周圍不同的人物的照片，他將要去配對這些人物和照片，他將拿這些照片表達出這些人物。

因為 Beety 必須專注的去學習很多行為的處理，我必須知道她對輔具的想法和教育的技術，無論她使用哪一個，當我問她，她回答和舉例：

　　也許我分配到的學生非常的不同。例如：無論如何我決定使用適應課程在一個學生的訓練上，我從不以為這是一輩子的溝通方式，我說這像早期的過渡時期的適應，而且這可能會造成笨拙，這個適應課程會是暫時的事，他們將帶給我能力，在時間上去營造部分的能力，所以我也許會從口沿內捲的餐盤開始，但在我的腦海中，我很快轉移到像我可以在固定餐盤上放一個護網，現在我做到了，我們不需要一些實際的碰撞，你就能舉起湯匙，將食物推到嘴唇的地方。但是同樣的，我非常小心的去確定吃將是雙手都會的功能，許多學生都會合併有多樣的功能異常，我必須確定他們的優勢手（如果他是右側優勢），一直接近餐盤，下一個步驟是將護網拿掉，和放餐具在那裡，所以你必須逐步施行，但是我不希望離開這些所有的適應課程，有哪些祖母有口沿的餐盤？有哪些餐館有口沿

內捲的餐盤？結果孩子不得不又回到一開始的不便，「現在我們得練習其他方式？這不是等於更不方便、更麻煩。」

　　所以我做了很多環境系統的結構，像相對的適應課程的才能知識，或特殊專門的才能，我有一個電子溝通板和一個隨手的非電子溝通板，我相信電子模式或確定的模式，是非常重要的，在教導視障學生去感覺他們生活和功能的區分，所以我每件事都使用，但是你會得到更多的系統可以回去檢查，能充分的使用在所有的場所，如果我能很一致的使用這些方法，就可以有多樣的經驗和方法，這些方法將變成他們的部分和他們在環境中可能影響的視覺圖像。

　我問 Betty 那些特殊的例子，她使用哪一種溝通的方法，以及我們如何處理多重障礙的學生，她後面舉例描述。

　　我有一個現在做得很正確的學生，當我第一次開始使用時，他幾乎只有三歲的年齡，他只能無意義的走動，和發出一些哼唱的聲音，這就是他全部的生活，他現在可以在整個學校隨處走動，他希望他能適應那些突發的事件，現在他有一個高功能的溝通輔具……〔這時 Betty 起來、走開和把溝通板放回教室的架子上〕……我事先計畫溝通板，所以這是我能教的課程——a jelly bean switch。我開始總是從「是」和「不是」開始教，如果小孩是右撇子，「是」就放在右邊，假如是左撇子，「是」就放在左邊，所以這是一個影響成功和你能得到一些事件的肯定。有一次我們有了一些想法，我們增加了一些技巧，我們使用了標準的手勢，如 OK 和喝飲料的課程〔她操作了機器的開關回應「喝飲料」、「喝飲料」〕，我們成功了兩次，當那些你想要的有一次的成功，我們將知道這是因為他們可以穩定的使用，我下一個口令將給更小的提示，當那些方法能降低到較小的模式時，那個將可能成為個人化且攜帶到各處。

　　Betty 主要是使用行為的聯結手法，那些在紐約州立視障學校中的人口總數，將可能成為影響現今學校的視障學生，這些方法在使用時可能有些不同，但仍可以預期有助於他們的獨立，然而，Maslow 重視的需求階層，Erikson 的社會發展心理論和 Hansell 的生活經驗的聯結，今天在紐約視障學校的視障者大部分只有基本程度。

　　大部分的公立學校只有少數的視障學生人數，但是這些少數的人仍將得到教育內的輔具技術的幫助。在對那些能力有障礙的學生的加強教育，在近幾年包括學校可能不會發生和不會持續的被立法通過，在下一個章節我將討論有關技巧和法規及包括可能發生的事。

89

Chapter 6

科技使融合教育
更可行

我花了一個禮拜冷靜下來，然後我去找校長說明需要
為我的兒子尋找一個適合他能力分班的班級，我做到
了，並且發現這將是一個苦戰，而且事實就是如此。
——Betty，一位身心障礙學童的母親兼老師

根據第五章的描述，不少的視覺障礙的學生在學校中除了會感到被孤立（傷害）外，也會導致他們依賴的情況，學生的年齡在十八歲（含以下）且有視覺障礙的情況，就和嚴重的聽覺障礙學生一樣，被認為是一種「伴隨性的障礙」，而這些學生在一般學校較少有機會和相同年齡且相同障礙類型的同儕互動，然而這些視覺障礙的學生在普通學校的班級中常會感到被孤立、排擠，雖然立法的確可以保障他們，但是卻不能顧及他們和朋友相處的模式和人際互動方式。

現在融合教育環境大部分為法律所規範

非常多的法律都通過，感官功能障礙的學生於就學的每一個階段（小學、中學、高等教育），皆須提供他們最完善的安置和教育〔例如 2003 年再度修訂的身心障礙個別教育法案 IDEA，和高等教育法案（國際公法 102-325）〕，而這部分的立法和中等教育相關。

◆ 1997 年身心障礙個別化教育修訂法案（IDEA）

1997 年 6 月，身心障礙個別教育法案依國際公法 105-17 條修改為「1997年之身心障礙個別化教育修訂法案」，而從 1975 年通過立法開始，這已經是第五次的修正法案了，而每一套法案都是為了更完善的保障身心障礙學生以及提供他們家庭充分的資源，而 2003 年法案將再修正一次，經過了一年，身心障礙個別化教育法案不但為身心障礙學生的生活和家庭帶來大幅的改善，並且也影響了學校和教師在身心障礙教育方面所扮演的角色，在這一方面也帶來了改善。

1975 年國際公法 94-142 所修訂的身心障礙個別化教育修訂法案，所訂立保障身心障礙的項目是很完整的，而最為人熟知的便是「回歸主流教育的法案」，而 1997 年身心障礙個別化教育修訂法案保存了先前的法律，其他

較重要的修訂的六大原則如下：

1. 開放自由的教育

2. 最少限制環境

3. 最完善的評估

4. 個別化的教育計畫

5. 學生和家長共同參與決定

6. 程序化的防護措施

　　而這一套身心障礙個別化教育修訂法案也得到了美國教育部的一致認同（http://www.ed.gov/offices/OSERS/IDEA）。

　　法案的 B 部分是針對三至二十一歲的身心障礙學童所提供的服務而設計；C 部分則是針對零到二歲的嬰孩所能提供的服務而制定，而法令所提供的對象，包含以下十三種類型：(1)特殊學習障礙；(2)語言障礙；(3)智能障礙；(4)情緒障礙；(5)多重障礙；(6)聽覺損傷；(7)外觀傷殘；(8)其他障礙類別；(9)視覺損傷；(10)自閉症；(11)聽覺障礙；(12)聽覺和視覺障礙；和(13)腦部外傷。

　　而這十三種不同類型的學生中，科技與輔具的應用已經是被認可的，根據 1997 年的身心障礙個別化教育修訂法案，著重於能提供更完善的鑑定服務，使學生能夠接受普通班級所提供的一般課程，並且能夠適應其環境。而 1998 年 7 月 1 日，個別化教育的計畫團隊在擬定計畫中須「應用科技輔具和儀器」是被認定的，而這也是適當的普通教育所須提供的，學校必須免費提供專業團隊在 IEP（個別化教育計畫）為學生規畫科技輔具、儀器或其他專業療程。

　　美國的輔具科技在身心障礙個別化教育法案定義中的內容，和 1988 年第一套科技相關的身心障礙法案定義相同（見第一章），而輔具科技的服務包括了以下幾點：

　　任何直接給予身心障礙孩童的輔助，都需要在選擇、學習，或輔具

93

服務的使用之下，而這些範圍包括：

(1) 評估所有身心障礙孩子的需求，包括所有功能方面的評估，並且考慮是否適用於孩子所處的自然環境當中；

(2) 買賣、租借，或是以其他方式提供身心障礙孩童的科技輔具服務；

(3) 選擇、設計、測試、諮詢服務、試用、維護、修復、歸還等一系列和科技輔具儀器相關的服務；

(4) 配合其他治療、介入或是其他輔具儀器，包括所有配合教育計畫相關的復健治療和課程；

(5) 訓練身心障礙孩童使用輔具，亦可以教導孩子的家人如何使用；

(6) 科技輔具的專業人士的訓練，包括提供服務的雇主和提供服務的員工都將和身心障礙小朋友的生活密不可分。（Golden, 1998, p.3）

由於 1997 年身心障礙個別化教育修正法案的規範，所有的服務都必須配合 IEP（個別化教育計畫）中的評估、介入和發展，並且充分與教養者／父母合作，於孩子所身處的自然環境中提供服務。

IEP（個別化教育計畫）的團隊

每一個學生的個別化教育計畫（IEP）可以詳細的說明學生所須接受的特殊教育與相關服務。個別化的計畫可以為有殘疾的孩子提出他的特別需求，並且藉由受過專業訓練的 IEP 團隊成員協助其家庭一同成長、記錄、供給需要與評估。一份 IEP 的制定是需要與有學齡兒童的家庭一起合作訂定的。團隊中的成員必須對孩子的發展以及可能有的各種特殊傷害、殘障有充分的知識，其成員包括教育行政人員、專業臨床治療師、特殊教育人員、物理治療師、語言治療師、聽力師、護理人員和心理學家。這些成員可以提供

適合的策略、決定、輔具等諸如此類的服務，使孩子在融合的學校安置中，盡其最大可能的參與所有適當的發展性活動。

當在為孩子考慮科技輔具的使用時，假使一個 IEP（個別化教育計畫）團隊成員有受過挑選及使用輔具的訓練或經驗，他將能夠為孩子來做評估；然而，社會專家學者經常被邀請來為孩子的輔具需求做評估（Golden, 1998；Judge & Parette, 1998）。學校行政單位認為擁有科技輔具專業知識的個人或機構，能夠協助學校及 IEP 團隊為學生的輔具需求做評估，並能夠為學生做正確適宜的選擇、設計及決定。在每個案件中，科技輔具的評估人員須和制定學生 IEP 的團隊共同合作，以便為學生找出最適合其需求的科技輔具。

因為科技輔具的評估人員不了解孩子日常的狀況，他們必須從孩子的 IEP（個別化教育計畫）團隊中蒐集相關資訊。當評估者與 IEP 團隊合作時，他們要將自己的評估過程，與從家庭與 IEP 團隊所蒐集的各類資料相互合併參考。資訊往往將焦點集中在孩子的殘疾上，他（她）不能夠做什麼、什麼科技能夠有效補足其缺陷，然而如此卻易忽略孩子的學習喜好、個性與情緒，或科技環境中的物理特性（Judge & Parette, 1998）。

當 1997 年通過「身心障礙個別教育修正法案」要求納入父母及照顧者的評估與介入過程，然而如此仍無法滿足每一個人的需求；父母必須陳述孩子的能力、喜好、長處和限制，孩子常處環境以及在環境中從事的活動，孩子的增強物，環境中的物理因素及如何改善使孩子可以盡可能參與活動，還有父母對於孩子的期望與渴望達到的目標（Flippo, Inge, & Barcus, 1997; Jary & Jary, 1995; Judge & Parette, 1998）。

IEP（個別化教育計畫）是構築教育的基本藍圖

IEP（個別化教育計畫）能有效的為學生建立目標並達成目標。「個人化服務計畫」是 IEP 延續多年的觀念，在職業復健上稱為個人化職業計畫（正式稱之為個人重建成文法案），在 1973 年復健法案中初次成立。其目

的是為了確保目標的設立與決定是經由服務提供者與接受者共同完成,並且能夠結合科技與個人需求的適切性(D. R. Maki & Riggar, 1997)。個人化計畫的重點在於每年(或經常)的複審和公開化的改正檢討;另外,他們也以統一的方式蒐集個人在學校或重建中有所收穫的資料。

◆ 1973 年復健法案之 504 條款(於 1998 年修訂)

這個法律禁止對於殘障人士在各種計畫和活動中擁有差別待遇,其適用於國小、國中、高中的學生以及身心障礙學生。

504 條款要求必須給予所有身心障礙學生在最少限制環境中接受免費、適宜的教育。身心障礙者在 504 條款中只要有任何一項:

1. 有身體或心理的殘缺以致限制其在生活中一項以上的活動者,
2. 有傷殘證明者,
3. 被視為有此殘障者。

這法案的界定不同於身心障礙個別教育修正法案的嚴格。

504 條款規定身心障礙學生所接受的教育必須等同於普通學生,因此,根據 IDEA(身心障礙個人教育法案)沒有達到接受特殊教育資格的人,在 504 條款中也許符合資格接受特殊服務。以一個接受人工電子耳(以手術的方式,將一個可以協助聽力的電子裝置植入內耳以便刺激聽覺)的學生來做說明。

接受人工電子耳的人患有嚴重的聽力損失(無法分辨聲音中的語言),並且對於配戴其他的聽力輔具無效用。人工電子耳裝置是藉由複雜的電子系統(或頻道),以直接刺激殘存聽力的方式將聲音傳進內耳。

在約翰‧霍普金斯大學裡的研究指出,有配戴助聽器的重度聽覺障礙兒童(聽力損失在八十分貝以上),和輕度聽障而沒有配戴助聽器的兒童相比,有配戴助聽器的重度聽損兒童更易於被學校接受,且也比較少用到學校的支援服務(Francis, Koch, Wyatt, & Niparko, 1999)。不過,戴助聽器的兒

96

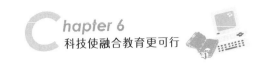

童也急需聽覺上和語言上發展的訓練。所以在 504 條款之下，戴助聽器的聽損兒童也許不需要特殊教育的支援，反而在適應方面更需要特別的支援。

就像 IDEA 一樣，504 條款也需要經過鑑定、評估、提供適當的服務、通報孩子的父母、一套個別的適應計畫和法定的保護條款。而和 IDEA 有些許不同的是，這一系列的程序必須按照 504 條款而達到整體的一致性（Katsiyannis & Conderman, 1994; Pardeck, 1996）。

在供應方便的設施方面，有障礙的學生所應得到的必須和一般學生是一樣的。舉個例子來說，學校運輸工具的排定時間，不可以導致那些障礙生要多花比一般學生多的時間在搭乘校車上，起程和到達的時間不能影響到學校上課的時間。

教室也不應該安排在像堆放東西的房間，或被分割的辦公室這樣不適當的位置。教室的大小也要足以提供學生在教育上、生理上或醫藥上所需的空間。老師必須提供像給一般學生所需的適當協助和支持給那些有障礙的學生。如一般學生的老師有提供幫學生抄寫東西的服務，特教老師就必須也提供這項服務給他們的學生。

受到美國政府教育部提供的直接或間接資助的教育機構，都必須參照504條款。美國教育部市民權利辦公室（The Office for Civil Rights, U.S. Department of Education）是永久的代理執行單位。它必須推廣和引導人們接受這方案，並研究這方案受到批評的部分加以改善。如果受到國家資金支援的學校沒有遵循 504 條款，可能會被強迫停業。

最近的倡議

在 2001 年兒童適性安置法令（Pub. L. 107-110）是將小學的和中學教育之相關的法令重新修訂，並且在 2002 年 1 月 8 日簽定。這法令是要降低少數弱勢學生跟同年齡一般學生在 K-12 教育中的程度差異（President's Commission on Excellence in Special Education, 2002）。這法案的訂定是根據四個

原則所制定：加強對成效的責任；加強地方控制的權限；增加人民的選擇權；強調教學方法的有效性。

　　總統特殊教育特別權限委員會在 2001 年 10 月成立，主要是為了「頒布有關聯邦政府和地方的特殊教育方案以改善有障礙小孩的教育」，這個組織宣布：「新的修正案會讓特殊孩童和他們的家人有重生的機會」（President's Commission on Excellence in Special Education, 2002）。這項改變是最顯著的關鍵結果和可取之處。其中一個關鍵結果是發現了太多的重點都放在繁雜的特殊教育規定上，忽視了 K-12 階段學生透過典型的教育在學術上的成就和社會上的影響的後果。委員會表明在較低比例下的最大運用和要求第二次修訂一個有利於發展個別差異的委員會。另外的發現則是集中在現有系統一直等到發現學生在學習上失敗了才解決，而沒有在早期且準確的鑑定學習上和行為上的障礙問題，並且根據研究的方法及早介入。委員會要求一般的和特殊的教育都必須實行得更好，並且引用最新的發現且製造一個有力的誘因，以便於特殊教育的鑑定和分類能更健全。此外，特殊需要學生也需要很好的照應，充分的支持，以維持老師所能發揮的功能。像上面寫的，2003 年的 IDEA（身心障礙個人化教育法案）應該會包含以上委員會所推薦的方法。

　　在不久的未來，我們期望能增強以驗證為基礎的練習。這是根據研究被證實有用的教學策略的目標。接下來的章節將會介紹那些被證實的好處，以及直接評估所有的力量在家長和孩子的身上顯現。父母的參與，可以及時驗證法律的實用與否，父母也可透過法律訴訟而讓他們的聲音被大眾聽到。一個太早的評價也有可能妨礙到孩子的參與和學習，這個缺失是尚未被具體的承認的。這可能導致學生在學習上的挫敗和行為上的問題。學術上研究的成功是最終的目標，但讓學生覺得他們是屬於學校的，而且和他們同齡的孩子是並駕齊驅的，這才是最主要的目標。和世界上其他成就一樣，這樣的推廣強調的是要讓社會達到更融洽的境界。

　　以下是其他在審理中的內容：

98

　　●2003 年教育資源無障礙法案，使視力障礙者或和中學教育視障學生、

障礙生等其他原因而造成障礙的學生，有進入一般教育的權利。

● 2003 年全體學習者教育卓越法案，鼓勵參與社會大學的終身教育活動，並且提供高等教育和職業訓練。

● 1998 高年等教育法案（105-244 公法），1965 年第一次通過，它頒布了聯邦的中學後教育政策。像 TRIO 計畫即受益於這立法的 Pell 津貼、學生貸款，和工作學習選擇，並對下一個學習階段的傷殘學生提供學術上的資助性業務，如以下一項或更多的情況：

◎低收入戶

◎第一代或少數的狀況

◎被展示的刺激專長

◎在教育目標上有穩固的進步證據

即使高等教育法案對計畫的授權在 2004 年尚未終止，但美國立法機關仍對於是否再授權的認定過程中持有爭論的意見。

● 輔助科技法案（ATA），由於在 2004 年即將取消，而另一個繼續的努力將需要立法機關的創立。

總之，傷殘學生在所有教育水平上有資格獲得適宜的指導和評估，供應其所需的教材，並且依其需要和選擇給予相應的教育。現在的法令讓教育輔具更有效也更讓人負擔得起。現在的特教法案還是存在著許多缺失，但許多必要的依據都已各就各位。如何能讓特殊生在角色扮演、生活自理、參與所欲參與的活動上提高他的功能性，本書接下來的章節裡會提到。

今日的教育環境雖然科技發達卻缺乏聯繫

當時訂定 IDEA（身心障礙個人教育法案）以及 504 條款這些法令的目的，是為了幫助殘障兒童能夠順利地獲得教育，導因是因為有太多的學生缺乏這些法案而受到忽略。這些法律的命令十分重視輔具科技裝置，提供這些學生所需要的服務，並讓大家能夠普遍的獲得大約 20,000 個輔具科技裝置

99

（列表於聯合募款計畫「ABLEDATA」中，http://www.abledata.com），專業人員及父母常因為科技及可獲得的選擇感覺到排山倒海而來的壓力，他們不願相信本身需要具備一些必要性的知識，以便能從這些選擇中篩選、分辨哪些是最能符合個別學習者需求的產品（Flippo et al., 1997; Judge & Parette, 1998; Kelker. Holt, & Sullivan, 2000; Overbook School for the Blind, 2001）。首先，第一步是認識這些輔具科技。為了能夠挑出最適合孩子的輔具科技，專業人員必須從孩子的教育計畫成果中獲得一些資訊，例如他（或她）的能力及喜好、輔具科技所適用的生態課程。專業人員和父母認為輔具科技的篩選，有助於解決現有的問題（Judge & Parette, 1998）。這果然是個大工程啊！

研究人員測試孩童使用輔具科技後（Judge & Parette, 1998），有下列兩點結論：第一、專業人員所提供的暗示性數字，不足以做知識性的決定，像是構成合適的輔具科技，以及缺乏以家庭為中心的練習。第二、多數家庭對於輔具科技的費用估計，以及對於如何結合訓練方法和在自然情境下使用輔具科技，感到困擾。當家庭成員也共同參與選擇及使用輔具科技時，這些裝置極可能會促進孩子在自然情境中發展，並會帶給整個家庭正向的影響（Judge & Parette, 1998; Kelker et al., 2000）。

在 IEP（個別化教育計畫）團隊的所有成員中，家庭成員最能親密的了解他們的孩子，以及處於最多變的環境。往往，家人們必須將孩子的技能和他習慣的生活作息、生活形態加以結合。他們是唯一會帶著眼盲孩子去百貨公司或是參加家庭共同出遊的人。如果沒有家庭及父母的參與，孩子的輔具科技將會漸漸的減少使用次數、變得不適合孩子本身，甚至只能限制在某些情境下使用（Kelker et al., 2000）。

很多時候，家長在 IEP（個別化教育計畫）團隊中常感到力量微薄，且有被脅迫的感覺，IEP 團隊裡的成員會把家長對孩子的期待與渴望認為不切實際，或是成員會要求一個需要大量花費金錢的特定輔具科技（Judge & Parette, 1998）。許多時候，家長的期望是得不到 IEP 團隊契合的回應。儘管如此，這些家長還是能感覺 IEP 團隊忽略了孩子身上的標記。

Betty曾經是一個紐約州立視障學校的老師，她有一個學習障礙的兒子。在她的言語中是「沒有重大的決策，真的沒有重大的決策，被比喻為在這兒工作的目的」。她參與了學校的董事會七年，並且擔任過董事會主席。她的 100經驗證明了家長與老師之間敵對立場的發展。

我記得他二年級的時候，曾有一段黑暗艱困的日子，所以我到學校觀察他一天。喔！他們視我為一個無知、衝動、情緒化的媽媽，觀察的時候，我內心十分掙扎，而這一天也顯得特別漫長。

我給自己一個禮拜的時間平靜下來，然後跑去見校長，告訴他我將為我的兒子尋找替代安置，而且我真的這麼做了。我知道在這之中將會是一場奮戰，而它的確是。這幾年同樣也有些好老師。只是在當下，體制還未發展完全。就算她們已經開始在教學，我想她們也不知道要從哪裡開始下手，她們甚至不會提供知識給我的兒子。

當我參與了董事會以後，我戰戰兢兢的為孩子爭取最好的教育，當我沒注意到老師的立場時，他們非常不高興，那種不悅就好像是在要求我自己去親身體驗當老師的心情。我試著去了解學生自己的方法，並以教育的角度考量什麼是對他們最好的。這對一個身為教師的人以及把教師當作工作的人兩者之間，有很大的差異。

然而，在教師的篩選與前置作業上存在著一些小缺失。如果我去大學教書，只會有觀察技巧這單一的過程。你注視著什麼？而它的意義又是什麼？別過度依賴課程，你不是在教課程，你在教導的是有學習潛力人群中的每一個人。學習的速度、方法和技巧也許都不同，所以課程些許的改編是必要的，但他們都是可學習的。我並不認為從現今的老師們身上能得到些什麼。

在討論輔具科技的時候，重點往往放在學生的限制上，而非學生的能

109

力。家長也許會相信他們的孩子具有學習能力，也許不會相信，因此他們期
待 IEP（個別化教育計畫）團隊能明確的提供，以及期望他們的孩子未來在
學校的成功。但大部分時候，家長在離開 IEP（個別化教育計畫）團隊之際，
常會對他們孩子的進步感到不安及沮喪，或是他們的孩子根本一點進步也沒
有（Judge & Parette, 1998）。或是家長會在會議中看到不被承認的能力。家
長和專業人員之間常會因為對孩子秉持著不同且專有的目標，而彼此誤解，
形成了一個潛在衝突，轉而導致一個惡劣的關係（Judge & Parette, 1998）。
以 Betty 的例子來看，家長也許會選擇改變孩子的安置或是學校（見表
6.1）。

表 6.1　決定要把孩子從原先的學校轉學時，有些策略可提供給家長

轉出學校	轉入學校[a]
1. 如果已經和一位或多位的專業人員產生了惡劣關係，盡可能的試著將程度減到最低。	1. 試著使學校的專業人員與你的孩子會面，告訴他們你所觀察到孩子的需求、你想讓孩子轉學的理由等等。坦白及誠實是很重要的。記住！你是在仰賴他們幫助你的孩子成功。
2. 寫封信給專業人員以感謝他們的幫忙與支持，並告訴他們你的決定。	2. 盡可能的去參與學習每一件事，像是學校所提供的活動、服務及計畫。
3. 閱讀孩子過去的紀錄並減少你所不同意的事情，或是你相信那些會對你的孩子的未來造成潛在的傷害。和學校的職員會面以獲得轉學的相關資訊。	3. 仔細思考對孩子具有潛在利益影響的忠告，或是討論團體、支持團體。
4. 和你的孩子討論轉學後他的感受、哪一個是他最希望能繼續來往的朋友，以及詢問他以後要不要繼續安排他和這些朋友見面？	4. 和你的孩子討論他在新學校的感受。
5. 不要對你的孩子承諾事情會突然間變好，要告訴他事情改善的機會是存在的。	5. 關心你的孩子的情緒，以及社交方面和課業方面的成長。

a 這些運用在在家教育也一樣有效。

家長希望能看到孩子的長處及能力，並能感受到學校將重心放在他們孩子的身上。「科技」在這裡解釋為一種能協助孩子在學校學術上及社交上達到成功之物（Kelker et al., 2000）。但是，當重點放在學生的限制時，科技的使用將會呈現出負面的瑕疵。IEP（個別化教育計畫）團隊這樣的態度會滲透學校文化，甚至是遍布四處，並會影響到老師如何看待這些身心障礙的學生（Jary & Jary, 1995）。

Edyburn（2002）在 2001 年特殊教育科學期刊做了有系統的回顧且分析其文獻。包括了(1) 5 份特殊教育科學期刊；(2) 17 份特殊教育期刊；(3) 9 份教育科學期刊，其主題包括了方法、輔具科技、工具的議題、網路的使用和網路的資源、科技的整合和普遍性的設計。他也發現文章以適應的評估、倫理學、測量和儀器和效力方面的發展為特色。他發現這些文獻已證明了法案的訂立確實是聽見了障礙學生、他們的父母和教師的聲音，提供物品和住宿裝備使障礙學生能夠參與學習，並且使不同能力的學生能夠適應教育環境。在特殊教育科技上並沒有一定的主題，使學生和教師、同儕之間中的聯繫更有品質和更有意義，或者幫助學生處理一個孤立和隔離的感覺。

學生並不主動發展正面或負面的觀點，在與教師、學生、父母和其他人互動過程中逐漸形成一些看法，他們是單獨的個體，他們想要什麼活動，他們有什麼目標，並且和誰在一起使他們感到非常舒適。當學生有同等的參與機會時，他們更容易察覺自己有能力且適合屬於這個教室。哪裡是敏感的、情感的和社會活動相交的聯結點呢？

學校建築內外的學習課程

教室不只是正式學習的環境，對於許多學生也是關鍵學習的延續。教室是展現教育的中心、實際教學的動力，以及人與人互動的探究與討論的空間。

法律的支持應該優先考慮對於嚴重障礙者教育機會質與量的獲得，也已

將焦點放在教室的環境。終生的學習有賴於實驗室、圖書館、其他資訊的場地、社區的學習環境、家庭、運動及其他社會性活動場所的設置。

實驗室

全聾和嚴重聽覺障礙的學生不需要時常適應於科學性的場所，只要在夥伴之間建立良好的溝通即可。視力上有限制的學生可以操作有效且安全的，並有合適的視覺協助或電子擴大機裝置的科學實驗。即使如此，因為全盲學生的關係，學校因憂慮而忽視了這些障礙者在科學上的成功經驗（包括盲者）。國家科學基金會（www.nsf.gov）已經將這些憂慮轉化成優勢，來支持障礙者在科學、機械與數學相關的職業，使他們更引人注意。而由於這些項目的支持已為成功的實驗室培養新的科技。根據前任身障者國家科學基金會的指導者 Larry Scadden（1994）指出：

> 今日，令人感到興奮的科技應該為所有嚴重障礙的學生設立符合他們的標準，這些可以叫作：數位評量工具、電腦化圖表等。關於電腦的輔助，能夠繪製圖表、整理資料，將散布的原始資料加以選擇分析。一個令人感興趣的副產品是想像研究可以轉為動力，數位展示成聲音的轉化。

> 需考慮到電腦形成的作品，這種作品是許多人在科學實驗室裡無法製造同等級的作品，電腦的輔助繪圖及軟體的設計，在今日被科學家及學廣泛的使用，他們利用這樣的技術，將原始資料聚集起來，製造精確的、生動的作品。未經篩選的資料被整理在表格中，隨著適當的圖表化及格式化的選擇，電腦會形成及列印出報告或手稿。有了這樣的軟體，使得視覺障礙者可以獨自進行相關的工作而不需要協助。

新的視覺表象科技，幫助一個盲人在工作場所中，了解自身所處的時間、空間以及定向行動經驗的搜尋（Internet TV for Assistive Technology, 2003）。這樣的科技計畫可以有效的開發有助於幫助視覺的工具。

> 觸覺策略的開發也是讓視覺障礙者對於平面的二度空間與立體的三度空間有更進一步的經驗替代。透過觸覺策略的回饋，可以讓視覺障礙者感受到不同範圍的具體事物（例如：形狀、物體的表面觸感、溫度等），更可以藉著指尖增加敏感的活動性與流暢性。
> （Marullo, 2002, pp. 3,6）

觸覺策略同時也對無口語者表達生活訊息有很大的幫助（Brewster, 2002）。

104

許多學生在實驗室裡工作通常是兩兩成對的一起進行，因為幾乎很少有充足的設備與支援提供給每個學生。而一位盲生可以因有一位好的夥伴（視力正常者）而得到合適的工作場所。舉例而言，夥伴對於訊息能夠給予詳盡的口頭描述與界定，如顏色呈現化學般的變化也能在反應中詳實描述，而盲者可以記錄所有的訊息。

◆ 圖書館和社區學習環境

現在大部分的圖書館和社區學習環境（例如：博物館、展示館、動物園、名勝古蹟）有另類的被複製材料的形式（例如：點字、有聲錄音帶、大字體印刷、電腦軟碟機）。多媒體呈現同時包含了插圖說明和影像描述。有繪圖立體感的圖片和三度的立體複寫品，兩者皆可由手部的探索獲得資訊。總之，在這些設備旁邊都會有許多對於視力障礙伴隨聽覺障礙者有豐富了解的解說員，且都能適時地與他們溝通和回答問題。適合聽障者的科技設備包括 TT/TDDs 和吸入式影片。而這些設備應該都會附有一個電話號碼以提供

使用者電話諮詢。

而今天，大部分的社區學習設備包括了網路還有圖書館，都開始趨向電腦化，以利搜尋資料。對於盲者來說，只要不是圖片介面格式的資訊，電腦都可以將所要的資訊用聲音的方式送出以傳達給盲者。許多弱視者也是從電腦獲得許多資訊（Scherer & Craddock, 2001）。為了可以讓弱視者看得更清楚螢幕上所顯示的內容，都會調整電腦背景的顏色。例如說，當背景顏色設定為黃色，和內容的字設定為粗體時，是大部分的人可以看得最清楚的。另一種最簡單的改變就是將螢幕上的字型逐漸變大且善用字的間距的選擇。

電腦網路升級和電腦輸入輸出的另類方法的使用，在圖書館和博物館都有增加的趨勢（Scherer & Craddock, 2001）。有了適合的軟體，可以將資訊用聲音控制的方式取代鍵盤敲擊來輸入電腦之中。電腦照著螢幕上的內容用人工合成的聲音輸出，不只有利於弱視者或盲者使用，也可以讓那些有學習障礙的人使用。

使用者有選擇的機會，及圖書館和社區學習設備都可以讓使用者有效的利用，是可以批評，因為每個人都將會發現可利用的選擇是有更多生產價值和有更大功效的。這些設計的概念將會逐漸變得具有優勢，也就是說用許多不同的方法呈現的多媒體資訊看似多餘，其實都將會變成標準配備（Scherer & Craddock, 2001）。

一般設計最理想的就是每個人都很有效的利用環境和產物，使得有障礙的人可以有個無障礙的空間。由於人為因素不斷的改變造就了許多貢獻，我們將繼續看到更多人發明的鍵盤、聲音的輸入與輸出、更好的插圖安排、加強資訊的呈現，以至於有著不同學習需求的每個人可以選擇自己喜歡的學習方式學習。有需求者（例如老人家、有學習障礙的人、幼兒）可以容易地從同一種科技設備獲得，這一種設備是經由發明者仔細考量特殊需求者的所有特質之後所研發成功的改造物。

✦ 個人住宅

　　住宅在未來有可能會變成學習環境的關鍵，特別是強調終身學習。現在電子閱讀機器和取得遙遠的資訊是經由網際網路直接且簡單的獲得具有專業性和教育性的資料。這塊成長快速的區域就是利用網路遠距教學來學習學術性的課程。這對於聽障或視障的學生而言，是一種重要的選擇，因為他們可以和其他人一樣接受教育。然而，有些不易接近也就是不容易用多媒體呈現的題材，有時候甚至是整個課程都存在著許多問題。隨著遠距教學快速的成長，對於此課題我們也將在後面的章節有更深入的探討。

　　因為法律提倡有障礙的學生最後要回歸於普通班級，而這些援助性和教育性的科技設備就要事先做好排除聽力和視力損失所會遇到的困難和挑戰的心理準備。目前的高中生一畢業，他們對於是否要繼續升學或就業是一個決定性的關鍵時刻。然而，無論是否有障礙的學習者和無論是否有年齡之分別，使用這些科技設備都會有著許多障礙，部分原因是因為如何獲得科技設備的知識不足，另一方面則是因為練習不夠。對視障者而言，他們對於圖片資訊有著很大的恐懼；而就聽障者而言，他們的恐懼就是在大部分的環境中用任何形式的媒體做聲音的呈現。而在下一章節，為了確保有視覺或聽覺障礙的學習者可以適當地使用未來進步的科技設備，我們將回顧如何取得選擇科技設備的資訊和更多的強調某些方面的說明。

106

身心障礙者 *的* 教育輔助科技

第四篇

訊息與教學傳遞
之科技

Chapter 7

電腦：融合輔助性、資訊性和可接觸性的科技

相當多的感官缺陷的人們在獲得資訊的過程中所碰到的困難，跟本身有行動缺陷的人們在公眾場合碰到物理上的障礙是一樣的。

——Larry Scadden 博士（本身是一位視障者）

現在，我只要花四十五分鐘到一個小時便可閱覽完之前需要花三到四個鐘頭的東西。而這東西是我所感興趣的讀物和讓我了解到我自己本身的限制所在。

——一個高中生

　　教育在傳統上已經被規範成一種普遍性的形式。教材沒有辦法滿足個別學習者的普遍性學習需求，而只是適合大多數正常人的學習需求。因此，視障或聽障的學習者是無法共用其他正常人所完成的資訊。在第六章曾經討論過，對於視力損失的學習者最大的挑戰便是列印和圖形／圖畫的資訊；對於聽力損失的人們，影響最大的便是聲音和聽覺的訊息。這些挑戰通常會產生在相對的地方。如何使這群人在獲得資訊的管道上和其他人沒有不一樣的地方？

　　理想地，以教師為中心傳達的講授方式（演講或示範），將在課堂傳達一樣多的訊息給那些視力損失或聽力損失的學生。對可以完成上述目標的科技已經在第一章有簡短的敘述，後面幾個章節會加以討論。在研討會和論文集所提出的研究曾經涉及，理想地調節則是見仁見智，以至於學習在大多數視力損失者或聽力損失的心目中占有相當多的分量。例如：

- 電腦和科技的實驗室對於所有學習者來說是足夠的，有些電腦將會有點字顯示的更新和聲音的輸出和各式各樣的輸入裝置。全體工作人員將努力增加螢幕上文字的大小，和轉換相關的文章成為文字或大字體的內容。

110

- 對於每個主要的陳述，手勢語言的詮釋將會對於真實狀況的標題有足夠的內容（呈現者的字將會以螢幕的文字方式在真實的狀況被呈現）。紅外線的聽力系統將被採用，每個參與者只需要在到達每個會議的門口拿起接收器就可以了。

- 視力損失患者將可以擁有充滿用點字或大字課本的方式所列印的資訊的引導手冊、敘述的錄影帶服務，桌上也會有相關的教材。

　　這些調適依賴一種混含著輔助性、資訊性和可接觸性的科技。當這些性質充分相容時，人們將可各憑所需選擇不同的產品。輔具科技（AT）一般來說是指，可以促成個人的和身心障礙朋友的獨立功能，在之前的章節中已經討論過了。所以，這章的主題便是在於訊息和處理過程的科技。

資訊科技

資訊科技，通常所指的便是電子和資訊科技或資訊和溝通的科技，大部分所指的便是電腦和網路的資源（包含硬體和軟體的部分），例如全球資訊網（WWW）和網際網路，這些東西便有如電子溝通產品，像是電視、電話、傳真機和傳呼機一樣。它通常包括文件、幫忙（軟體的部分）和顧客的支持服務部分的敘述，而這敘述的部分會出現 1996 年電子通訊法案的第 508 和第 255 條款部分（http://www.access-board.gov/about/Telecomm520Act.htm）。

在 1996 年通過的電子通訊法案強烈要求電子通訊產品的製造商和服務提供者在製造產品時，必須附有殘障朋友使用他們產品時的說明。1997 年，美國聯邦通訊委員會（FCC）證實了在所有美國國土內的相關電子產品的使用都要符合 1996 年電子通訊法案的規定。而這項規定要一直到 2006 年的電視計畫才會完備。在 1999 年時，FCC 就已規定電子通訊設備廠商和服務提供者必須將障礙者的需求記在心裡，因此對於所有障礙類別的需求服務都會加以注意。產品的製造商和服務提供者也會評估一些，相關服務的可接受性、可使用性和適合性，例如障礙朋友在使用電話、手機、傳呼機和接線生服務時，而這包括語音郵件或提供一個互動性表單的服務。

111

字　幕

如同之前所提，事實上在美國一直到 2006 年為止，之前的部分便是目前聯邦關於字幕的法律。那些對話翻譯出來的字幕看起來便像在螢幕中的次標題一樣，因此允許聾人或聽力損失的聽眾可以讀他們所聽不到的內容。這裡有兩種字幕。開放式字幕便是永久出現在字幕上和在螢幕上可以看到的，而所謂開放的意思便是可以被看到的。在 1993 年之前，電視便已經裝有這類的解碼器；而在 1993 年 7 月之後所出現的十三吋或更大螢幕的電視，都已經內建有這類的解碼晶片。依據國家字幕協會（www.ncicap.org）的規定，

這些字幕已經被轉換成在錄影帶或插在一般正常電視的訊號之中（特別是在第二十一條線，那是一條在一般所看不到的畫面裡所出現的線）。在電視畫面上有五百二十五條水平線，而第二十一條線便是在電視出現畫面的一開始的地方。因此字幕不會擋住畫面的部分。它們一般來說是以黑底白字的方式出現，它們的大小是跟電視的螢幕成比例。以十九吋的螢幕而言，字幕大概有 0.5 吋的高度。

所謂的字幕的開放性是對解碼器或裝內建解碼器的電視而言。這項服務是免費的，而且沒有其他特殊的服務可以取代這項接收字幕的裝置。一個擁有字幕的節目或錄影帶將會有 CC 的符號，或是已經在美國字幕學會上註冊過服務的標誌之後，才可以推出。

這裡有很多的字幕形式。即席的字幕便是當演講者在說話的過程中同時出現字幕。這種現場的字幕通常會出現在例如圖 7.1 的那種演說、新聞或學術演講的場合中。演說者的形象出現在螢幕上而字幕出現在最底層。即席的字幕會使用已經訓練過的速記打字機的操作者來打這字幕，或是為了這個目的特別訓練操作人員來完成這個工作。國家聾人科技學會的研究者已經發展出利用膝上型電腦操作的訓練系統，只需要特別加以訓練學習和使用這套書寫系統（Stinson & McKee, 2000）。

臨場呈現的字幕會配合字跡的拷貝版或事先所預備好的錄影帶來設計。關於這節目的文稿會事先在電腦的磁碟上抄寫和儲存。這些節目的文稿會隨著演講或事先錄好的聲音所伴隨的字幕轉軸一行接著一行出現。

112 　　1991 年所提出的 FCC 字幕解碼標準（在 1992 年修改過，EIA-608, 1992），包括一種可以使前景和背景出現七種顏色的字幕的敘述（雖然標準化的黑色背景是一般使用者較常選擇的顏色）。關於這類創新是很受歡迎的選擇中的一種，也促使演說者以彩色編碼的方式來呈現內容，而這是由曾經擔任過美國字幕學會等相關組織的總裁和執行主席 Phil Bravin（他曾經在 IBM 工作過十五年）在 1994 年國家的生理缺陷人們所使用的教育應用科技方面的討論會上提出的：

>> THE DOMINANT POLITICAL POWER IN TERMS OF CULTURE IN THE SOVIET UNION CONTINUE

圖 7.1　這張圖顯示臨場出現的字幕和手語的說明是同時出現的。而這項安排是由美國聾人科技學會和在紐約州羅徹斯特市的羅徹斯特科技協會所提供的。

　　最終地，我們想要讓所有使用者依照自己不同的需要，來選擇最適合他們的形式和形狀的產品。你可以選擇彩色的字幕。你可能想偏好女人特徵的紅色字幕或是男生特徵的橘色字幕……你擁有做一個使用者所有的彈性。

　　我們不單提供規則，而且提供使用者依照他們的科技需求來設計東西。我們也看到多重水準的字幕，例如有大學程度的英語字幕、一年級程度的英語字幕、四年級程度的英語字幕。使用者可以選擇適合自己程度的英語字幕，和逐步透過增加困難的等級來培養自己的英語程度。亦即使用相同的錄影帶的資源，但是改變其所呈現的英語語言的程度，這樣做便可以讓有權力的使用者做決定。我們也看到多重語言字幕的呈現方式。或許你想看法語的晚間新聞或

113

西班牙語的晚間新聞。給予使用者不同的使用方式是可能的。例如
可以透過字幕選擇你所要的字型。或許你喜歡 Helvetica、Times
Roman 或手寫體，或許你想要改變形式大小，例如讓它們變大或變
小。給予使用者這些選擇將會是我們的目標……

　　那裡有所有字幕適合的形式。其他字幕的適合形式便是將訊息
解碼成點字，以便讓視力有缺陷的人們也能使用。我們可以調整字
幕出現的速度，例如讓它變快或變慢，亦即讓錄影帶的畫面出現的
速度跟著錄影帶變快或變慢。（Bravin,1994）

　　今天，通常使用者實際上還無法控制模式和看字幕的狀況；字幕代理商
和電視的製造商會做這部分的事。改變字幕的大小和出現的速度，將會吸引
那些無法很快處理視覺訊息的人們或那些寧可不要處理視覺訊息的人們。這
樣的彈性具有很多的價值。加拉德特大學的計畫便是將設計一個針對那些身
處可以看到有字幕的影片的電腦使用者所使用的多媒體系統，而這系統將會
要求受試者在那個會停止影片和帶給他們額外訊息的辭典出現時候，圈出字
彙或片語出來。而這些辭典會在文字、圖片、卡通、聲音和影片中出現。手
語解釋就如同聲音發音的解釋一樣，而這部分的服務提供對於那些想要使用
這些特色的聽力障礙者或重聽人們來說，是十分有用的。

　　Larry Goldberg 是由美國麻薩諸塞州波士頓的公共廣播服務站 WGBH 所
發起的可使用媒體的國家級中心的主席（WGBH 是第一個在電視使用開放式
字幕的場所），已經決定電腦影片應該提供例如像多重字幕、辭典彙編可以
促進了解和在電腦螢幕上使用符號翻譯等等的機會（Goldberg, 2000）。

　　聽障電視觀賞者所用的字幕可以提供超過翻譯出來的演講內容，和能夠
提供所沒說出來的訊息，例如笑聲、音樂和人們說話過程中的禮貌。這些特
徵可以大大地促進學習。在他發表結束的時候，Phil Bravin 提供他在國家字
幕學會發表過的研究結果：

我們可以發現字幕確實促進正常人和特殊教育人們的學習。其次，理解的能力在字幕退出去的時候會加以退縮，而在字幕再度出現時會再一次的改善。大部分的學生對於字幕的出現都抱持正面的態度。而這部分的結果令人驚訝的是，都是聽得到的人所做出來的反應而不是聾人所做出來的。（Bravin,1994）

114

　　其他的研究不單指出有字幕的電視對於聽障者和重聽者而言，提供一個學習的環境，而且對於學習障礙或是那些把英文當作第二語言的學習者或是學習閱讀的年輕孩童，都是有幫助的。對於這些人而言，有字幕的電視改善他們的理解能力、字彙、生字的辨別和充分閱讀的動機以及自尊（Jensema & Rovins, 1997; Koskinen, Gambrell, & Neuman, 1993）。之前的研究曾經指出，課堂上的討論，並利用將關鍵字加以反白所呈現的上課講義教材的字幕的方式，可以獲得全面性的最高表現。

　　然而年輕學生的父母可能不欣賞網路上的字幕價值。舉例來說，他們不但在小孩讀書沒有讀得很好之前不會買解碼器，而且這種說法就跟他們的小孩書讀得不夠所以不替他們買書一樣。許多這類家長都會依賴學校去架構他們孩子的學習，在科技和軟體進到他們小孩的課程內時，才心不甘情不願地在家裡採用跟他們以前教育小孩的觀念相衝突的任何東西。他們不只有這些概念，而且這些父母還會有一種行為，便是他們在還沒有親身體驗過這些科技的高附加價值之前，是不會使自己暴露在這些產品之下。

　　伴隨全面性的字幕的有效性，我們使用一開始設計的通用產品和系統來增加移動性。通用設計（或「適合每個人」或「為每個人設計」）是用來促進個體的能力或才能的產品或系統。這種教育上的變動作學習上的通用設計，而這項工作寧可選取一般易接近的結構化的內容和它的目標、方法、教材和評估方法來進行（例如：ERIC Cleaninghouse on Disabilities and Gifted Education, 2002）。舉例來說，一本已經列印好的參考書就指出，不單只有盲人學習上有困難，對於一般學生來說也有學習上的問題。一本通用設計的

參考書已經列印出額外的資訊（或許已經擁有音樂內容的伴奏 CD、錄音帶或點字方式的文字）。CD 或 DVD 都有伴奏影片敘述。對於聾人小孩，CD 或 DVD 已經具備有字幕。

115　　通用設計有其益處（例如價錢便宜，不會造成每個學生的疏離），但是有很大的缺點，便是個別的服務和意見不再加以強調。就如同之後的章節，許多占用和刺激學生學習和確定他們的學術成功有賴於更多的途徑。

接觸輔具科技

對於視力損失或聽力損失的人們而言，內在輔助性和資訊科技可以提供不管是不是障礙學生的人們去使用電腦大部分的功能，來使處理過程的科技特殊化。選擇性電腦處理過程可以協調輸入、處理和輸出的過程。決定最好的處理方法和適當的建議可能是一個挑戰和要求，對於任何個人來說是最佳工作方法的評估方式。

那些聽障者或重聽的人們通常不會在電腦使用上有困難，在微軟的作業系統裡擁有可以呈現電腦系統聲音的視覺符號（例如在螢幕閃爍時會出現報時裝置或鈴響來加以取代）。對於重聽的人們（例如在第三章所討論的 Frank Bowe 博士）經常使用電子郵件或線上廣播系統，以便跟朋友、教練或共同訓練者溝通。因為電腦促成許多對於視力低下的人們的挑戰和持續的討論視力低下或視障學生的部分，就像在手部控制和靈敏度有困難的人們一樣，在事先加以規畫。

Ramon Castillo 職能治療師和 Kevin Daugherty 復健工程人員，是受雇於輔助性科技交換中心（ATEC），這個組織它是由聖地牙哥州立大學相互工作學會所發起並且加以指導的應用復健科技研討會的線上討論。處理過程科技的一部分（個人的通訊，2002 年 8 月 12-18 日）這一小節便是他們在線上討論所提供的訊息的一部分。

電腦螢幕和輸出

　　就如 Ramon 和 Kevin 所提的，許多視力損失的人們可以從使用內建於或外加在軟體系統上的大螢幕和螢幕放大軟體中獲益（例如那些可以擴大電腦視覺輸出的軟體）。微軟已經有許多的內建功能（Gilden, 2002），例如可以允許使用者改變顯示設定，讓文字變大一些（可以呈現少於兩個或三個句子）和可以更容易被看到（例如在黑色的背景中出現白色的文字或聲音的韻文），微軟 98 或之後的系統都包含這個裝置。例如像 Zoom TextXtra, MAGic 8.02, Magnum Lunar 的軟體（http://www.dolphinuk.co.uk/products/lunar.htm）。對於那些要使用聲音輸出的盲人，在微軟中可以使用 Job Access With Speech（JAWS），它能處理視窗的頁面和擴大其他電腦的工作內容。Windows Eyes（GWMicro.com）和 HAL（http://www.dolphinuk.co.uk/products/hal.htm）是受歡迎的設計，就如同 Kurzweil 產品（可以掃瞄文件和利用文字辨識軟體轉換文字，再加以閱讀）。這項功能可以完全由鍵盤來操控（在大字列印的按鍵可以緊黏文字標籤），或一個更新的點字顯示。

電腦操控、輸入和引導

　　當我們慣常地想著輸入訊息或控制電腦時，所想的是去使用電腦的滑鼠和鍵盤。但是無法使用滑鼠或依賴碰觸鍵盤按鍵的人們要求調整這些方法或完全選擇別的方式。像是使用聲音來做輸入。

　　語言識別是一般被認為是動作不良的人們所使用的工具。任何寫字困難的人都可以拋開鍵盤，直接藉由電腦和人們說話（例如 NaturallySpeaking Professional 或 IBM ViaVoice）。語言識別程式必須能辨識發音者的聲音和發音，但當他感冒或勞累時則無法認定他們所發出來的聲音。舉例來說，如果人們說 "up high"（繼續往上），電腦可能輸入的是 "a pie"（一張派）。如果使用者有閱讀或拼字的困難，錯誤可能沒被校正出來，那是因為拼字和文法

的校正器會正確地拼字和在文章中適當地使用相關的文字。這類錯誤可以被額外的文字語言系統所認定（例如TextHelp!），而讀出其所顯現出的文字背後的意義。

語言識別對於有些人可能是一個良好的替代方式。這包括說話不協調或語音不清的人，或那些雖然可以使用鍵盤、但操作緩慢的人和那些難以產生太多文字的個人。

◆ 鍵　盤

大多數的人可以發現鍵盤使用過程的意義，不管他們是使用手指或伴隨一些棍棒形的指引器的形式。這邊有許多不同的鍵盤形式可以供給各式各樣需求的人們。通常被建議使用 ATEC 的選擇性鍵盤是 Datalux SpaceSaver 的鍵盤。這是一個擁有標準的 QWERTY 排列方式的鍵盤，其功能、數字和箭頭的排列方式非常有效。這對於單手使用者就如同口杖和典型的棍棒使用者一樣有用。這邊有一些小型的鍵盤就像 TASH 微小鍵盤和 MagicWand 鍵盤。這些東西對於伴隨個別使用者的需求來說，是擁有正向的特徵。這邊也有一些大型或延伸的鍵盤，例如 IntelliKeys 鍵盤、BigKeys 和 DiscoverBoard。如果使用者不知道如何碰觸鍵盤和已經使用一隻手來操作，BAT 個人鍵盤會是一個可能的解決方法。這就像是使用弦在工作。就像四隻手指去按一個按鍵和一個大拇指可以按到三個按鍵。不同的特徵和功能可以加以不同的聯結。首先，不同的學習表現就如同個人的練習，可以很快的變成有技巧的使用者。

鍵盤的不同形式其重要性就跟位置、安置和使用者的打字習慣一樣。然而，如果一個動作受到限制的個人因為僵硬（關節炎）或疼痛（手腕隧道症候群），則鍵盤的形式真的變得很重要的。就如同任何產品，最好的策略是適度聯結那些不同夠多個體存在中心，並且每十到二十分鐘試一次。

在微軟系統中有一些設計，可以促進有障礙的個人能夠有效地使用鍵盤

來操作電腦。棍棒式按鍵可以提供給那些使用打字用的棍棒或利用一隻手去控制各式各樣按鍵的人們（Ctrl, Alt, delete）。過濾鍵（FilterKeys）可以促進那些會有震顫的人們或無力操作按鍵的人們所需要的控制動作的能力。

引導：指引器和滑鼠

就像鍵盤一樣，指引器和滑鼠也有不同的形式。例子如軌跡球、旋轉球或如同遙控滑鼠一樣的搖桿。那些可以控制但是瘦弱或困難的移動的人們，他（她）可以從觸控面板獲益（大多數筆記型電腦都配備這項工具）。這邊有一種可以讓人們用腳來操作的NoHands滑鼠。頭部指引器對於那些頭部和脖子的動作有困難的人們是有用的。眼睛掃瞄系統是給那些可以利用眼睛移動來控制的人們所使用的。

指引器可以被當成一個螢幕鍵盤的連接器，而這可以用來連接文字輸入和應用的控制部分的工作。微軟也可以改用視窗的滑鼠鍵的可用性部分。這項功能可以允許使用者利用鍵盤的數字鍵來控制滑鼠指引器。

開關接觸

118

對於有些使用者來說，他們的頭無法轉動。如果可以利用各種控制方法來使用鍵盤，則操縱電腦是有可能的。開關可以用眨眼〔例如紅外線／聲音／碰觸（IST），或是自我校準聽覺音色的紅外線方式（SCATIR）〕、以肌肉急拉方式所設計的開關（例如 Prentke Romich 所設計的 P-S 開關），或是利用腦波來操作的開關〔例如 Mind/ Eye/ Muscle Controlled Switch（MCTOS）〕。開關是可以當成一種利用一個按鍵的方式所操縱的裝置，或是一種利用摩斯碼掃瞄出來的過程。舉例來說，吹吸開關便是利用吹吸部分的作用來當作一種開關使用，因此可適用於一般的標準軟體。

電腦接觸的評估

新產品不斷的發展，有一些在之前所列舉的產品都有可能成為最近的未來時光中的過時產品。所以現在在這邊被提及的產品被視為十分有用的例子。

比起特殊產品更為重要的是，如何提升個人的使用性並從中獲益。顧客的需求和產品背後的使用者選擇的力量是很重要的。就如同 Kevin 和 Ramon 所提的部分：

> 如果一個人的目標是成為藝術家、電腦科學家、數學家、職能治療師或復健工程師，則每分鐘打五十個字（50 WPM）就沒那麼必要了。另一方面，如果有人想要成為一個作家，而他一分鐘只能打兩個字，但可以清楚的且前後一致的演說時，則語言識別器可能會是一個最好的工具。有些人會滿足於翻譯功能而對於語言識別器沒興趣。我們總是必須問清楚顧客什麼是重要的。

任何好的、理想的評估方法是可以由顧客和夥伴產生的，並且能建立個人的目標、需求，以及公認和接近生理和感覺的功能、支持的歷史和科技的使用，以及包括足夠的支持等等。適合個人和科技當初所設計的檢核表（Scherer, 1998，而在附錄 A 可以看到這張表的分數），可以顯示出一般的目標、長處和限制（視力、聽力、語言溝通、閱讀／寫字等等）。當有些人在課程中使用電腦或以電腦為基礎所設計的裝置的過程中是互相配合時，就得額外詢問一些問題。提供顧客以下服務：

₁₁₉

1. 顯示基礎的電腦技巧（打開電腦、打字和校正問題和使用滑鼠）
2. 示範適當地、中間和先進的電腦技巧
3. 描述他或她利用電腦去完成工作的事情
4. 顯示他或她可以打字或打字的頻率：

a. 是利用手指或手掌

    b. 打字是利用按壓或口杖來完成

5. 顯示他或她可以使用滑鼠或其他指引器

    a. 選擇地，利用手部去控制的過程

    b. 開關控制的管道（什麼是好的形式？單鍵或雙鍵開關？）

6. 描述在設定系統和在無法工作時，有足夠的協助

  不要忽視最後的資料——足夠的和需要的支持。有些人無法打開電腦或獨立地利用戴在頭部麥克風。在事先可以知道非常多的對於建議或提供使用輔具科技（AT）將會對個人產生的挫折，和在適合個人的裝置方面可以有更好的配合。

  對這個環境的使用以及足夠的環境的支持，和使用者的需求和選擇必須加以了解。最好是在使用前有一段測試過程，而這是任何做好產品出廠之前必須做的事情。為了讓使用者能夠成功的使用科技，他或她應該在使用之前接受適當的訓練，訓練的選擇模式將會在良好的評估過程中出現。一個特殊的產品在試用過程中是否被認可，可由表 7.1 的檢核表用來記錄顧客對於這項產品的滿足度。

所有學校都應該為學生準備充分的資源

119

  我們需考慮對於所有障礙學生所就學的學校或大學中的電腦教室或工作地方中的裝置，什麼樣的額外產品或系統是必需的？就如同之前所言，許多個人，不單只有那些視力障礙的人們，可以從使用文字語言軟體的過程中獲益。聽到一個字是必須伴隨聽覺或視覺的刺激來加以產生，而這刺激是附加的理解和記憶所產生的。以這種方式來加以使用，許多有嚴重的閱讀困難的人可以從書籍的錄音帶或是可以把文字轉變為聲音的軟體中獲益。因此，掃瞄機、文字辨識軟體和文字—語言軟體，這些軟體可以在擁有極佳的實驗過程中加以發聲。對於那些使用鍵盤的學生來說，一個常在實驗室中使用的電

120

表 7.1　對於所嘗試的產品的使用比率檢核表

依據下表填出每個你所試用的產品的比率，利用數字在那樣產品的旁邊的空格作答。對那些只有部分符合者，可以在整張檢核表的最後意見欄填寫：

　　5＝非常符合我的需求或選擇
　　4＝很符合我的需求或選擇
　　3＝一般來說符合我的需求或選擇
　　2＝較難符合我的需求或選擇
　　1＝無法符合我的需求或選擇

☐ 錄音帶的手冊或出版品
☐ 可提式的卡帶錄音機
☐ 印刷的大字課本
☐ 手提的裝置
☐ 以照相機為基礎的視覺增強系統
☐ 有視覺放大的桌上型電腦（例如 21 吋的螢幕，放大的文字）
☐ 擁有掃瞄或合成的聲音輸出的桌上型電腦
☐ 擁有可接觸性的碰觸螢幕的桌上型電腦
☐ 擁有聲音識別的桌上型電腦
☐ 擁有聲音合成和可以列印出來的可提式或膝上型電腦
☐ 點字記錄器
☐ 點字打字機
☐ 自動更新的點字螢幕
☐ 可更改的電腦鍵盤：＿＿＿＿＿＿＿＿＿＿＿＿＿＿＿＿＿
☐ 聲音的輸入軟體：＿＿＿＿＿＿＿＿＿＿＿＿＿＿＿＿＿＿
☐ 聲音的輸出軟體：＿＿＿＿＿＿＿＿＿＿＿＿＿＿＿＿＿＿
☐ 適合性鍵盤：＿＿＿＿＿＿＿＿＿＿＿＿＿＿＿＿＿＿＿＿
☐ 開關：＿＿＿＿＿＿＿＿＿＿＿＿＿＿＿＿＿＿＿＿＿＿＿
☐ 選擇型的滑鼠或指引器：＿＿＿＿＿＿＿＿＿＿＿＿＿＿＿
意見＿＿＿＿＿＿＿＿＿＿＿＿＿＿＿＿＿＿＿＿＿＿＿＿＿＿
＿＿＿＿＿＿＿＿＿＿＿＿＿＿＿＿＿＿＿＿＿＿＿＿＿＿＿＿
＿＿＿＿＿＿＿＿＿＿＿＿＿＿＿＿＿＿＿＿＿＿＿＿＿＿＿＿

腦應該放在適當的桌子上。螢幕、鍵盤和桌子的放置位置可以彈性處理，這對於有動作障礙的人來說是很重要的。

盡可能進一步確定許多學生的實際需求，至少應該有一個大螢幕的電腦（二十一吋）和文字放大軟體，和其他更新的點字呈現的鍵盤和點字列印機。輸入的方式（一般的滑鼠、軌跡球等等，就如同聲音輸入軟體和在鍵盤上所覆蓋的東西）應該是足夠的。之前所提到的軟體例如 Kurzweil 3000 和 JAWS，應該都可以在實驗室中安置一至數台的電腦。在實驗室外面，按鍵的支援裝置應該包括手語的翻譯、錄影帶的描述和附帶說明的服務。

其次，許多相同的科技應該是足夠的。Cunningham 和 Coombs（1997）強調學術電腦中心、特殊訓練電腦區域以及印表機和線上資訊服務、硬體和軟體工具和一般科技的支援和訓練。在未來，尤其是學習的通用設計變得更廣泛，對於學生的支援服務可能變得更為科技化，更少的個別化。但是對於下列的目標來說，光是科技是不夠的，這些目標包括科技是被設計來幫助學生如何利用科技成功完成學業和社會的部分，以及培養自尊、自治和內在自我的主觀表現的部分，包含障礙學生在內的每個學生都有同樣的管道。

在愛爾蘭共和國的研究〔Central Remedial Clinic, Client Technical Service（CTS）〕中，採取成功的幫助學生從科技獲益的方式，和在學術上變得更有權威的方式，來發展出一套叫作 Statement of Assistive Technology Need 的模式（Craddock, 2002; Craddock & Scherer, 2002）。STATEMENT 計畫（Systematic Template for Assessing Technology Enabling Mainstream Education—National Trial）是在一年前就已經被發展出來的試驗計畫，而這計畫由歐洲的教育計畫所同意。而這項計畫所指的便是想要發展一個認定輔具科技的好的練習模式，學生經由正式的輔具科技需求的組織來宣布，進入第二個教育階段（中學）和第三個教育階段（大學）和受雇階段以及職業訓練階段中應有的輔具科技的訓練。

一個最初廣泛的輔具科技的評估／評量，都是 CTS 更深的研究過程的一部分。這項過程包括人們各種的需求和輔具科技的要求。這已經顯現出許

121

133

多在隔離階段無法執行的多重需要的評估，那是因為他們的需求是非常複雜的，且已經融入他們的生活中，例如環境的、心理社會的和教育的相關部分。這項適合個人和科技的計畫（MPT）模式，伴隨評估結構（Scherer, 1998），是可以被選擇和改變的，因為它依據CTS所採取的以顧客為導向的過程。經由整個服務傳達過程中的事先評估、事中評估和事後評估，讓它可以加以執行，並評估輔具科技使用的結果。

來自於評量的結果，每個學生接受一張包含用來協調他或她在進大學之前、訓練中心或其他受雇的安置環境的輔助需求的協調結果所寫出來的內容（看附錄 B 的例子）。如果有需要，學生會接受所謂的輔具科技的訓練。

122

在參加的學生壓倒性的正向反應，是描述在愛爾蘭所使用過的方法的效益。許多已經公開敘述他們的經驗，並且證實了教育中的學生特別是使用科技的經驗是有效的。特別是他們對於有效評量／評估的系統的測驗過程，對於科技的樂觀使用是可以確定了。下列的例子是摘錄自一個學生的引導教育和自我使用科技的過程：

> 自從我接受科技，難以置信的是我的生活已變得相當簡便。現在只要花四十五分鐘到一個鐘頭的時間便可完成之前三到四個鐘頭所做的事。我所承受的壓力都已煙消雲散。因此現在在我的生命過程中，我對於我所感興趣閱讀的東西和我所了解我限制的部分——我從來沒想過閱讀和研究可以那麼愉快。（STATEMENT Pilot Programme, 2000, pp. iii-iv）

在未來一定有許多像這樣的學生的顧客接受大學教育程度的學業，並以專業人員和經理人員的身分進入工作場合。這些顧客將會透過全球資訊來加以下命令，並將會是圖書館的終生愛用者。能夠在大多數個別的適當的時候獲得可接觸的訊息是很重要的，在這方面，顧客將會尋求以個人和使用者為中心，而不再是以科技為中心。在愛爾蘭，愈來愈多的顧客將在產品的評估

和選擇方面成為專家和服務提供者的一部分。對於這些能夠成為有效的參與者而言，展望、選擇性和需求應該更開放地擴大和認定。這項將個人和科技結合的評估過程，在STATEMENT中將會發現是有用的，而其意義便是這些在美國或其他國家的小學、中學和大學階段所發現的用處是相當有效的。

同時，在科技意見和法律政策的結合上將會確定這些聽力和視力損失的學生能夠接受高品質的教育，並擁有在進入社會的過程中獲得資訊的管道和足夠的資源。如同科技已經變成教育、休閒和一般人生活中重要的一部分，障礙學生將更需要科技的技巧、資訊和可以協助他們完成一個有品質和公平的教育機會的科技資源。一個提供各式各樣障礙學生的教育管道，便是線上課程或遠距學習的機會。因為大多數以網路為基礎或網站為基礎的課程，通常是採用通用學習的概念來設計他們的東西。網際網路和網路課程的使用方面之有效性和選擇性將在下一章討論。

123

Chapter

教育科技的需求效益

我不喜歡以電子郵件的方式討論。這個回饋是不同的。我不知道誰在說什麼。在教室中我可以看到同學的臉和他們的意見等等。你將會在課堂上擁有熱烈的討論，但是在電子郵件中的討論，你只能坐在電腦前並且面對它。

　　——一個學生所做的課堂和遠距學習比較後的回饋

我寧可透過電腦來加以討論，因為我不用煩惱人們會看著我。我將會感到更舒適。

　　——另外一個學生所做的課堂和遠距學習比較後的回饋

125   教育科技的目的便是盡可能讓很多人透過適當的結構化的媒體、資訊或可接觸的科技、軟體計畫和網際網路和網路世界的可接觸性之間的混合過程去學習東西。這些媒介最顯著的功效是提供教育者去引導學生特別的學習類型和選擇，以強化學生的學習。這些教育科技使學生可以在其他教室以電子溝通方式互相比較，促成學生互動，也可以透過電腦的指導和來自於網際網路所擁有的廣泛的各式各樣資源，創造出一個特殊的區域。

      網站的可接觸性議題已經在美國聯邦政府的建築和運輸障礙物的公布欄（透過公布欄）所宣布的 508 法案引介的部分和全球資訊網（WWW）組織所建立的法案中提起。確認網站的可接觸性的引導標準工具便叫作 "Bobby guidelines"（http://www.bobby.watchfire.com）。在 2002 年 9 月，美國教育部的「隨時隨地都可學習的夥伴」計畫支援在線上學習世界的國際玩家，將

126 導致在網路上的可接觸性領導以及遠端教育的特殊性。「創造可接觸的學習科技的 IMS 指南」（IMS Guidelines for Creating Accessible Learning Technologies）將利用 PDF 的檔案格式，使網路使用和螢幕閱讀有更和善的結果（http://ncam.wgbh.org/salt）。IMS 全球集團和 CPB/WGBH 國際可接觸性的媒體中心所引導和出版的 IMS，將可以開發出可接觸性的理解性的資源。

      在這章中，我將會討論依據個人的長處來選擇軟體的部分，和提供一個協助小孩成功使用教育軟體的部分，以及討論遠距學習和利用可能的電腦和網際網路所做出來的教育的正面和負面的意見。透過這章，我將引用學生和老師使用科技的經驗或意見。

選擇和訂做教育軟體

      個人電腦已經被稱作自由的給予者，那是因為好的設計軟體是具備有真實的互動和可以提供學生個別的注意和持續的回饋；這將可允許學生完全控制學習的過程。而對老師來說電腦也是自由的給予者，因為利用電腦化的設計來將做決定的過程加以簡化和將學生的資料加以管理。然而，特殊教育或

正常教室的老師對於個別學生在選擇教育軟體方面的能力和興趣或適合性不是完全理解，個別學生所發現的教室學習情況來加以顧客化的部分，當所有學生在嘗試這些軟體的時候，都會變得困惑和不滿意。對於一些學生有幫助的那些軟體程式，對於其他學生的增強可能太少、太多或給錯地方。有些學生可能在特殊的問題中停住了，但是電腦的程式仍然繼續呈現新的問題。有些學生可能會被電腦所發出的鈴聲干擾以致分心，甚至有些學生會因為這些鈴聲的過度刺激，而引起癲癇發作。其他學生可能在這些鈴聲或哨聲之後故意在作答輸入時出錯；仍然會有很多人對於每十五分鐘之後在電腦螢幕上沒有得到任何獎賞和計算這件活動的總分而感到不滿。

　　許多可以有效使用電腦來促成學生的學習的老師的基準線，是指可以電腦為基礎來協助特殊需要的學生學習。這些事實上還是利用非真人的和非個人的電腦來讓人感到舒適的狀況下所完成的。在許多小孩身上會讓人覺得，那是因為有迫切立即的介入和個人的聯絡以及真人的回饋所造成的。

　　對於許多人來說，電腦似乎是一種超乎常人的藝術品。Robert Kanigel 盛大地記錄過美國工廠受到 1800 年代末期的科技影響，使得他們的作業變得有效率，並且將這經驗在 1997 年寫成一本書，以下是他在將近二十年前的觀察結果（Kanigel, 1986）：

127

　　　　電腦自己不會記得重複幾次。它不會變大也不會對其他學生造成分心。這對於緩慢的學習者完成功課來說，是必須有耐心的等下去。它對於那些自己無法確定是由學校或社會所引起的錯誤，毫無意見。它被設計來提供增強和讚美……如果電腦缺乏像人類的愛與關懷時，這將會顯現出它超乎常人的特質——耐力和能量以及受限電流通過的過程所造成的有用性的限制……然而人們將會發現在同套電腦系統和提供他新的機會的科技，將會包容他獨立生活的障礙因素。對於電腦的依賴日深，將會增加對於機器的依賴性和使用電腦時發生錯誤的機會。而那些沒有接受過訓練或操作資訊的技巧的

個人，可能變成「資訊社會的文盲」。（p.44）

即使許多有技巧的電腦使用者在那時候也經驗過挫折。在他說明的時候，有一個大學教師仍然宣稱使用電腦有其好處：

> 電腦是笨蛋！它們需要使用者透過些非常陌生和非常特殊的迂迴方式來操作。他們將會浪費大部分的時間，還會感到挫折。這裡在某種程度上，從我感到陌生到能擺平我的機器需要花一段時間。雖然如此，它們還是很有用的，它仍然可以以驚人的速度完成工作。所以我不能在沒有文字處理器或文字編輯器的狀況下寫任何字。

當電腦和軟體程式是有用的，它們就會被使用。但是因為放了太多超過他或她所要的指令在使用者身上，因此這是他們焦慮和挫折的來源。這種使用電腦的焦慮是歸因於使用者自己的狀況或特性，這種結果通常是因為使用者本身對於程式或系統的能力低落所造成的。

學生熱中使用電腦的關鍵：樂趣、自由和成功

◆ 讓使用電腦變得有趣

小孩在可以提供有意義的活動的程式中獲益。提供不同的練習概念的機會和使用聲光效果來娛樂學生和保持他們的注意力。這在練習的程式中更能看出它的價值。數學程式應該很少出題，而閱讀程式應該提供廣泛的圖片、文字和片語的範圍。互動性的冒險程式應該有一定數量以吸引學生的興趣，令學生無法預測結果。圖片、聲音和活潑性本來就是引起學生興趣的自然因素。看到一箱裝滿閃亮顏色和有趣物體的寶物，比看到一張黃色的快樂的臉

128

140

有趣多了。

給予孩子自由的空間

小孩喜歡親身體驗。好的程式可以把體驗新的概念的活動和各式各樣熟悉東西都加以呈現。小孩也喜歡選擇的自由。好的程式依據小孩個別的選擇，允許他們將創意加以混合（例如故事、藝術作品等等）。程式提供一個倒退或取消活動的方式（例如經由倒退鍵的方式），避免小孩體驗到實驗中負面效果的部分。

建立成功的經驗

如果小孩在電腦活動中感到滿足和體驗到成功，會促使他們轉移到自己身上。好的程式允許小孩可以很容易的獨立拒絕周遭的東西，並提供同等分量的以圖片為基礎和以文字為基礎的內容。好的程式也可以讓小孩立刻計算自己所花的努力和獲得的結果有多少，透過選擇權的行使，來加以選擇和列印出他們的工作結果：

- 選擇恰好的難度：如果程式太過簡單，小孩會感到無聊和不想繼續玩下去。如果太難，即使是像一分鐘這樣短的時間，都會造成小孩的挫折，減弱小孩嘗試另外一個程式的熱誠。好的程式會提供適當的困難等級，會自動調整適合學生正在做的程度。好的程式不會低估小孩也不會高估小孩。參見表 8.1 便知道不同年紀的小孩可以控制電腦的等級。
- 不要讓他們等待：小孩喜歡立即的滿足，好的程式會很快的安裝完畢，而當意見被選出來的時候，會躍躍欲試，和避免太長的敘述或指示。增強的聲音、圖片、指標和其他的回饋必須立即給予。
- 分享成功：可以展現小孩的進步或列印出獎賞，讓小孩在他們的父

141

身心障礙者 的 教育輔助科技

129　表 8.1　不同年紀的小孩在使用電腦的表現

年紀的分組	能　力
0-18 個月	會注意螢幕上顏色和移動，就如同他會注意到聲音一樣。喜愛移動滑鼠和碰觸鍵盤的感覺（即使他們不能適當地將滑鼠移動和在螢幕上的移動相互聯結）。
18-30 個月	將會注意到他們的動作會在螢幕上出現什麼樣的結果。碰觸螢幕的電腦將會深深地促進這項結果，就如同那些可以允許他們按鍵盤上的任何鍵，只為了要聽到特別喜愛的歌或呈現圖片或卡通的軟體一樣。
30-36 個月	拉長坐在電腦前面的容忍時間。好的動作能力呈現在獨立的操作滑鼠。他們可以將程式的活動和跟著音樂一起唱歌的兩件事，在他們看到螢幕上出現事物時同時處理。他們喜愛跟著父母、老師和年長的兄弟姊妹在電腦活動中一起工作。
3-5 歲	獨立的電腦使用是可能的。可以使用各式各樣的程式和熟練地操作滑鼠。將會喜愛跟朋友一起在電腦前工作。電子故事書和可以讓他們列印他們工作內容的有創意的程式將會很適合這個年紀的小孩。
5-7 歲	可以分辨鍵盤上的按鍵。可以透過下拉式的選單獨立的做出開始程式的選擇。可以為了刺激、創意和參考資料的原因使用電腦。在有協助之下，可以為了一個主題透過網際網路來加以研究。

註解：取自《年輕小孩和電腦：父母生存的指導手冊》。這本書是由 W. W. Buckleitner, A. C. Orr 和 E. L. Wolock 所完成的（1998）（Flemington, NJ: Children's Software Revue）。上述資料的引用有獲得他們的同意。

129　　　　母、師長和朋友面前進一步展示證明書的這一類程式，能幫助小孩取得成功的感覺。

讓科技無所不在

　　如同之前所提的，科技讓有聽力和視力損失的學生可以有參與正常教育教室的較佳管道，但是這些科技同時也是相異處和障礙的產生者。因此一般來說，都必須要加以調適和支持。這在早期的教育等級中便開始實施，並且延續到之後的教育等級中。舉例來說，羅徹斯特科技中心（RIT）的聽障學

130　生和聽力正常的學生一起上課，他們為了要有最好的位置去接近口譯員，而

坐在教室前面（通常會在教師或教授前面）。這個團體的服務可以讓那些聽力障礙的學生和其他聽力正常的同學一起上課，而在之後的時光才會意識到聽障學生和其他人的不同和分隔之處，以至於他們在同儕之間和與老師之間不會出現一些不常見的溝通方式。

　　即使有這些口譯員，這些聽障學生可能仍然無法了解所有上課的資訊和資訊的處理過程。缺乏自尊可能讓一些聽障者為了讓自己能夠適應而產生自我防衛的現象。因為他們不讓老師知道錯過資訊的關鍵之處，以至於老師會認定他們沒有問題。之後當學生想要獲得額外的幫助或訊息時，這樣的誤解將會循環產生。下列引用的內容是來自於和羅徹斯特科技中心的聽覺障礙工程師的面談，而在這次的面談中敘述到這個觀點：

　　　　我發現我跟那些聽力正常的同學比較下我遺漏了很多訊息。因此在參加演講並且出了大門後，我會問我自己：「他們在討論什麼？」我發現我大概漏掉90%的演講內容。即使我了解口譯員所講的內容，但我無法估計，因為我必須聽到它才行。說實在的，我覺得大多數時我是個笨蛋，因為我被排除在教室外面。因為他們在課堂上問我問題，而我因為這個問題突然冒出而不會回答時，我很難清楚表明。之後我再去問老師這個問題時，他們只會說：「我們已經討論過，你看看筆記吧。」

　　這類學生相信特殊的科技將會促使他參與班級中的學習，以及最終地可以增加他的自尊。在第七章第一次所討論的科技，在過去的幾年因為國家聽障者科技學會的努力，而有所發展。這計畫叫作 "C-Print" 而這項科技計畫已經有一些眉目（Stinson & McKee, 2000）。首先，先訓練使用者使用安裝在膝上型電腦的縮寫字典，和盡可能的逐字打出老師上課所講的內容。然後，會有一套軟體將這些縮寫字的內容轉換為完整的字和句子出來，而這些轉換出來的內容將會出現在使用者的桌上型或膝上型電腦或在教室前面的螢

幕上。當我們看到會出現字幕的布幕和電視時，這種立即呈現和每日在教室中使用的科技的可利用性，便是最近的科技所提出來。伴隨大多數的科技，有些學生將會因為比其他人多使用這些科技而獲益。就如同可以在老師說話的同時立刻加以閱讀一樣有趣，許多英文閱讀技巧不好的和較低的閱讀能力的人比較喜歡口譯員，勝過新的以文字為主的系統。一個學生表達下列選擇的意見：

> 我已經知道老師會站在前面和演講，而這演講會一直繼續下去。這件事情會伴隨一行接著一行的字幕出現，並且令人乏味。我們大多數的人有些落後。我喜歡使用口譯員，因為在我可能了解所列印出來的內容上我有最大的自主性，而口譯員已經了解上課的概念內容，他所表現出來跟老師上課有關的部分，會帶給我比去了解字的內容多一些的好處。

那些提倡使用教育科技的教育家和那些設計工程師通常對於他們促進障礙學生的能力和教育的可能性的部分感到興趣，也有許多老師和父母認為他們無法實現他們的承諾。許多輔助性的和教育的科技不能幫助學生完全克服障礙，而這些障礙不管是人工的或是額外的都是一樣的。因此反而會造成他們的社會隔離感和與人不同的感覺。其他科技有用的地方和價值，例如 C-Print，都已經被察覺出來，因為他們正盡力去展現效果。事實上，今天大多數曾經在教育方面使用過的科技正在努力的平衡益處和缺點。

遠距學習和電子溝通科技：得與失的平衡

過去十年中，遠距學習講授的益處討論得很多，就如同它的缺點也討論得很多（Cravener, 1999; Morris, Buck-Rolland, & Gagne, 2002; Ohler, 1991; VandeVusse & Hanson, 2000），也存在許多成功的模式（Palloff & Pratt, 2001;

Simonson, Sweeney, & Kemis, 1993; Withrow, 1991）。然而課程費用通常太貴
（B. O. Barker & Burnett, 1991; Palloff & Pratt, 2001），也提出一些遠距學習
講授所獲得的益處比以電腦為基礎的講授差（Abouserie, Moss, & Barasi, 1992;
Cravener, 1999; Kay, 1992; Morris et al., 2002; Palloff & Pratt, 2001），也會有
一些學生過度選擇電腦講授課程（Krendl & Broihier, 1992）。除此之外，很
少人知道那些有特殊學習需求的人們透過遠距學習的成功之處（Johnstone,
1991; Sax, 2002a, 2002b），也有一些在使用網路後所出現的拒絕社會介入和
增加孤獨性和沮喪的證據（Kraut et al., 1998）。

　　因此就如同之前所提的，遠距學習帶來機會和挑戰。這將提供一種讓在
地圖上散布世界各地的人們節省旅遊的時間和花費，而能互相學習的制度。
這可以讓講授者在網路的一端而學生在網路的另外一端。這種互動是透過各
式各樣的科技來加以完成的。然而有些科技通常會使得課程費用十分昂貴，
同時也對於聽力或視力缺失的學生造成挑戰，導致學生和教師雙方產生挫
折。

◆ 中等教育的遠距學習成功案例

　　我很幸運可以在獲得美國教育部的同意撥款下，成立一個將美國手語帶
入學校系統的遠端上課的計畫，而這項計畫一開始是在緬因州進行（Keefe,
Scherer, & McKee, 1996）。MainePOINT（Providing Opportunities for Inter-
grating New Technologies，提供合併新科技一個機會）已經在之前的文章提
過（Keefe, 1994）。這裡有四組在緬因州的高中的目標受試者：(1)聽障者；
(2)重聽；(3)伴隨有學習障礙；或(4)聽力正常的人，但是在緬因州會用美國手
語完成外國語言的需求者。

　　簡短來說，緬因州立大學是和緬因州政府的教育部門和加弗納貝斯塔聽
障學校一起合作，提供聽障者一種美國手語的電視課程的工具。聽障的教授
者所教導的是來自於奧古斯塔的緬因州立大學所設計的電視課程。監督教師

132

會一週五天監視每個美國手語課程的執行。不單只有一處的老師被訓練成美國手語的教授者，同時也有八分之三的最初挑選的聾人教師被加以訓練。

因為手語是一種視覺語言，因此八所學校中的一所會使用可以讓學生看到老師也可以讓老師看到學生的管道，而這管道是利用人造眼睛（兩個方向的錄影機）所達成的。其他七所學校只使用微波管道，而這管道只允許學生看到老師而老師看不到學生（單一管道的方式）。人造眼睛的方式（兩個通道的）不可能在所有學校來進行，因為學校的建築無法配合這個布線而去建築。

美國手語課程在這八所學校中，在星期一到星期四的時間進行播放（一週有四天左右）。而星期五是保留給實驗室的人員和從事拍攝學生上課過程的錄影帶的人（而這群人便是拍攝整週手語課程的人，並且他們必須加以整理），以及討論在電腦的公布欄上所出現的任何主題。這八所學校中的每一所都至少要有一間有電視螢幕、錄影機和無線電的教室。MainePOINT 學生在教室公布欄和校外完成家庭作業的時間，都利用電子郵件和透過討論室中的電話來加以討論。

在每天的美國手語課程中，學生都聚集在教室中，觀賞由全州教育電視網路所提供的線上美國手語的老師的機器所播出來的節目來加以學習。在教授的過程中，學生可以利用分布在全州的快速電腦所執行的軟體和老師互動。學生在每天跟老師或其他地方的同學討論過後，都會被分配任務來加以執行。在每週的實驗室時間，都會要求學生將手語的功課利用錄影機加以拍攝成影片，再利用電子郵件的方式寄給美國手語老師加以評鑑，而老師也會把評量結果寄給學生。

這項程式的挑戰便是如何透過緬因州的網路有效地傳遞視覺的內容（美國手語），這個結果會因課程的設計和科技的混合的結果而有所不同。這項科技可以分成三部分：傳送課程的科技（在奧古斯塔的緬因州立大學中）、被使用來當作老師跟全州的學生溝通的科技，以及教室中的學生利用來跟教授者和同學溝通的科技。

133

傳統上，所有緬因州立大學的課程都是透過電話系統所構成的網路來加以傳遞。但是利用這種溝通方式來傳遞美國手語的上課內容並不適合。所以，一個替代方法便是利用所選擇的多媒體教學。因此一套叫作TEAMate的軟體被選來幫助多媒體教學內容的傳遞之用。這套程式包括如果老師在公布欄上時，便會提醒學生要上去跟老師討論，和利用討論會和電子郵件來作為學生之間溝通的方式。這個溝通軟體的特點是在老師閱讀來自於學生的電子郵件，或學生想要在上課的時候跟老師討論，都可以傳遞完整的學生照片的圖像檔案系統到公布欄上。在上課的過程，以大學為主的科技人員可以將學生問題和老師做回答的畫面加以分開，並且可以讓上課的記錄者同時看到兩邊的情形。

這套課程的教學者必須對於不同的教學科技十分熟悉。舉例來說，取代在黑板上寫字的作法，便是教學者利用電腦所產生的字在電視螢幕上呈現自己的教材（Chromakey）。像是老師要呈現某些關鍵字時，這些字便會利用Chromakey的文字來加以呈現。教學者想要強調某些特殊的觀點時，可以利用滑鼠來操作Chromakey的文字。

裝在頭上的照相機是被使用來傳送之前在傳統教室中利用黑板或裝在頭上的投影機所顯示的資訊。所列印的教材必須在每一行的某些字加以放大以便呈現。

轉軸的影片是一種用來增加上課趣味的媒體工具。轉軸的部分是在公布欄之前便製造出來的影片，這種工具是用來在上課過程描述確定的例子。轉軸可以用商業上的片段，也可以在家裡製造影片。

最後，學生也會面臨到如何在參與課程中更為舒適地使用科技。每個學校都會給予錄影機、錄影帶、電視螢幕、傳真、錄放影帶、電腦、電話、數據機和溝通軟體（這些設備不專為美國手語課程使用）。學生事先學會使用溝通硬體和軟體以及其他設備。他們被要求使用命令來操作錄影帶以記錄他們的美國手語手勢，而錄影帶則可以負責錄音和TEAMate軟體以便跟他們的老師和其他人溝通。

134

　　學生必須在秋天學校開學前參加兩天的暑假練習營，這個夏令營可以對學生進行相關的整合和介紹使用的程式。在夏令營中，學生將會碰到他們的老師，並和聽障者社區的人們有互動的機會，以及跟其他人一起工作和接受操作課程科技的教導。他們必須完成他們所了解的現有的聽障者文化的知識的可接觸性方面的摘要表格，以及必須精通美國手語和他們的學習選擇及使用課程科技的傾向。

　　一百一十八名學生完成所有規定的課程，他們的分數反映出在任何外國語言的分配。下面所列的事情是一些來自於實驗室的課程所得出的一般結果的關鍵點（Keefe et al., 1996）：

1. 通常聽障者在課堂裡，即使不是唯一，也只有少數，其社會性互動會有所改進。在緬因州全州的聽障學生變得更加聯結。

2. 在這些年以來，一般來說自尊已經被改善，那確實是因為他們在使用科技上感到舒服和有信心。一個在回歸主流的一般教室中的聽障學生，通常會把使用美國手語當作他們的第一語言和跟隨口譯員。就如同美國手語課程，他有足夠跟他在一起溝通的學生團體，他的社會行為會逐漸產生。這個學生在課堂上的特別之處，是因為他們的老師想要他們在使用科技上更舒適。他幫助聽力正常的學生了解美國手語，好讓他在使用科技上更舒適。在一年過後他可以熟練地使用每項科技。

3. 在最初的懷疑之後，美國手語教員感到那些教學傳達系統是可以被接受的方式，而且覺得這些教學傳達系統可以透過平順的電腦和電視媒介來教導三種種類的視覺語言。她說出她的經驗：

　　　　當我被要求透過電視系統來教導美國手語，我的直覺反應是怎麼教？我如何透過單一電視的管道來教美國手語？美國手語是奠基於視覺的互動。這是為了溝通，所以要人對人而且面對面的做溝通的事。但是我接受這項挑戰，而今我們已經發現

這是一個教導手語的有用的方法。這會是一種真實的學習經
驗,藉由很多的交換過程而使它成為可能。我相信藉由這種方
式來教導美國手語是很重要的,尤其是在鄉村地區。擁有美國
手語課程對他們來說是很重要的。對我而言,這將會是和那些
全州無法獲得美國手語課程的人們的一種聯結方法。(私人談
話,1995 年 6 月 15 日)

4. 評量學生每週所做出來的關於他們的手勢的帶子,是困難的,並且會
花費指導者很多時間。這方面的協助還有待提供。

總而言之,被用來做美國手語的教育科技擁有一些清楚的益處,例如可
以促進訊息和教導的可接觸性,和透過精通另外一種語言的方式來增加自信
心。雖然這些科技中的有些部分已經被新的或完成的作品所取代,可是這是
擁有豐富科技的教室所形成的例子,而這例子告訴我們每個機會都會有邁向
學業成功之路的障礙和阻礙,以及跟學校或同儕團體相連接的感覺。

◆ 中等教育後之遠距學習的案例

遠距學習和電子通訊的科技使得這地方的教導者和其他地方的學生相互
連接,讓那些原本被忽略的學生有機會進入大學或學院(Sax & Duke,
2002)。這些互動行為可能透過通常的電話聯結,或是電腦網路(例如,網
際網路)、衛星和廣播的科技等方式。光纖的視覺盒的成長率意味著,在不
久的將來兩個管道的溝通將會變得更有經濟效益。

Norman Coombs 博士是遠距學習的開拓者,且是軟體和訊息對等接觸的
相關組織(EASI)的執行主席。EASI 的任務宣言如下:

提供身心障礙的個人可接觸性的科技的機會和資訊教育的社區
資源。我們可以傳遞適合電腦領域發展和廣告的訊息給例如在學

院、大學、從幼稚園到高中三年級的相關學校、實驗室以及進入職
場的身心障礙的朋友。（Equal Access to Software and Infor-mation,
2002）

身為 RIT（國家聽障者科技學會的所在地）的歷史教授，Coombs 博士
在他的課堂上有聽障學生。聾人大部分依賴他們的手勢，而 Coombs 博士自
從七歲喪失視力以後，便大部分依賴他的聽覺。不消說，課堂上的學生和老
師的互動便是一種挑戰。透過這些挑戰，Coombs 博士利用電腦跟他的聽障
學生做互動。

作為遠距學習的開拓者，他和華盛頓特區加拉德特大學的同事的腦海中
產生一個點子，而這點子來自兩個由他們的學生和兩個教授所在的學院所進
行的遠距學習的課程。這個課程「二十世紀的黑人市民權利」，便由加拉德
特大學的 Coombs 博士和一個資源教師所上的。在加拉德特大學的一位教授
在 RIT 的成員之間教導「大眾媒體和聾人歷史」的課程，也同時伴隨一位資
源班教師。這位資源教師主要是讓學生可以容易獲得資訊和讓學生容易操作
傳達系統；他們通常不會提供任何直接的教導。兩個課程同時在加拉德特大
學和 RIT 中開設。每個課程的最大加選人數是二十六人，而且在加拉德特大
學和 RIT 的每個課程的學生人數都一樣多。

這項教學的傳達包括：(1)有字幕的錄影帶和影片；(2)已經安排好去使用
各式各樣的列印教材的閱讀資料；(3)透過網路來做課程討論和電子郵件的比
較。學生可以利用每天、傍晚和週末的時間來操作電腦。學生在開始使用網
際網路的課程之前，會有一段的指引時間。所有安排的東西都可透過網際網
路的方式加以閱讀和給分。來自於每個課程的學生都會被要求填寫一張摘要
表格來做課程評估，也會被要求當面敘述他們的經驗。雖然這次評估的結果
已經在別處發表過（Mckee & Scherer, 1994），可是在這邊所發表的結果呈
現許多參與那些課程的學生的表現，可以表現出今天參與遠距學習的學生的
看法。

那時候大概只有一半的學生認為利用電腦溝通會感到舒服。學生表示使用網際網路的科技的困難，和所遭受的挫折。老師和學生都表示在利用電子郵件作為題目的反應和對議題的討論方面花費太多時間。大多數的學生（87%）說他們似乎錯過與學生之間面對面的機會，也有一半的學生表示他們有時候透過電腦交談，會讓他們感到被隔離。通常學生的回答如下：

> 我發現對我而言，透過網際網路來取代使用美國手語方式以表達自己是有困難的。聽障者需要依賴眼睛和手。所以我建議我們有更多的討論。
>
> 這對我來說是困難的。由於在早上做（電腦運作時間）會比在傍晚做來得好，所以我得強迫自己在早上做功課。

137

一個教員感到這類的討論比傳統的課堂有實質上的進步，這歸因於傳達系統鼓勵回應時會出現回應之前的事實的部分。這項傳達系統是依賴文字來加以傳達，因此可以促進聽障學生的英語技巧。

學生察覺跟他們的教學者有所互動便是最大的變化。回應的範圍從「我有很多東西可以跟他互動」，到「我沒有很多東西跟他互動……他將會對我有所表示而那就是我所要的東西」。一個聽力障礙者發現：

> 有時候必須看口譯員，我會錯過一些東西，所以對我來說，這是困難的。我希望老師自己能做出手勢，或把它放在電腦上。我寧可選擇老師和我，而不願意只選擇我和電腦。我不要像個中介的人們。

其他學生則完全不知道溝通和以電腦互動之間的差異。「我不曾看過老師……沒有任何互動，因為太缺乏人性了。」有一個學生相信課程可以利用遠距學習來教導，是因為缺乏校園空間或老師的數目不夠。

　　我對於這種上課方式感到困惑。我想如果老師沒有時間來教導或如果他沒有教室可以上課，才會藉由電腦來授課吧。

學生的其他回答如下：

　　當我喜歡這個課程時我無法獲得太多的回饋。舉例來說，我覺得在傳統課堂上可以獲得比這個課程中更多的回饋。
　　我透過電子郵件跟教授談話。這將會是非常表面的。如果是在正式教室上課的話，我可以面對面與教授討論和會話，這很重要。當你不想表達個人的意見時，這將會限制你的創造力。

　　學生一般來說，對於與他們的同儕和他們的教學者之間的互動都抱持著正面的看法。大多數的學生都說他們喜歡閱讀來自於其他學生的不同意見。一個學生更是從其他大學的學生所給予的回饋中發現有趣的地方。當傳統課程和遠距學習兩者互相比較，學生通常會因他們是否經常跟遠距課程的學生互動而有所不同：37% 感覺他們之間有很多的互動，但是有 50% 則覺得沒有。一個遠距學習超過傳統課程的平均數，可以從聽障者在進入討論過程中不用憂慮他們會打斷其他人的會談，或在不當的時機進入討論中的問題等方面看得出來。特殊的學生回饋包括：

　　我在傳統課堂上會感到害羞，因為當我講話時其他人會看著我。這讓我感到自我的意識。我寧可選擇透過電腦來加以討論，因為我不用擔心其他人會看著我。
　　不，我不喜歡電子郵件的討論方式。這種回饋是不同的。我不知道誰在說什麼。在教室中我會看到學生的臉和意見等等。你可以在課堂上有熱烈的討論，但是利用電子郵件的方式，你只能坐在那兒面對電腦。

　　你可以在一般的教室中有好的討論。但是在電腦上你可能會遺漏一些東西，因為這裡沒有臉部的表情。討論會遺漏一些東西，因為你會花太久的時間等待回答。這個討論的熱度將會逐漸從熱烈討論中喪失。

　　這個課程主要的長處是允許給學生彈性。這從那些沒有足夠校園的學生和需要彈性的計畫表者可以察知，這項計畫是受到贊同的。而且在對於確定主題領域的特殊教育專家和能夠自我規範的學習者和有動機者而言，這計畫也是被贊同的。而那些在校園中和熟悉傳統課程結構的學生將不會感到滿足和成功的，他們較懷念正式課堂和同儕的支持。

　　學生認為這將會改善他們經營時間的方式，這項結果優於課程形式的改善。有50%的學生同意要他們繼續保持遠距學習則是困難的。一個學生說得好：

　　　　這很方便我做工作。如果我有事，我將不會因為錯過課程而憂慮。我只要上網就行了，但是我會變得更懶。我會對所有事情掉以輕心。我必須要有好的紀律才行。

　　少於一半的學生同意他們會在同時接受其他的課程。25%的學生則不會喜歡其他的課程，而有25%的人不確定。大多數的人們覺得社會科學或討論課比較適合這種上課方式：

　　　　歷史課比較適合，因為它們很容易。你所要做的便是把課本念完和看完錄影帶。你不需要老師太多的協助。英文將會變得更好，因為我們會尋求句法的協助。我們可以校正每個人的文法和錯誤，進而幫助寫作。聾人心理學也是很適合的課程，這將強迫你去分析你自己和讀更多的東西。

科技不會評估好的老師的需求。這只會加強老師可以教更多的學生。這也帶來許多他人的網路文章和迫使學生成為那個領域的領導者。我們關於未來課程的建議，會著眼於教育傳承的意義，和學生必須有基本的或定期的面對面的機會（至少在緬因州可以這樣進行），以便達到人類互動的需求。電子郵件的方式則可以提供那些有自由習慣的人或稍微羞於公眾討論的人，作為以討論為基礎的課程的一種補充作法。

我們也在學生註冊前，先跟學生說明電腦和事實上與學生面對面溝通的最小差異之處。學生會感到驚訝，這和他們所期望的不同，對他們的學習會有障礙存在。通知學生的方式可能會隨著課程和校園的不同而不同，但如果教導的傳達系統可以適合有潛力的學生的學習風格和選擇，則應該要有足夠的數量才對。在學生註冊後，教師和學生都應該同意充足的教材和提供網路和課程科技的使用訓練是必要的。

上面所提的發現和建議，是過去的五年中，我跟四分之一的為了追求碩士學位的專業復健諮商員所進行的遠距學習的促進工作上的困惑（Sax, 2002a, 2002b; Scherer & Sax, in press）。就如同 1998 年冬天在 RIT 的討論會所得到的回響一樣。在這之後，許多的教職員重複各種在他們經驗中討論的學科也給予各種新的遠距學習的建議。雖然有些科技已經改變，且更形複雜〔例如參與的學生數目變多，那是因為手提電腦或個人數位助理（PDA）可以供他們在上課中使用〕，但大量的議題也仍持續發燒。以下是一個發表者的意見：

就像最初所討論的，八年前的電子課程，我都必須要加以複製課堂上的上課內容和盡可能得到學生的互動。我開始利用影像電話和學生在遙遠的桌子旁上課，我可以看到整個縣的學生。這不再是無法執行的方法。傳送影像的速度很緩慢在螢幕上所出現的影像不夠清晰。你不可能配合說話者所出現的聲音來看緩慢出現的影像。當面對面的課程不再重要時，這科技只被用來當作教授數學的工

具。想要有互動溝通的看法是失敗了。因此，從中得到的教訓是你想要成功就必須挑選正確的科技。我已經開始了解模擬真實的互動過程是不必要的。在所有我們遠距學習的不同階段所教的內容來說，我猜都是不可能的。

一個心理學教授是下一個發言者。他在許多年以來都是利用粉筆在黑板上寫出上課的內容，但是現在他開始利用遠距學習的方式來教授他的課程。他的課程是以討論為主的，因此他很依賴電子郵件。他分享他在下面所列的經驗：

現在只有一件事情，便是我的學生知道其他人的點子和想法以及如何將其呈現。他們再也不因性別、障礙或之類的事而感到害羞、攻擊等等。他們已經會利用電子化的方式進行會話，尤其是像一些非同步的時間，會話的過程會有許多想法，不再害羞，也不再受到那些大聲的學生控制上課的內容，還可以把學生的想法轉移到自己上課的內容，除此，還能流暢的呈現教材的內容。在電子化的會話過程中，每個人只要他想參加他便可參加。他們必須去說和去找尋他們想要說的內容，而我也是一樣，在有學生問我問題而我沒有答案時，要去找尋資料。所有的內容呈獻給我的，便是傳統課程所缺乏的東西。

這個討論會的參與者便依據他們所抱持的想法來分享他們關於遠距學習的看法，這就是在討論會上，無論你是老師還是學生，你的意見一樣會被重視。其他的回答還包括下列：

我發現我有時候需要應付一大堆的需要立即給予注意的電子郵件。有時候我真的很痛恨坐在那邊去等待和回應這些電子郵件。

愈熟練於這些科技，你將會更依賴它。愈熟練這些科技則會需要更多的支援。對我而言，我希望可以站在上頭去控制這個班級。因此當我愈依賴這些科技時，我愈會利用照相機和電腦科技等等這一類東西。但那實在太貴了。因此我得謹慎的使用科技。我已經會使用這一類的科技，一旦要我自己動手做，我就會感到束手無策。

在教室中明顯需要增加注意力和引起學生的關心。你可以照應到使用科技的全部學生，包含那些需要很多協助的學生，那些可以自行獨立使用和已經知道如何使用科技的學生，和那些半生不熟的學生。

141
科技不會使壞老師變成好老師，也不能使所有在教室中的學生都精通所有上課的內容。今天的遠距學習課程將會適合多重需要的小孩。內容已經被忽視了，反而呈現的形式是被選擇來適合課程的物品和線上的討論等等。在討論會中，教師再度呈現的內容，就如同具有碩士學位的諮商員循環地參與課程的表現、評估和增強。當那些參加遠距學習的課程的諮商員被要求提供經驗時，大多數的報告是告訴我們可以促進他們的學習和表現。許多人說他們即使不能得到這項課程，他們仍然會繼續他們的學業。他們喜歡在自己的空間和時間中工作。其中一位學生說，這包括益處和缺點：

> 大腦不能在星期二和星期四的早上八點鐘去接受訊息。這也是缺點。如果你不能在星期二早上八點前做完，那你就只能改到星期天早上八點時做完。而這會在時程上延遲三週，這將是一個瓶頸。

就如同我們在 Coombs 博士的課程評量中所發現的，遠距學習課程對於那些跟得上進度有十足動機的學生來說是成功的。對於那些抓不到重點的學生則是不管用的。

遠距學習和電子郵件的互動方式的特性，對那些自認想法沒什麼意思、

難以明確表達想法的，以及不敢面對群眾的學生來說是有幫助的。對於這些學生來說，電子郵件允許他們有系統地去清楚說明和表達出來。然而，對於那些聽障和寫字能力較弱的以及比較喜歡口語溝通的學生，則覺得電子郵件是一種障礙。「這要看學生的類型而定」這句話，通常是教師之間的共同評論。

科技將許多事情變得更有趣，也更能引人注目。透過圖片的使用，可以讓原本呆滯的課程變得有生氣，且增加學生的注意力。然而，圖片教材的迅速風行也令學生難以負荷：

> 線上呈現也會有危機存在，因為我們可以很快又很容易的呈現很多資訊，因為它速度很快。但太多圖片的出現會導致過度的負載。已經有學生跟我表示，有太多的圖片和訊息需要在短時間內吸收進去。我們必須記得，要給予學生消化吸收的時間。

高等教育鑑定的合議庭（2002）蒐集自 2001 年 12 月到 2002 年 1 月在十七個認可的地區和國家的組織中的遠距學習。他們發現「在 5655 個被認可的學會中，有 1979 家提供遠距學習傳達程式和課程，而且其中有些學習完後會獲得學位」（p.4）。來自於被認可者的看法認為要有好品質，則必須要求程式的部分必須要有可以跟課程、教學支持和學生學習輸出有關的選擇的教育設計。就像許多學院和大學增加線上課程和學位，研究已經著重在教學的創新性。依據在第 28 屆復健議題的學會上所回顧的文獻（Dew & Alan, 2002），「在研究中關於支持遠距學習有效的比率和其他支持傳統教學的比率之間的差異並沒有達到顯著水準」（p.26）。研究團體發現來自於相反意見的批評證據就跟那些宣稱許多資訊應該由中間效益來加以判斷。很清楚地這沒有標準的答案。所有線上教育都需要透過電腦和網際網路而這些所聯結的都是有較高收入、教育和工作者——障礙者仍舊是落後的。

視力和聽力損傷（也包含其他相關障礙）的人們因為法律原因所以可以

142

上線。1973 年通過（1998 年修訂）的復健法案的 504 條款要求他們不應該
「被排除在學校活動的參與之外和忽視他們的福利，或是來自於任何接受聯
邦資金協助的計畫或活動的歧視」。那包括高等教育。在 1998 年復健法案
的修正案中也包括第 508 條款，要求由聯邦政府為身心障礙朋友準備足夠的
可以加以發展、獲得和維持以及使用的電子和資訊科技。當然聯邦政府所屬
的所有大學也要遵守。當 508 條款無法包含全部來自於聯邦教育人員私人使
用的科技方面的管道（職員在家工作）時，則建議其必須提供。其他的提案
包括下列各項（National Council on Disability, 2002）：

- 一個來自於國家網路為基礎的教育委員會（專門針對網路學習相關議
  題的委員會）的報告中提到，必須加強確定所有的學習者都擁有使用
  網路的能力且具有同等的管道。

- 所謂的「網路頻率」（e-rate）計畫是被設計來給予網路的使用管道和
  電子溝通服務部分津貼，以促使學校和實驗室更加努力。雖然這項計
  畫已經被包括在第 508 條款，可是沒有提供任何步驟來確定這項計畫
  的有效實施。

143

- 聯邦通訊法案第 255 條款要求提供電子溝通的服務（例如當地和遠程
  的電話公司），電子溝通設備的製造商和顧客他們的產品和服務，對
  於身心障礙者來說必須是足夠和可用的，只要是他們力所能及之處都
  得如此。因為依照美國法律，「電子溝通服務」這個專有名詞要求必
  須提供容易和可以攜帶的溝通這兩方面都做到時，才可以使用這個專
  有名詞，其他的例如電子郵件和高速的資料傳送的資訊服務，然而不
  包括在第 255 條款的服務內。FCC 對於所有的特徵和功能都必須完整
  地說清楚。這包括電子郵件、傳真、資料和圖形傳送，除了傳統電話
  以外。

許多其他的研究已經證實之前討論的要素以及遠距學習的缺點（Morris
et al., 2002; Palloff& Pratt, 2001）。當大多數的人都不能無視障礙學生的需求
時，今天較為公正的聲音便是遠距學習這項技術不能適合每個人。表 8.2 簡

要的敘述遠距學習的益處和缺點。

　　不管學習工具的相關問題仍然繼續提出，遠距學習在高等教育還是獲得較高的支持（Coombs, 1998; Eldrege et al., 1999; Sax, 2002a; Scherer & Sax, in press; Smart, 1999）。這項媒體提供每天二十四小時以網路為基礎的教學系統，因此可以擴及到那些無法透過傳統教育系統學習的人，像是因為地理的限制、時間的限制、工作和家庭的責任，或其他個人因素所造成的。

　　藉由這章的討論，我們知道不是所有的學生都可以從單一的教學方法或技巧獲益。在 Coombs 博士的兩個課程的評量和在緬因州的美國手語的評量中，我們看到非常滿足和最不滿足兩者間的差異。這會在稍後的十一章中加以討論。一般來說，線上課程的淘汰率大概高於傳統課程 10%到 20%（Council for Higher Education Accreditation, 2002）。心理學家 William 和 Ruth Maki 比較之前一般的心理課程在傳統教室講授和透過線上講授的差異（W. S. Maki & Maki, 2002）。他們發現，對於這些學生來說，傳統講授課程改放在線上傳授時，那些比較懂得多媒體的學生分數自然較高。研究者建議最好平行改變本章所建議更改的地方。我們要如何確定教材可以透過網路或電腦軟體進行遠距教學，這項教學結果如何證明學生有學習的動機？我們將會在下一章加以討論。

145

144 表 8.2　遠距學習課程和傳統課程相互比較的優缺點的摘要

優　點
☐視力障礙學生和聽力障礙學生都可以參加跟正常人一樣的課程。
☐隨著緬因州的課程，可以促進那些因為地區上限制的聽障者的社會性互動。在緬因州全州的聽障者都可以互相聯絡。
☐在參加遠距學習課程以後，聽障學生可以改善他們的英語能力。
☐無論如何學生已經知道其他人或是利用面對面的會談時間見過面，學生只要知道關於其他人的一件事情便是他們的點子和想法，而無論這想法會讓人家感到害羞、憤怒和等等都沒關係。
☐電子會話，尤其是在不同時期進行的，更是伴隨著許多的想法在進行。
☐在電子會話中，所有人都得到他們想要的東西。害羞的學生也可以在團體中說出他們感到較沒有自我意識的場合的話出來。
☐學生不用擔心他會打斷別人的話或是討論的時機不合適。
☐大聲的學生不再掌握全局，挫折的想法反而會促成教材呈現的一貫性。
☐好的教學可以影響許多學生。顧客網路上的文章可以下載，學生也可以在網路世界成為領導者。
☐遠距學習對於下列的幾種人有用：沒有廣大校園的學生、需要彈性的時程表的人、那些有確定個案地區但是需要可接觸性（立即性）的內容的特殊教育專家，和那些可以自動自發和自我規範學習風格的人。

缺　點
☐這對於教學者要閱讀和回應電子郵件來說太耗時間，而且學生可能會感到沒受到注意。
☐遠距學習的教學者必須適合多媒體的教學。教學內容反倒被忽視，呈現風格選擇適合的課程目標，線上討論受控制等等的問題。
☐教學者會感到逐漸依賴這些科技，和那樣的課程將會是更多的照相機、電腦科技等等的科技產品的集合體。
☐遠距學習必須花很多時間去發展。
☐許多學生可能會錯過面對面的機會，和在電腦面前會感到社會的隔離感。
☐當科技無法適當運作時，會導致學生和老師雙方面的挫折。
☐使用電子郵件意味著學生在等待反應和繼續討論時需要很長的時間，尤其當學生的問題在不同的時期同時發問的時候。
☐有些學生可能無法理解溝通、電腦和互動，並且可能感到溝通缺乏人性。「我不知道誰在說什麼？在教室中我可以看到學生的臉、聽到他們的意見等等，你可以在班級上擁有熱烈的討論。但是透過電子郵件，你只能坐著和面對電腦而已。」
☐許多學生需要且寧可選擇一般的教室和支持性同儕團體。

（續）

表 8.2（續）

建　議
□了解教學的教師和學生的安排過程中，必須要有最初的或週期性的面對面會談的時間（例如在緬因州便是這樣做），以解決個人困擾的需求。
□在他們註冊之前，這課程應該提供電腦授課和跟教師以及其他學生面對面的方式的最小差異的說明。
□課程的教材應該非常早的時候便要準備好，以便學生可以在使用課程科技的過程中加以訓練。
□配合教育的目標選擇合適的科技。科技已經讓教學變得更有趣和更視覺化。它可以讓一個無聊的主題變得有活力，而這方式便是利用圖片來加強學生的注意力。但是伴隨線上的呈現，資訊可能太快以至於學生無法負擔。記得學生需要消化吸收的時間。

Chapter 9

獲得持續學習的機會

自我三歲以後我便喪失了聽覺。當看電視時，聽力正常的人必須停下來為我說明情節。如果有人打電話找我，需要有人幫我接聽……現在我已經有傳真機……我也使用網路……跟視障者或視覺與聽覺雙重障礙者，我有正常的溝通管道。對我來說是完全充分的接觸。

——Frank Bowe 博士

正常來說，想完成工作，就須挑選正確的科技。

——一個大學的教職員

　　新的世紀障礙者社區有許多議題要面對。隨著法律的改變和科技快速的進步，不斷的修訂和評價中小學、學院和大學在身心障礙者教育發展上所扮演的角色是很重要的。這將是法律和社會所賦予學校的責任，便是將所有學生不管有無障礙環境中所獲得的訊息和學校的教育課程相互連接起來。持續將課程利用影片、簡報呈現、圖片、選擇性列印出來的內容和錄音出來的聲音加以全體的設計，而不只是包含輸入、處理過程和從電腦為基礎的課程中獲得的資訊的各種方式。藉著使用這些資源，教師可以創造一個受歡迎的學習空間，而這空間是包含聾人和盲生都可以到達和互動的地方。

　　真正的挑戰便是傳達有意義的資料，就如同在第二章所引用的 Phil Bravin（一個前任的國家字幕學會的主席和總裁）的文章上所說的一樣。他說出下列的內容：

　　　　一個人如果可以透過視覺和聽覺來獲得資料，便可允許他們自行處理資訊。如果我們不這樣想，我們將不可能將學習環境個別化，個人將會決定學習的價值直到個人發現這是有意義的。
　　（Bravin, 1994）

　　在 Phil Bravin 評論的支持下，資料的輸入不是在個人發現有意義時去決定學習的價值所在時的資訊。學習的目標是可以被學生所寫出來的和課程內容將在心目中占最大的部分。只有在那時候，科技（只是用來傳送內容而已）才會被選擇。

　　在這章，我會討論對於個別的使用者來說是有益的教育科技，亦即傳達資訊方面。這項簡單的聲音過程在很多的情況來說是複雜的，而對所有課程來說將會是最大的重要性：不具有意義的資訊加以會合，則學習不會發生。

　　資訊包括文字和列印出來的教材；圖片、照片和視覺的線索。而聲音則包括音樂、聲波的形式、傳播上的擴大和加深。當文字、圖片和聲音集合起來，這項集合被稱作多媒體。簡單來說，集合的資訊一直到有人發現使用它

的方法和讓它變成有意義的事情時，多媒體才會為人所知和具有教育性。

如何可以確定在資訊中的媒體資料是我們想要給予的呢？如何可以把它們結合在一起？對於聽力障礙者而言，方法便是把最終使用者記在心頭。如之前所討論的，特殊學生寧可選擇字幕或在學生與協助字幕之間做轉換的工作。有些學生透過科技可以選擇獨立和自動化，然而其他人寧可「碰觸人類」，亦即找個別化的口譯員。我們可以透過「人類的碰觸的變項」而什麼都不做。聽力障礙者在當多媒體和口譯員一起採用時獲益很多，因此口譯員在教室中的討論和會話是被需要的。

然而口譯員的出現卻不能否定媒體可以提供教室中成功學習的必要資訊。在聽力障礙的教室中的媒體會設計字幕出來，即使有口譯員在現場。多媒體的產品不可能同時出現口譯員，因為光是口譯員的部分便超過負荷，但是這通常會導致所有聽力障礙者的接觸的可能性。太經常的話，教師通常會猜想口譯員將會製作多媒體的程式，以至於他們也不會尋求在第一次的時候使用字幕。

過多的資訊便是需要強調的要點（Bishop & Cates, 2001; Scherer, 1994a）。在各種學習環境中最成功的部分，是這些為學習者的需求而設計的科技，深得其心，能配合人們共同的層級和適合的選擇。為了聽障者以媒體為基礎所做的努力的成功例子包括下列（Scherer, 1994b）：

- 一個提供給聽障大學生的軟體程式，具有可以讓人依據相當多的分支和互動來自我調整教學進度的功能。其他課程的教材包括有字幕的錄影帶、一個課程測驗和一個學生的筆記本。一個可以作為學生的良師益友的老師能適時了解學生和提供鼓勵。
- 對於同時有生理上或學習上問題的聽障學生，將會提供各式各樣能擴大溝通支援的器材，包括低科技產品（圖片／符號／在紙上或板子上列印出來的東西）到高科技產品（例如以電腦為基礎或用於溝通的設備）。一個溝通的設備對於這些學生會比紙筆更有幫助。舉例來說，一個有腦性麻痺的聽障學生可能可以功能性的書寫，但是無法寫出讓

149

人容易閱讀的字。沒有閱讀者會需要可以選擇聲音／列印來輸出訊息以便溝通的以圖片為基礎的軟體。

● 軟體可以改善中等教育階段和之後的教育階段的聽障者的英語能力。一個寫作程式包括提供那些之前使用美國手語的學生通常的問題的活動，例如文章設計、動詞形式練習、適當的文字選擇和校正字尾的活動。活動包括有這些錯誤形式的短文或片段，學生要練習辨識錯誤和校正它們。軟體字彙培養活動包括多重意義的文字，和學生在報紙和其他出版品所遇到的片語。

● 伴隨一個虛擬實境系統，人們可以利用兩個電視設定而成的顯示，一個放在眼睛前面，還有一副耳機便可以創造出非常真實的 3D 現場。使用者可利用特殊手套來指引和移動環境中的物體。要往下看水平面，學生只要把頭往下移。無論如何學生看的結果，他或她看的東西都是在同個方向。一再地透過手套來指引，使用者可以旅行、移動和到其他地方。科技也可以創造出身歷聲。一個盲人可以在這些環境中嘗試一種狀況。他使用這個系統時，就如同他在四周走來走去，他可以躲開物體和閾值和其他聽覺上的完全障礙。伴隨著不同感官的資訊就類似這種的方式，有些不能撿起玻璃器皿的麻痺患者，在化學實驗中可以運用各式各樣的物品來進行和他們的同學一樣的實驗（Vander-heiden,1994）。盲人的視覺模擬世界的其他應用也已經發展出來了（Krueger & Gilden, 2002）。

老師的責任便是協助學生學習如何組織資訊和記憶資訊，換句話說便是教導學生如何學習。科技可以幫助上述例子實現，這同時也會有其仿效的效果，但它能邁向學習之路。多媒體的嘗試使用能把影片、字幕和在複雜或新的教材混合起來，提供給不曾接觸過的學生學習（Scherer, 1994b）。複雜的教材學習是把影片和字幕的選擇放至最大。因此建議必須包括下列幾點：第一，告訴學生字幕出現的時候得注意什麼。第二，只有學生把全部的注意力放在影片上，才出示影片（沒有字幕）。第三，告訴學生字幕出現的同時是

代表了什麼意思。第四，提供影片的控制權以便允許複習所有課程影片。

　　雖然科技能輕易做出令人讚嘆的東西，但是還是有許多非科技所能實行的甚至可說大部分的內容都不能仰賴科技。舉例來說，只有在利用講述的方式來上所有的教材，就如同把教材內容放在頭上或寫在黑板上的結果，可以顯示出視力損失學生融合在普通班的不同之處。

同時符合視力損失或聽力損失的學生的需求

　　許多的科技是對於一個團體有益但是對於其他團體會造成障礙。這對原本是用來幫助多重障礙者的特點反倒形同一種諷刺。針對某類障礙族群設計的科技，對其他障礙族群會有害無益。所以當務之急是必須發展出能夠跨越不同訓練、不同障礙的解決方法。當我們發現多媒體系統會引起問題時，它已經變得標準化，且普遍化了。

　　那些提供給所有年紀的個人互動，學習環境的多媒體產品，已經意識到明顯的接觸管道的問題，尤其是那些有感官缺陷的人。當資訊以聽覺形式出現之前，那些聽障學生或重聽的人們便沒辦法獲得，而如果資訊未能以視覺形式出現，則有弱視者可能無法獲得這類的訊息。多媒體的發展者在設計產品之前，便要考慮接觸管道的議題，這樣做比在已經完成後才額外附加要有用得多（Bowe, 2000; Vanderheiden, 2001b）。教師得明智且清楚地的選擇產品。

　　在第三章中，Frank Bowe 博士（本身是聽障者）提到他跟 Larry Scadden 博士（本身是視障者）之間能夠電話會談，是因為他們「能從人轉移到機器」。他更深的解釋這個對他的意義：

　　　　Larry 和我過去大部分時間依賴其他人。現在我們不用。我們的家裡和辦公室都有機器。回到 1980 年的早期，我得雇用一個全職的口譯員坐在辦公室內，幫我處理電話的相關事宜。這要額外花

錢，但是商人一拿起電話打過來，這邊就要有人回應。我什麼事也
不能做。當我家有了傳真機，我能上網後，便完全忽視電話的存
在。如果他們要找我，他們可以透過傳真機傳送「Frank 請回電」
的訊息給我，我可以跟任何障礙的人溝通，而我也做到了。我和視
障者及聽力視力皆障礙的人可以正常的溝通，因此對我而言，沒有
任何人是完全無法互動的。Larry 也使用相同的科技。他可以上網
聽任何我所讀過的訊息。如果我想傳送訊息給他，我會先打字再傳
送，他收到並且聽到了。在我們的溝通上不需要任何人的協助。
（Bowe, 1994）

透過多媒體的呈現，當 Bowe 博士和 Scadden 博士參與討論會時，Bowe
博士看錄影帶上的字幕而 Scadden 博士聽影片的描述。錄影帶裡，螢幕上的
人們四處移動並做任何會話中難以回答的事情。在影片敘述中，一個人所說
的內容則是透過一個特殊的雙耳式耳機的麥克風，傳達給 Scadden 博士。同
時具有字幕和影片敘述需要密集人力和時間，因此這是很貴的。依據 Bowe
博士所說的，然而：

我們現在操作的這套網路系統，不僅有用，且不需要密集的人
力。我們來舉些例子，當你拿起電話，對著聲控撥號器說出像是
"Larry Scadden" 的話，電腦接收後會自動撥號。大約五秒鐘後
Larry 的電話開始響，這是網路上語音辨識的例子。（Bowe, 1994）

今天 Bowe 博士可以在他的辦公室、在家裡或在教室裡授課，而他在世
界任何地方的學生將可以看到和聽到他的上課內容。無論他教的學生有無聽
力視力的問題，在教室中每張桌子上都裝有電腦，且配備一位口譯員，就如
同他利用電腦跟學生閒談般的互動。任何他學生所說的或問的事情，都可以
在他的電腦螢幕上出現，反之亦然。稍後，還會提供這些會話的完整翻譯。

Bowe 博士表示：

　　這有許多優點。第一個優點便是所有的電腦的硬體、軟體相容
的資料都已經在網路上整合起來。我們不用知道線路、介面，和它
如何運作。我們只要打字就好了。第二個優點便是：這比起其他的
選擇便宜多了。我們甚至不需要一個建築物。它們不需要人們、咖
啡休息時間和健康計畫。第三個優點是無論任何人在任何地方都可
取得科技。這對於在五十、六十、七十歲才開始視障的人們來說是
非常管用的。三分之二的聽障者是在五十歲以後才開始耳背的。這
些典型例子不同於我和 Larry。他們不用特殊的裝置，當他伴隨或
沒伴隨視力的狀況在有電腦的教室裡面來教導這些聽力正常和聽力
障礙學生時，他可以利用轉譯器來透過電腦生動地跟學生有所互
動。

　　他們不需要特殊的設備，他們不想要特殊的幫助，因為他們不
要其他人看到它們，因為這會讓他們看起來「特殊」或「不同」。
科技可以做到這點，然而也有其限制所在。我不能想像影片的敘
述。我不能想像任何軟體可以注視著移動的影像，並且從中摘錄出
有意義的資訊去說給 Larry 聽。我不能想像退回到口譯的方式。
（Bowe, 1994）

對於聽障學生而言，這類系統很成功並且帶來實質的好處，Bowe 博士
強調：

　　聽障者得要會閱讀，且要讀得又好又快。字幕出現在螢幕的時
間很短。同樣的，電腦上的很多訊息都是真的。為了使他們的生活
更自在，甚至能維持生計，能夠閱讀將是頭號大事。（Bowe,
1994）

大多數的注意力是著重在科技提供聽力或視力損失的小孩、年輕人和成人教學上逐漸吃重的角色。重點包括(1)依據不同的教育目的而有不同練習使用的科技；(2)教育專業的較好準備，就如同他們在傳統教室中使用科技增加學生互動的同時，必須要能簡化科技的複雜性。師資培育學生就如同許多現代教師，在課程上需要主動獲取各式各樣科技的介紹和練習的機會。他們必須努力學習並跟上新科技及新設備的腳步，以及參與特殊教育電子網路的專業訓練，和這個領域的研究貢獻並駕齊驅。必須規律性地提供他們資訊，了解選擇適合障礙學生使用的特殊科技和傳送系統的含義，這得併入師資培育計畫，並透過官方公文和專業合格的要求來加強。例如表 9.1 所摘要選擇教育科技的重點，以便能有助於完成學習目標。

這邊有兩個方法能使資訊和教育系統相結合。第一個方法便是個別修改和調適，而第二個方法便是通用設計（Connell et al., 1997; Vanderheiden,1994, 2001a, 2001b）。二者都有其優點和必要性。要設計出每個人都可以使用的東西是不可能的。第一個方法（個別修改）應該被用於那些對於特殊個人而言不是直接接觸的東西。建立一個對個人有效的工作平台當然是最有效的方式，他或她可以在此持續性地工作。一個依習慣設計或修改框架，就能夠使人們做起事來效率十足，使個人在工作或教育上有所表現和競爭。然而對於大眾系統和例如像教室這樣的環境而言，強調的是通用設計或依照會接觸到的人來設計。這將會降低花費，提供寬廣的使用範圍，以及幫助那些在使用或接受科技上有困難的老人來解決問題，也提供很多人更佳的設計。最常被舉的例子就是那些傷人的障礙物，它們不僅堵住了坐輪椅者的通行，也妨礙了那些沒有障礙但是把輪椅當作嬰兒車或手推車使用的人。

當你前往一間實驗室、一所大學或圖書館中，你不需要去跟圖書館員抱怨電腦程式不夠便民。你會要它就表示它已經很方便了。要讓工廠在其產品上直接設計出可接觸性的特質，才是我們討論的重點。對於顧客來說原型必須可以嘗試各種可能性，企業不能只製造出那種不能拓展顧客使用性的產品（Kilgore et al., 2001; Vanderheiden & Tobias,2002）。跨越不同障礙的管道也

是需要被評量的。

表 9.1　科技的特點要顧及到教育的設計

課程設計

　　在徹底分析過資訊和學習過的技巧（教育的目標）後來設計教育，將內容組織到教育模式中。提供例子和練習活動以便測出學習到的資訊或技巧，在每一次教學模式之後，可以獲得資訊和技巧。只有在考慮過下列一些因素的意義後，才能知道一個科技或系統或是多媒體的呈現有沒有好處：(1)提供教導，(2)給予例子和練習，(3)學生學習的可接觸性。這是重要的。當一項科技適合學生時，就要想想這些科技的特徵和功能是不是可以照亮特殊學生的教育目標。當選擇一個以科技為主的教學時，則必須在了解上述三個條件之後再做決定。

傳達系統

　　雖然不是每個教育科技都能作為傳達系統，但一般來說，這些物質設備或電子系統被當作教育工具來使用。舉例來說，像是一個基礎的電腦、一個有放大螢幕的電腦或是一個有聲音輸出的電腦，甚或是放大字幕的解讀器、電傳會議系統、大螢幕投射系統、錄影帶卡匣的解碼器、互動性的CD/DVD裝置、能自我校正的工具書或以網路為基礎的教學。

　　任何傳達系統要能發揮功效，有一些一般的和基礎的問題須考慮：

☐對於傳達系統需要更多或較少時間來完成其教育的目標是適合的或是有需要的嗎？

☐需要使用環境來支持（電子的輸出、點亮環境中的照明設備、適合的音量、足夠的空間）嗎？

☐這是一個可測驗和高品質的系統嗎？（有通過信效度等等測驗嗎？）

☐學習者可以獨立使用這套系統嗎？如果不行的話，是否有足夠多的支持系統給予這些使用者？

☐需要使用一些技巧或是使用者必須先訓練這些技巧？如果是後者，則須先決定較好的訓練方式（一對一還是團體方式）。

　　電腦使用者對於各種電腦形式（對於盲人的手提電腦或是手提裝置）的認識，必須要跟對於輸入、輸出和處理的了解一樣多（詳見第七章）。這系統得是可攜式的嗎？它是嗎？必須注意電腦的擺放位置和周遭物品的安置，以便於個別使用者能正確使用它們。

要加以了解電腦軟體的特徵，包括文字明瞭程度、聲音和視覺的資訊；

（續）

表 9.1 （續）

□拼字和文法校正功能和辭典的可利用性；
□放大字體的列印；
□文字的預示；
□聽覺、視覺或多重感官的回饋；
□呈現的速度以及可接受的反應時間必須可調控可配合；
□使用者要能清楚操控這些配備（學術的、認知的、生理的）的技巧，要不就得提供使用者或學生適當的訓練以習得這些技巧；
□適合這些內容的能力和年紀以及使用的動機和增強物的形式和頻率。

教學策略

在傳達系統被當成一個學習工具來使用時，必須考慮一些重點：
□這些系統能培養出融合和參與嗎？如果這原本是一個需要獨自學習的內容，則有必要在整個教育計畫中建立其他參與性的教育活動嗎？
□在團體活動中，該如何輪流進行呢？
□這個系統是否可以確認和建立起學生的長處和增加他們的動機呢？
□學習過程是經由學生、老師或是科技來控制的呢？學生能重複指示嗎？中場休息和工作成果如何保存呢？程式可以獨立存在嗎？
□個人的選擇和「人類的忽略」是連帶的嗎？
□多重感官的呈現重要嗎？如果是，呈現的部分能容納文字、圖形、聲音和經驗的特點呢？
□高品質的視覺教材是否有高的解惑效果呢？
□聽覺的資訊清楚嗎？背景聲音像是音樂，對學習有幫助（用以鎮定和振奮學生的情緒）還是有妨礙？
□有足夠的數量和各式各樣的練習教材嗎？
□教學的目的是否符合教育目標——新技巧的發展、既得技巧的改善以及態度或行為的改變？
□教學結構是否滿足學生的需求——像是練習、個別指導、解決問題或探索的方法？
□一連串學習的頻率和長度是否合適？
□呈現的方式是否跟當初的提示前後一致？
□在引起、回饋、增強和反應／過程追蹤等能否操作順利？
□監控學生使用這套系統的計畫何在？是想達到教學目標、修訂或提升這套系統？

主題內容

（續）

表 9.1 （續）

下面是一些指引性的問題，當要決定適合的科技內容（例如錄影帶、軟體程式）時必須列入考慮。它們的目的是幫助你根據教育目標，去想一想哪些地方需要調整，才能讓學生和科技做最有效地結合（也再思考一下在「傳達系統」中對電腦軟體和「教學策略」中要求的項目內容）。

□這些真實的內容是否完全符合你的課程和教育目標？
□教師或程式所使用的術語是否相符合？
□語言的程度是否適合？
□呈現的內容是否符合學生觀眾的成熟度、經驗和興趣的程度？

請注意：在教學設計上，如果你是使用這張表當成檢核表，教育的目標和主題內容要事先加以設計，然後大部分需求的教育策略必須加以決定，之後再決定教學選擇的傳達系統。在教學的最後過程，評估學生學習到多少，和這種教育經驗能有多大發展進步空間，十分重要。

科技最大的好處是對任何特殊學生的有用性 153

今天科技是被用來連接學校和家庭。從你的電腦上，你可以獲得一些關於事情發生的地方和過程等的可接觸性資訊。你可以在任何時間任何地方以友善於使用者的方式獲得氣象報告。你會發現在你所居住的城鎮中，有些人 156 要銷售一輛特殊款式的車子或是你所想買的東西的時候，會傳送一些東西到你家、付完帳、取得銀行認證，再以文字或聲音輸出訊息，最後便可收到任何各項最新的消息。你可以參加社會的、宗教的和娛樂的活動。你可以逐字獲得任何形式的真實流行資訊。無論你在大城市或是鄉村中，你只要透過圖書館，你都可以獲得相同的資訊。不能提供物理或化學實驗室的小學校，可透過真實反映的模仿管道來獲得資訊。而你將有能力選擇最容易的資訊形式來進行你的工作並滿足你的需求。

除此之外，電視、電子書、CD/DVD、虛擬實境和模擬、電腦教室、傳真機、個人數位助理、攝影機和數位相機等，都是現今學校所使用的許多科技中的一些項目。在十年前這張名單還比較短而在未來其他的十年，它將愈

來愈長且也不同於這一張名單。

　　輔助的、可接觸性的和教育的科技是相當的新，沒有很多的產品可以選擇，只能告訴孩子盡量接受它，「Sally，你得學著喜歡操作它，因為我們就只有這些。這可能不太容易，但是為了你，眼前我們所能做的就是這些了」現在，因為有太多的產品和特色可供選擇，因此不用勉為其難地接受。（Scherer, 2002a; 2002b）。感謝今天的科技，使教育者和學習者都能有一大堆好的選擇，但是這些科技只有在為了學生的特殊學習需求而製造，並不只是增強學習時，科技才能發揮較大功效（Edyburn, Higgins, & Boone, in press; Scherer, 1994a, 2000）。任何科技（輔助性的、教學的和可接觸的）若是強迫學生，不能符合他們的偏好或是做事的方式，便有可能減少使用，因此科技得盡量減少和教師的互動或是社會活動的妨礙，才能被學生所喜歡。

　　然而，現在我們的焦點是放在視力或聽力損失的個別學習者。不再是需要治療或是特殊學校的學生。現在我們是要幫助那些學生盡可能融入教育的框架。以及我們被期望對於所有來幫助我們完成在學生的事件來說是足夠的以及對學生和他的或她的家庭來說是有益的。我們知道學生的需求和偏好、教育的目標，以及最適合和希望的特殊的科技和特色題的答案（Scherer, 1990b; Scherer & McKee, 1994b; Scherer, McKee, & Keefe, 1994）。我們能選擇什麼對學生最有益，最符合學生的需求、教育的目標和愛好呢？

科技使用的關鍵性影響取決於學生

　　科技不能改變人類學習的方式，只能改變教學所能提供的東西。科技只是部分教學和學習的兵工廠，這是今天從學前到研究所之後和成人教育階段的老師所要做的工作，亦即去組合這些配備，以便讓他們進入一個有意義的學習經驗。就如同 Fradd 等人（1986）所提的，教師必須在三大領域成功：課程的闡明、關係的建立和維持，以及學生能夠從教室中師生的互動和同儕的相處學會適應新環境，且能夠社會化。

雖然我們在教育上使用科技的歷史不長，但是我們的教學和教育已行之有年。我們對於什麼可行和什麼不可行心知肚明。科技只是另外一種工具，就像黑板或鉛筆一樣。科技也不是專為教育所做，完全要看我們如何聰明地使用它或選擇不使用它。就如同 Hooper 和 Hannafin（1991）總結過去十年所做的結論：

> 新興的教育科技時代的來臨已經提了好幾回，但是經常是因為錯誤的理由。新興科技的潛力所滋生的不只是來自科技能力的提升，且來自於它能改變教育方法和媒體的系統化。（p.69）

新科技所該增加的部分，是盡可能去適應改變學生的學習風格和偏好。

我們必須擺脫舊式的、威權的、工廠模式的教育，進入一個多重任務的世界中生活和工作。此外，現在的教師必須承受來自於學生智力的改變、情緒的成熟度和生理上的特徵的空前壓力。雖然學生的能力和特性有巨大的不同，他們仍得熱心教導激勵學生。在使用那些教育和輔助性科技這兩者的背後所含的希望，便是企圖達成這些目標。教育的和輔助性科技可以幫助障礙學生接受高品質的教育，但同樣重要的是，這些用途複雜的科技也存在許多障礙。學校職員、家人和學生經常是：(1)對科技的效益較缺乏知識；(2)難以融入和提供科技；(3)缺乏使用科技的訓練（Scherer, 2002a）。

就像之前提了好幾次，如果學生沒有抱持正面的觀點去接近科技，那麼他們無法從使用中獲得相等的益處。科技不同的用法和滿意度歸因於什麼：特殊學習者的特性，科技本身有問題，或是科技是被設計來使用在那樣的環境嗎？我們知道那些科技是強迫學生，而非符合他們的偏好或是做事的方式，才會沒人愛用。舉例來說，一個教育科技必須要求規矩、容忍和堅持，而那些喜歡連續刺激的年輕人則受不了少有的增強（Scherer & McKee, 1991, 1992, 1994a, 1994b）。並且，就像之前所說的，科技減少了與老師的互動和社會活動的干擾，反倒受到常缺席的學生歡迎。當科技為了要符合學生的特

殊學習需求、偏好和性情而調整，才能發揮最大的功效。因此這些科技的使用或不使用都是複雜因素交織而成的結果，這些因素列在表 9.2。

在表 9.2 所列舉的大量因素指出，在學生和因為學生使用上的需要所建議的科技之間密合度的重要性。有關這方面更多詳細的討論，將是下一章中主要的焦點。

158 表 9.2　在教育科技使用的四個關鍵領域的影響性

教育的目標

□ 預期的目標
□ 必要的教育內容

環境

□ 來自於家庭和使用過的同儕的支持
□ 教育目標達成的程度
□ 科技的可接觸性

學生

□ 學習的偏好和風格
□ 教育科技的預示
□ 想要完成的教育目標
□ 性格和個人的目標

科技

□ 在使用科技時生理上的舒適程度
□ 科技被使用在社會活動上的適合性
□ 科技可以改變能力
□ 訓練／支持和升級的效果
□ 易於組合和使用

第五篇

適合學習者的
最佳科技與策略

Chapter 10

個別學習者的偏好與需求

讓人驚訝的是，我和 Larry Scadden 曾說未接受任何
輔助科技的幫助，卻能完成公眾教育。現今，我們仍
繼續接受教育，我們都擁有哲學博士學位。

——Frank Bowe 博士

於第五章討論過我是如何觀察注意到 Ellen 學習點字法，並聆聽 Helen Keller 的錄音帶作為獎賞；也看到 Stephen 如何接受視障老師的幫助去參與課堂數學練習，尚未看到的是學生與同儕間重要的互動。

我在紐約州立視覺障礙學校還沒見過這種情形，甚至於還沒發生。且讓我們回想一下第五章的討論；我觀察多數公立學校裡的視障學生。根據 Maslow 的需求階層論，個體須先滿足在自尊、情感、歸屬感上的需求，再談智力及成就的需求和滿足。目前在學校中，每個學生都以急進的步調和致力學習各科學業和技能，反常地，卻又把遊樂和社交規畫得詳細又緊湊。視障生與聽障生在教室時，通常會得到許多服務或協助，在第四章出現有關聽覺損傷大學生的描述，我們可以得知應強調的是個體的「休閒時間」，與走出教室學習，這也是一般正常學生該致力去追求的。如何在每天八小時學習中維繫學生和同儕間的情感以及在這世界中找尋自我呢？

在 Stephen 的生活，他應該已經歷 Erikson（1963）所提出的發展第四階（勤勉 vs.自卑），在活動中成功可獲得成就感，然而學生要如何獲得成就感？當他們不斷的因著某個類型的老師或其他人而（心情）游移不定，或者在進行活動時不是很順利，以及被叫去做沒人想要做的活動（在其他的學生一起做同一個報告的情況下）之後，就被認為不合群，成為班上其他人眼中的討厭鬼（就像因為 Ellen 坐在走道，同學們就不會把作業交到盒子裡）。Hansell（1974）在 Ellen 和 Stephen 對於其他人的「基本聯繫」上，給予「及格成績」如此一個社會角色，對一個人的生命和對事情的感覺有意義嗎？

無庸置疑地，Ellen 與 Stephen 達到學習目標而有成就感，但他們的學習任務與學習目標是不同的。當他們到達青少年階段，將面臨 Erikson 所提出的「自我認同」與「混淆」階段，認同階段是如何形成的呢？每個學生是否有所不同？是否一個有自信的學生才能融入環境中，成功的做決定與表達想法呢？我們要如何確定是後者的情況？

雖然科技已成功地幫助很多學生進入普通學校，但科技亦逐漸隔離身心障礙學生與正常學生，更證明了身心障礙學生所顯現出來的問題，需要用複

雜的、昂貴的、高科技的方式解決（Scherer, 1999），特殊教育專家愈來愈關心這樣的議題。只是，隨著科技愈來愈廣泛地被應用，學生很有可能成為「過度負載者」（Scherer, 2000）。

科技需要時間去熟練，隨著電腦化裝置與強調電腦的使用，學生須面對額外的障礙，像是認知缺陷或資訊處理困難，至於，輔助性器材與教育科技的結合，可能導致學生過度負荷的情形（Scherer, 2000）。

然而，對諸多身心障礙學生而言，科技已不再是一種選擇，它是學生參與班級活動的必要條件，科技能讓學生完成他們無法獨立完成的工作，輔具科技（AT）能提供學生更有效的方法與人溝通，能讓學生獨自去他們想去的地方、更獨立地完成作業（Craddock & Scherer, 2002; Munk, 2003）。輔具科技通常可讓身心障礙學生完成和其他正常同儕相同的教學目標（Craddock, 2002; Flemming & Flemming, 1995）。

研究已長期支持輔具科技對身心障礙孩童是有益處的（Abrahamsen, Romski, & Sevcik,1989; Behrmann & Lahm, 1984, 1994; Blackhurst & Edyburn, 2000; Bowser & Reed, 1995; Brinker & Lewis, 1982;（Craddock, 2002;）Craddock & Scherer, 2002; Denham, Bennett, Edyburn, Lahm, & Kleinert, 2001; Edyburn, 2000a, 2000b, 2001; Hutinger, 1987; Hutinger, Johanson, & Stoneburner, 1996; Judge & Parette, 1998; Parette & Van Biervliet, 1991; Zabala, 1995），許多輔具科技（AT）長期被使用，並逐漸擴展中，已被使用於聽覺障礙與視覺障礙學生身上；亦有一些口語理解或表達困難的學生使用電子溝通裝置與外界溝通；口袋型的拼字裝置、電子行動秘書等，這些均說明了輔具科技是如何有效地幫助學校提供適宜的教學，並滿足個別化需求與支持。輔具科技所提供的幫助比一個成人所提供的幫助成本要低且是立即的（Flippo, Inge, & Barcus, 1997; Judge & Parette, 1998; Schiller, 1997），不論障礙程度的高低，只要依照身心障礙學生的特性與特殊需求去設計輔具科技，身心障礙學生就能得到相當多的益處。

1990 年美國國會通過 IDEA 法案（Individuals With Disability Education

163

Act），更強調輔具科技對身心障礙學生的重要性，並於 1997 年修正；1973 年通過復健法案，1998 年提出修正；身心障礙者相關科技輔助法案（Tech 法案）於 1998 年核准，被認為是輔助性科技法案。IDEA 法案促進了身心障礙學生使用輔具科技，並說明學校須對所有學生提供輔具科技，若學生的個別化教育計畫（IEP）團隊認為學生有使用輔具科技的需求，則學校須購買，且須維修及保存輔具科技。若要完全發揮輔具科技的效用，學生可免費將所使用的輔具科技帶回家中。然而，當輔具科技為學校所購買，則輔具科技即成為學校的所有物，學生畢業或有其他原因離開學校，學生須以其他方式取得輔具科技。在 IDEA 法案中，更強調須提供額外的支持與服務，以及滿足身心障礙學生在普通班級接受普通教育與課程。1998 年 7 月 1 日，所有個別化教育計畫團隊成員須為學生考量輔助性科技裝置與服務，以利於學生獲得免費與適當的公眾教育。聯邦政府在 IDEA 法案所說明輔具科技的使用，本質上與 1988 年所制訂的身心障礙者相關科技輔助法案（Tech 法案）相同（見第二章）。輔助科技服務被定義為：

164

> 任何直接協助身心障礙者選擇、獲得和使用輔助科技設備的服務，包括：
>
> (1)評量身心障礙者輔助性科技的需求，包括孩童日常生活環境的功能性評估；
>
> (2)購買、租借或其他獲得輔助性科技設備的方法；
>
> (3)輔助性科技的選擇、設計、安裝、製作、修改、申請、維持、修理與更替；
>
> (4)協調與輔具科技設備相關之必要的治療、處遇、服務，例如與教育和復健計畫相配合；
>
> (5)訓練身心障礙者及其家人，或提供技術協助；
>
> (6)提供專業人員、雇主或其他服務提供者重要他人訓練，或提供技術協助，包括個別提供教育或復健服務。（Golden, 1998, p.3）

在第五章 Betty 的例子中，紐約視障學校中資深教師和公立學校的視障教師說明，不同學校有不同的學生，因此，也會出現不同的教育目標。教育目標須具體化，愈清楚明確愈好，輔具科技的評估亦須被包括在內。教育目標需是本質上的補救，它可能係課程具體化或豐富化。它通常包括以下技能的達成：

- 獨特認知技能，例如比較、分類或應用；
- 動作技能，例如操作、測量、調整或組裝；
- 個人的／社交技能，例如增加出席次數、解決衝突、判斷價值或增加同情心；
- 學習技能或問題解決技能，包括摘要、聽從指示或預測；
- 在某種特殊領域上的技能（數學、閱讀、自然、歷史）；
- 解決在學習過程中因距離、時間、學習無力或身體限制所面臨的問題；
- 因應教育目標或學習環境的不同，所展現的學習風格。

Ellen 的主要教育目標是學習點字法，在紐約州立盲人學校中一些學生，即使接受不同的教學方法、策略及技術，但他們的教育目標卻可能是相同的。Stephen 被安置於五年級普通班中，並通過數學考試，緬因州地區透過遠距教學學習符號語言的高中學生，其教育目標是要熟悉輔助科技以參與課程，獲得學分還有和聽障生溝通（參看第八章）。因著 Norman Coombs 博士在羅徹斯特學院以及在哥老德大學授課，讓登記入學的學生們得以完成用遠距教學學習輔助科技的兩門歷史課（參看第八章）。

不分學校年齡地區，學生皆能達成相同的教育目標。特殊學校中也會有不同的教育目標存在，例如 Ellen 與 Stephen 的視障老師為他們設計了很不一樣的教育目標。

了解不同的學習風格

學習是我們先前的知識所塑造而成，社交互動的頻率和形態，和使用的方法都會影響學習。在學習過程中若能使用多種策略，則學習愈容易成功。根據一份普通班的調查（國小、國中、高中、中等學校後或成人後教育），課堂上的學習占 5%，經過證實獲得學習者接近 30%，參與團體研究而學習者占約 50%，而有 90%是透過練習而學習到知識（Tehama County Department of Education, 2002）。因著運用個人學習模式所獲得的益處不在以上學習形式之下。像是線性或分析式學習者（偏好細節）和全面性的學習者（偏好大圖片）。教師們對於學生也偏好一種或其他種方式的教法。表 10.1 有線性／分析式搭配教學方法的例子。表 10.2 是全面性學習配合教學方法。當學生的學習方式和老師的教學方法不能配合，就會有不協調和誤解甚至衝突的產生。對於個別化教育計畫團隊很重要的一點，就是讓學生和教師盡可能（在學習方式和教學方法上）配合，以及盡早找出不適合的地方（Gregory & Chapman, 2001; Tomlinson, 1999）。

線性／分析式和全面性學習方式的區分，在於了解學生的表現還有課程
表現不同之處。其他的觀點（Tobias, 1996）注重在視覺聽覺和行動學習的不同。假如使用這模式，重要的是，切記，中度聽障的學生可能在聽覺上能學習良好；弱視學生可能在視覺學習良好。兩人有著相同的聽覺，但或許在學習獲得資訊方面會有差異——對於反覆（教學）的價值和多媒體以及為著學習所設計的（事物）會有更多的支援。例如：年輕時就失明的 Larry Scadden 博士說：

我是不折不扣的行動學習者，但是我曾是視覺學習者。儘管大部分的人認為我是聽覺學習者，但我不是。像是點字法雖然很好，但是用觸摸的方式主動「仔細看」點字，反而讓我改變很多。（個人訪談，2000 年 7 月 20 日）

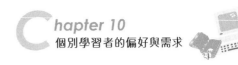
表 10.1　個人學習和教學風格的一致性：線性或分析式　　　　　　　*166*

偏好	視聽障礙學生喜歡	讓學生獲得有效學習的教法
教室結構	多變化以及競賽型活動	組織管理課堂時段和執行班規
上課方式	逐步教學有條理，教學方式巨細靡遺	著重細部教學，深入淺出
教學進度	放慢速度反覆練習	有條理漸進的闡述新觀念
學生練習	獨立自主的閱讀，運用練習觀察學習	能做獨立演練實際情況的練習
考試和作業	多類型和紙筆測驗，著重在練習以及成效和繳作業的期限	指定作業著重在閱讀和反應實際狀況以及細部練習，老師需要統一考試標準

表 10.2　個人學習和教學風格的一致性：全面性

偏好	視聽障礙學生喜歡	讓學生獲得有效學習的教法
教室結構	教學自由不受限制	著重啟發學習研究，校外教學和獎勵
上課方式	多媒體，大圖片	教學者具備敏銳的態度，並以學生為主，讓學習更有趣
教學進度	迅速，有趣，學生可適應的程度	多變化，有彈性
學生練習	敘述想法，傾聽，實驗，辯論	以小組合作為主的實驗，練習，角色扮演，案例研討，模擬練習
考試和作業	開放式的，具代表性的，選擇多的，資源豐富的	著重廣泛概念，理論講述，想像和創造

　　了解的關鍵在於完成特殊的教育目標對於每位學生而言是獨一無二的，並根據學習者偏好的方式提供資訊，而非學習者的殘疾。表 10.3 是對於這三種例子所持有的基本論點。

168 表 10.3 根據三種學習方式蒐集和處理資訊

風格	學習者偏好	對於聽障學生	對於弱視學生
視覺	配合插圖和各式各樣的顏色閱讀和觀看實物教學。	視訊資料建議使用彩色、圖片、相片等等。	由於弱視，大量使用亮彩的視覺影像。對於視盲學生，以編碼方式來描繪物體影像。
聽覺	小組討論，聽覺教學須大聲說出。	學習者有嚴重的聽覺障礙，使用大音量節拍配合視訊。指導小組討論運用手勢和符號語言表達。	盡可能的用字彙表達訊息，學生小組討論時可放背景音樂。
觸覺	上課在教室移動，有實物操作、揀選和組合。	從做中學習，學習主動。	鼓勵視盲學生學習點字，運用電腦鍵盤和其他工具，及角色扮演。

註解：改編自 Cynthia Ulrich Tobias 所著的 *The Way They Learn*，載於 Focus on the Family。
版權來自 1992 年 Cynthia Ulrich Tobias. M.Ed. 所有權利保留，國際版權保護，必經允許方可使用。

167

多元智能

　　當今的理論以為智力是多樣的，而非單獨、全面、普遍思考的資訊處理。根據 Sternberg 的智力三元論（Sternberg, 1998），有三種基本的智力。

- 分析以及包含評論，判斷，比較對比的能力（以傳統的智力測驗評量作為基本或一般的依據）；
- 創造力，包含想像、探索、發現以及發明；
- 實用力，包含應用、實行和運用。

　　然而根據 Gardner（1983）針對學生多樣學習所做的廣泛研究，認為有七種，甚至八種也許九種不同類型的「智力」。特殊學習者有著獨特的能力擁有多樣的智力，但是真正有幫助的智力僅有一種。如此，Gardner 相信所有學生都能學習，並且適當的運用技巧能幫助老師和學生了解課程，加強每*168* 位學生認知所有的學習範圍。假若老師們在課堂上成功的運用多樣不同的智

表 10.4　智力種類

智力種類	特徵和長處	從中獲得益處的方式
字彙—語言 （聽覺和判斷）	寫字和說話，閱讀，寫作，字詞記憶，瀏覽	看，聽和寫。寫日記。記筆記和讀書方針。增強記憶，問與答小卡片，看教科書時聽錄音帶。
邏輯—數理 （科學思考）	數字，事實，順序，抽象概念認知	製作圖表，比較和對照，運用歸納或者演繹法，獨立學習和實驗，數據／研究專
身體—動覺 （觸覺和活動）	身體動態活動	直接的表達，演戲，玩遊戲，跳舞，角色扮演，戶外教學。
視覺—空間 （方向感）	繪畫，視覺影像	呈現圖表，色彩符號，做一份個人文件或剪貼簿。
音樂 （聲音的形式）	節奏和音感	創作歌曲，唱唱看，創作和學習時運用背景音樂。
人際 （人與人之間）	人與人之間的溝通	大聲的告訴朋友，小組工作，小老師制度，口頭報告。
個人 （個人內在）	觀察，反省能力	寫日記，個人小品文，獨立學習。

註解：第八智力為「自然智力」，Gardner 於 1983 年提出若人們擁有第八智力，則可能展現出以下能力：可辨識植物和動物，在自然界中能對生物做出重要區分，且能在狩獵、農耕及生物科學上有效的運用基本能力，Gardner 亦考慮增加第九智力為內省智力。出自於 Gardner 1983 年在紐約出版的 *Frames of Mind：The Theory of Multiple Intelligences*. 版權 1983 年，必經允許方可使用。

力，他們就需要使用這樣的知識以便多元化的傳達教育。Gardner 的七種多元化智力特性在表 10.4。

　　現今的常態分班，學生各自有自己學習能力和學習方式。例如，讓我們再回顧第五章 Stephen 所參與的五年級數學測驗。我推斷，這種測驗至少有四種不同的學習方式。老師以傳統的形態在黑板上教學（邏輯—數學），然後請學生起立分成兩組，一組分在教室的右邊，一組分在教室的左邊（身體—運動）。他拿兩疊紙給學生，一疊寫著數學問題，一疊寫著答案。學生們必須找到足夠的資訊完成問答的配對（身體—運動和人際互動）。

　　老師依序收回問答的配對紙片，並且再一次詢問學生紙片上的問題（字彙—語言），之後詢問全班正確答案。

170

　　所有視覺、聽覺和觸覺的學生們在此練習中都能獲得好處，至少在這部分，是他們喜歡的學習形態。同樣的，對於線性／分析式和全面性學生而言，上述的教學練習也是滿適合他們的。

　　老師對學生一對一教學（像是 Ellen 的視聽老師教導她和練習點字，還有 Betty 在紐約州立視障學校用趨近社會所期望的模式所做的行為塑造或操作行為練習），也同時能了解學生特殊的學習需求和喜好。精準的導入學生的學習模式會對他們在學習上有莫大的改善。

配合學生需求輔以最適合的輔助科技
以達教育上的成功

　　目前有數千種輔助器材、科技輔助教具和許多任何想得到的用具。要達到符合學生所適合的教具是個複雜的過程。如何有效控管並縮小選擇範圍呢？

　　圖 10.1 的環狀圖中表示輔助、傳達、表達和科技輔助教具。圖表說明了選擇適合學生科技輔助過程的複雜度、技術以及個人能力和生活品質。圖表製作的前提是，針對已定案的教學目標。就如之前所言，教育目標必須愈明確愈好，本質上易於修正，課程有其特殊性而且容易使學生理解。一旦教學目標被確定了，就像既定的法律，能夠用專為學生量身定做的科技輔助教具作為評量以及歸類其特性和資賦。

思考從多元領域到圓心，
實現學生和輔助科技的契合

　　區分線性／分析式和全面性學習，以及視覺、聽覺和觸覺學生的差別是
171 項重要的判斷，切記，中度聽障的學生可能是個良好的聽力學習者，弱視學生也可能在視覺學習得不錯。但有其他重要的因素如下，例如，除了教育目

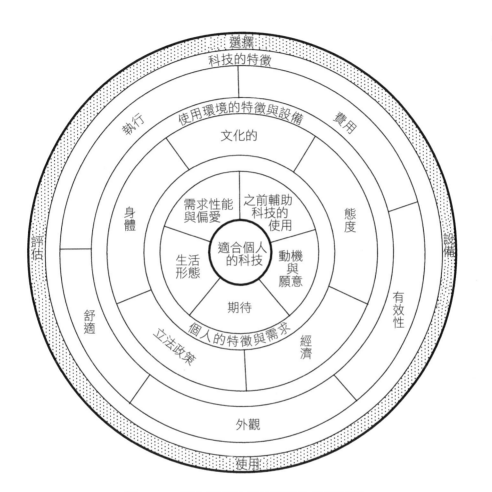

圖 10.1　個人與科技最佳配對的考量因素
（Matching Person & Technology 協會的 Webster 於紐約免費提供）

標之外，學生也夢想著能完成自己的個人目標。這些夢想也許對老師們而言是不切實際的，但卻足以成就學生的學習動力，有著進取心和毅力，並更熱切的學習。然而，目標和夢想會使學生有壓力並伴隨著挫折，怨天尤人，在同儕中畏畏縮縮又是另一種不同的情況。後者，目標和理想並不能幫助學生達到 Erikson 的原則，工作、認同和親密；或者是 Maslow 的原則，歸屬需求

和成就感。實際上，假設情形惡化，就會變成心理調節需求上的主要徵兆。

要了解到有天分的學生是多才多藝的，考量的因素和環狀圖的五種領域中個人特性和資源有關；或者個別的學生有著以下特點：

需求、能力和喜好

- 理論上，學生要怎麼做才會成功？
- 這位學生所做的和其他學生相同嗎？假設不同的話，是有什麼技巧。援助或者教具呢？換句話說，此種需求該如何被替代、增加和調整？
- 學生認為科技輔助或其他的支援器具有效嗎？
- 學生有的優勢、興趣和學習方式是？
- 學生喜不喜歡獨自做事或者嘗試事物？
- 學生會不會因為想要人際接觸而喜歡有人幫助他？
- 學生有基本能力使用科技輔助以達最大的幫助？例如，學生會不會打字？有足夠能力去閱讀嗎？

先前使用科技輔助的經驗

- 學生接受或偏好哪種科技輔助？
- 學生目前使用的情況？
- 學生做得好的部分是？
- 做得不好的部分是？

達成目標的動機和意願

- 學生的夢想和目標是？
- 學生認為科技輔助的使用能幫助他們實現夢想和目標嗎？
- 學生對於現狀和理想之間有所矛盾嗎？

預期、心情和性情

- 學生對於教育和社會化有什麼期望？
- 學生是泰然自若還是焦躁擔憂？
- 學生想如何達到相對於其他人的自立和協助？
- 學生對於科技輔助的接受和偏好是？
- 相對於順從與信賴有沒有適當的肯定和自我決定？
- 學生信任並尊敬那些輔助人員嗎？
- 學生的體力好不好？一個疲倦的學生或者一個緊張焦慮的學生，都不能夠專心並有效學習。

生活形態

- 學生在校和在家的生活模式是？
- 同儕團體如何？家人和活動如何？

環狀圖往外移動在個性和資源之下，決定的關鍵在於個性和運用環境／情境以及學習者的影響力。情境這個字會被使用，是因為意含著人的環境並不單是建築物體和電子電流插座組成的，也是由人所擁有的七情六慾和價值觀所建構出的。例如，每個學校推崇的「隱藏課程」，就是在說明指導者、老師和決策者所教導學生的行為，以及學生們社會化的程度（Margolis, 2001）。

我們似乎可以看到學校在政策和經濟的有所轉移，是因為 1997 年的 IDEA 修正案，有關輔助科技託管決策和親權事務。而且我們也正看到醫療模式徹底的轉變，並著重於個人的極限和其不能完成的目標，進而去尋找科技輔助當作補償和克服受限的能力。現在把焦點轉到學生的能力，我們該如何強化那些能力？科技輔助又如何加強功能、學術表現以及社會參與度？我們能做的就是在實質面和環境上，幫助學生做得較好，並幫助其發展適應環境的能力和聯結人群的能力。

173

174　　　　需求之所以會被考慮，是因為衡量科技輔助的表現能在美國增加文化、語言、生活方式的多元性（Hourcade, Parette, & Huer, 1997）。傳統家庭結構的改變，在於文化的背景和每個家庭使用的母語，促使教學者需要在工作上發揮技巧，去了解多元背景的家庭使用科技輔助和選擇的觀點（Parette, 1998）。

　　例如，我同一天去看 Ellen 和觀察她在學校學的點字，我遇到一個來自烏克蘭的小男孩。他的父母準備出門旅行幾個月，但他父親在出發前兩個月過世了。他母親帶著他和六個兄弟姊妹來這邊。現在，小男孩學會了英文和新單字，但是他無法去聽。他有聽力輔助用具，但是他的唇語技巧熟悉的是烏克蘭語而不是英語。他必須要去學習每件新事物。

　　取樣關鍵的決定在於特性和情境／環境的需求所包含以下的要素：

文　化

- 在學生熟悉的家庭教育，什麼是他／她的已知經驗和所擁有的機會？
- 家庭對於使用科技輔助抱持鼓勵和支持態度嗎？有時父母比學生還更常使用科技輔助。評估父母的觀點和學生的觀點一樣重要。
- 在這獨特的教育文化中，同儕是否會鼓勵或支持我們？
- 老師和家長在決定事情上是否處於緊張狀態？

態　度

- 家長對學生的期許和那些工作時間上有限制、薪水固定的老師／教導者有什麼差異性？
- 老師對於特殊學生在使用科技輔助上傾向哪方面？
- 同年齡的學生可以接受甚至支持（特教）學生使用輔助科技嗎？再者，輔助科技會讓（特教）學生和同年齡學生有所差異嗎？
- 「隱藏課程」不會支持（特教）學生使用輔助科技？
- 額外的支援和幫助能夠考慮到（特教）學生們的需求嗎？

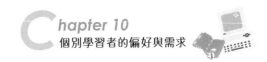

ff

Chapter 10
個別學習者的偏好與需求

身體行動

175

- 所有的建築設施可以讓學生充分運用到輔助科技嗎？
- 協助人員可以幫助每一位學生使用和練習輔助科技嗎？
- 教室的設備需要改善嗎？
  - 教室內有足夠的空間嗎？
  - 電源充足嗎？
  - 學生需不需要靠近電插座？
  - 學生需要有額外的桌／椅來放裝置嗎？
  - 教室是否乾淨整齊？有無障礙物？能清楚的看到老師、講台和其他的事物嗎？
- 學生在去圖書館、餐廳、視聽教室、運動場和洗手間的路途方不方便？

立法/政策

- 學校或大學熟不熟悉使用科技輔助教育的相關法律？
- 被既有的社區資源認同嗎？

經　濟

- 在輔助科技中哪些是需要修改和補強的部分？要花多少錢？
- （輔助科技的）賣家會來提供服務嗎？要花多少錢？
- 多久需要更新一次？要花多少錢？
- 學校和大學會把對學生有利的輔助科技列入預算當中嗎？
- 財產目錄清單有包含輔助科技或支援配備的人嗎？
- 有沒有計畫去回收不再被學生使用的輔助科技器材？

特殊輔助科技的特性（或其他支援配備）在環狀圖之外下一層環圈內。如同之前所討論的，科技的裝置和服務占所有的一半。有許多輔助科技被認

193

為是縮小選擇的開始。關鍵在於以下輔助科技的特性：

176

便利性

- 唾手可得？能夠及時獲得嗎？
- 需不需要調整和計畫？

呈　現

- 適合哪個年齡層？可融於社會活動以及課外活動嗎？
- 學生有意識到正在使用（輔助科技）嗎？

舒　適

- 使用輔助科技會不會感覺疲憊、緊張或痛苦？
- 學生在使用輔助科技和搬運以及架設上容不容易？

表　現

- 輔助科技有助於學生行為改變嗎？
- 輔助科技需要維護嗎？
- 保養和修補上是不是簡單迅速？
- 因著這些（輔助科技）快速的發展變化，在更新上會不會容易且迅速？
- 影響這個輔助科技的氣候是潮濕、高溫還是寒冷？
- 輔助科技必須能夠攜帶方便，是嗎？
- 耐用嗎？教室與教室之間以及從家裡去學校的路程能夠耐磨耐扯嗎？
- 所使用的配備在校或在家是否能相互配合？
- 學生準備好使用一種或無數種的配備嗎？聯結的情況好不好？有達到負荷臨界點嗎？
- 配備多精準多快速？

- 需不需要訓練學生使用這項配備？要訓練多久？誰負責訓練？
- 在使用配備上會不會使其他學生分心？例如，在資訊輸入和輸出時頻頻發出警笛聲和大聲的滴答聲。

費 用

- 價值和費用的衡量是？對於買輔助科技給三到二十一歲的學生們有些不同的選擇：
- 私人的健康保險（對於不同年齡層的人）；
- 設備借貸基金（同樣也是對於不同年齡層的人）；
- 國民醫療長期補助制度（同樣也是對於不同年齡層的人）；
- 技職復健服務（對於六十五歲以下的人），假如有職業；並且是
- 啟明委員會成員之一。

以上的例子除了設備貸款基金，輔助科技算是使用者的財產。對於輔助科技基金選擇最好的來源在附錄 D 當中「輔助科技的發現和輔助」，由 Kemp、Hourcade 和 Parette（2000）所寫的文章。

- 對於購買、租借輔助科技有什麼相關的好處？
- 有沒有有效的另類方式能少花錢？
- 對於設備的性能和期望值之間花費合理嗎？
- 有沒有保證書和保證人？
- 在本地就可有（售後）服務或者必須運到外地去？
- 持續的訓練和支援有沒有算進花費當中？升級呢？

在這論點，產品比其他事物暴露出更多值得思考的層面。現在人們需要得到它並且在使用上有更多的資源。以下的十個問題有助於開始去思考學生使用輔助科技以及學校所習慣的例行公事和結構層面。

1. 什麼需要是要被完成的？
2. 對象是誰？
3. 誰要做這項事情？

4. 何時要做？

5. 在哪個地方（做）？

6. 如何操作？

7. 需要什麼樣的資源？

8.（資源）從何處取得？

9. 什麼特別的問題需要賣家和治療師以及其他人去回答？

10. 認為結果將會是使用者的熱心（參與），目標的完成還有提升生活品質？

最外圍是環狀圖在輔助科技被選擇之後出現的，並且在評價上是所有合適的環境中特殊學生對輔助科技的使用率。可用性實際在本質上、總數上是吸引人的，優於每個先前討論的環狀（成因）和因素。

自始至終要達成人和輔助科技良好的搭配，就要去先貫徹了解學生的評估，情境／環境和輔助科技的特質。試用和訓練後和學生實際情況操作後，必須去探討輔助科技對學生而言表現如何，學生在能力和學科表現如何。這樣才能證明—顯示還有測試出以輔助科技當成中介的結論。「障礙者教育法案」責管理教育表現資料的結果。

如此研究可顯示當學生停止使用該配備，是因為所有（輔助科技）都需要再次變成有用的情況；就是為了配合學生發展進步提升所做的調整或修改（Scherer, 2000）。直到學生再次找到適合的配備之前，考量去選擇周邊額外輔助配備就必須有所調整和產品升級。以下是選擇可用性所考慮的關鍵情況：

適　應

● 安裝前有沒有試用？

● 輔助科技需要統一訂做？或者為學生做調整？

● 在此環境中需不需要使用這種設備？

Chapter 10
個別學習者的偏好與需求

使 用

- 輔助科技正確的被組裝嗎？
- 輔助科技是為著短期使用嗎？
- 學生需要改變應被評估的需求嗎？
- 學生轉學（或離開學校）也要繼續使用嗎？

選擇輔助科技或其他支援器具

- 符合此學生需求和偏好是？既有的輔助科技特點？個人助理？組合？
- 什麼是最有效花費的選擇？
- 對這學生最有利的選擇是？
- 自由選擇被優先考慮？需要記錄相對於其他（輔助科技或支援器具）所選擇產品和特性的喜好？

在理想狀態下，這種過程是隨著使用者的步調而有所調整的循環。有人可能認為特殊的配備給學生使用再完美不過了，只有在發現學生不去使用，或者不像當初一樣使用，抑或只在某些情況使用才停止使用。假如學生使用配備占全天的一半，但是一天只有六小時去使用，這就需要去做調整了。為什麼？

以先前的理論基礎而言（Scherer, 2000），因為使用配備去影響到其他活動或是需求滿足被認為是無效而且要終止使用。消費者本身也許不去要求訓練或其他幫助。即使許多（消費者）有選擇權仍維持不變，其他（消費者）沒自信且對於尋求應得的幫助很猶豫。Cushman和Scherer（1996）發現了這些情況，由於配備本身無懈可擊，調查問卷人員通常優先呈報因著需要而再次去改變過程的需求，伴隨著個人特性和資源的評價，對情境／環境的特徵和需求，輔助科技的類型，和輔助科技的選擇、適應和可用度。

提出如何去運用的方法還有如何轉換成有意義的資訊和實用的結果在討論複雜過程時很有幫助。以下有個視障學生的案例，他一開始對於如何分配

時間寫作業很困擾。Jeffrey 有 20/200 劣視、20/80 優視和能見度受損。在功能上，看到人的臉龐時，他注意到的是眼睛或嘴巴，但是視野不夠大到同時去看到兩者。

Jeffrey 是大一生，盲人和視力受損協會幫助他很多年，他也接受訓練以改善適應大學生活的能力。他使用枴杖就像一般視障者探測障礙物和地面的崎嶇。

Jeffrey 沒有學過點字，也沒使用過任何點字的輔助科技。他曾試過許多電腦輔助科技，但是對他而言攜帶不方便遠超過他所能獲得的益處，是不合經濟效益的，所以他不再使用。他在學校圖書館使用 CCTV，但是他覺得長時間使用會使眼睛疲勞。他可以在校園中使用 CCTV 來獲得想要的資訊。但是他並非擁有 CCTV，他必須自行走去圖書館。

由於短時間的閱讀，Jeffrey 使用各式各樣攜帶方便又便宜的放大鏡。他發現這些（放大鏡）不太好使用，因為必須在翻頁時用手移動，以至於讓他很難找到他正在閱讀的部分。他通常會重複讀到很多次相同的段落。

Jeffrey 試著用放大鏡來幫助他在課堂上看到黑板的字，但是他不能夠注意並快速的閱讀，好跟上教授的速度。他也發現放大鏡不能讓他在上課中記筆記，而且在教室裡也因此引人注目。為了要記筆記，他用錄音機把上課的內容錄下來。這個方法讓他可以複習錄音帶筆記而不用到圖書館的 CCTV。他的巧思也讓他去當營隊活動的團康，並在化學實驗時點燃火炬。

Jeffrey 了解需要獲得足夠的知識來完成大學教育，要使用到許多外型正常、攜帶方便和不複雜的配備。最好大家都熟悉且在商店能買得到。他優先偏好使用攜帶方便的配備，特別是沒有地點的限制。他不去使用複雜的輔助科技，也不了解點字，因此他在選擇上沒有受限。不論是他表現有意願去學習或者是使用這些產品。他住校，所以他的生活風格還未成熟去創新這些產品。再者，他的高度的成熟度和自尊不在於成為班上的頂尖者。在願望和需求還未做修正之前是不會更改的。

在環境／情境中，由於身體的特徵，他為了安全和行動方便使用枴杖。

他表示，在校園大部分供學生使用的輔助科技通常是損壞的，或者因為地點對他來說是不方便的。殘障服務中心和其他校園的服務機構應該要正視因為環境因素造成行動不便學生的問題。然而，Jeffrey 沒有提出也沒做任何舉動表示。

對 Jeffrey 而言，許多昂貴配備的花費是個沉重負擔。他相信努力的程度藉著使用花費高的配備並不會高過其價值。對他而言，它們不會被認為方便使用（身體或者個人／社會）或者合適，除非它們能夠在安全上加強，能解決問題，表現上省力，或者減少不方便感和依賴度。

總而言之，Jeffrey 可以從殘障服務中心獲得幫助（他不知道入口在哪），也可以從中和他一起討論像是抄寫筆記的服務，教室和考試準備還有如何用不同的方式去面對所遇到的問題。環境上的界線需要被標示和調整。對於新的輔助科技的介紹、攜帶性、身體舒適性、功能表現還有花費，都是需要被優先考慮在 Jeffrey 的個案當中。因為 Jeffrey 不只是個大一新鮮人，同時也對於校園生活很陌生。我們應該承諾他在社交活動和友誼有所發展和適應。假若他缺乏社交生活，那麼他也許要在合適的社交俱樂部、運動活動和其他社交活動中得到幫助，讓他能夠去維繫人際關係。理想上，這些都該是團體問題的重心。

181

Jeffrey 的案例以他的課業當作起點。藉由環狀圖標示出 Jeffrey 不被重視的議題，可以清楚的發現他的情感需求和歸屬，在校園中的社交參與，可以在大學生活這部分加強幫助他。這個例子顯示出人的表現和參與在個性上是不可或缺的。人的個性在表現和參與的環境以及情況分離開來，是不可能也無法做得到。當環狀圖所有的因素和它們的反應被考慮時，一個人對於輔助科技使用的選擇性和所獲得的幫助，將有最好的發展。

使用理解的評估過程不可或缺的要具備許多知識去領悟，組織和整合成技巧去仲裁或支助。以 Jeffrey 的例子來說，這一切都是值得去花時間了解評估，其重要性就像下一步結果能產生有價值的資訊和想法去接近，技巧的去獲得想要的幫助。在第十一章我們將有更深一層的了解和評估。另外，附錄

A和C包含的形式有助於對環狀圖透徹的了解。附錄B顯示資訊如何從這些形式被組織成「陳述需要」，描述了學生和輔助科技以及其他支援的配合度，被認定為學術參與和成功的重要指標。

Chapter 11

人與科技的適配模式

（主流教育使用輔具科技制度模式計畫）不僅在學術方面，還有大學生活環境方面，確認問題所在……（主流教育使用輔具科技制度模式之評估）提供你寫下對於輔助科技的需求。

——愛爾蘭學生

　　在開會期間我到一所公立小學，教室的前面放著大圖表欄，辦公的筆記林林總總，任意雜亂地堆疊貼在上面，上面標著「學生個別的需求」，寫著需要聯絡的學生姓名，要做的事情，還有將舉辦的會議。這些只是在第十章所提到的環狀圖中的一環（參見圖 10.1）。那些「N 次貼」是對於要達成現階段學生需求服務的最佳範例——凌亂不堪，毫無頭緒！了解學生和科技輔助，還有使用科技輔助的地點或者科技輔助在使用上是不是合適，另外誰負責研究細節，做一整合，引導進一步的評量並能夠有所決策，這些事情是如此繁雜眾多，要如何去統整，按部就班，循序歸列而不至於亂成一團呢？在此章節我會討論一種有效率的模式，幫助科技輔助教材和學生之間的搭配更加完善。現在，舉例說明這些模式的使用方法。

人和科技搭配歷程的需求

　　主要架構的發展能有助於學校行政方面改善輔助科技（AT）服務，其中以教育科技為要點（Bowser & Reed, 1995）。每種科技要點著重在推薦、評量以及個人教育課程的發展。由威斯康辛輔助科技中心研發的電腦產品所具有的功能類型，能針對連續性的裝置（Reed & Walser, 2000）。

　　另外的資源，像是 SETT 架構（Zabala, 1995），設計出有助於小組運作，並能組織統合有關於學生（student）、環境（environment）和輔助科技工具（tools）工作（tasks）方面的數據。另外針對輔助科技和輔助科技作業系統的附加工具，包含學校設備裡科技輔助質量指標服務（Quality Indicators for Assistive Technology，簡稱 QIAT）（QIAT, 2003），還有特別針對學校設備的科技輔助基本原理評估及報告（Case & Lahm, 2003）。

　　以這些極佳的資源來說，能符合學校的需求，主要的工作就是整合所有的資訊而非評估。提升品質服務的最基本方式，是能夠將適合學生們使用的輔助科技系統化，理解性高以及組織評估能收取成效。事實上，在最近發表的期刊《科技與障礙》（*Technology & Disability*）中有篇特別專題輔助科技

的結果、成效和費用評估（The Assessment of Assistive Technology Outcomes, Effects and Costs）（Gelderblom & de Witte, 2002）。持著特殊論調的作者在介紹裡提到選擇八種器材，「針對測試輔助科技成效結果以及其完整性而設計」和「促進規格化器具使用」（p.93），此八種器具如下列所示，依照原作者姓氏先後排序：

- 個人輔助科技課程費用分析（SCAI）（Andrich, 2002）；
- 魁北克使用者評量科技輔助的滿意度（QUEST 2.0）：概括和進展（Demers, Weiss-Lambrou, & Ska, 1996, 2002）；
- 輔助設計量表之於社會心理影響層面（PIADS；Jutai & Day, 2002）；
- LIFE-H：社交參與特質評估（Noreau, Fougeyrollas, & Vincent, 2002）；
- 傷殘者的生活品質喜好評估（Persson et al., 2002）；
- 評估使用者和輔助科技契合度（MPT）（Scherer & Craddock, 2002）；
- OTFACT：多層次互動軟體和輔助科技評估協定（Smith, 2002）；
- 優先處理個人問題的評估（IPPA; Wessels et al., 2002）。

本章節重點放在個人和輔助科技的契合度（或稱MPT）模式以及伴隨著評估過程（Scherer, 1998）。雖然上述的測量應像許多其他的測試和評估一樣被檢驗，才能更符合所需，然而，為了使用所選擇的測試在某種程度要達到高標準的檢驗，在評估和測試中會提出來的疑問如表 11.1 所示。

有關所選擇出的評估問題，需要時間去執行，評比，轉換成實際行動，勢必會花費時間。就像買車、買房子、選擇學校，或者尋找理想工作一樣，在做投資之前提早做決定可以省時、省錢，還有之後的危機處理。

人和科技搭配模式和評估歷程

在第十章，環狀圖中提到 MPT 過程，包含了一連串的機制來陳述在輔助、使用和配置以及教具方面在心理和社會層面所帶來的許多影響。MPT 過程已被設計使用在小學、中學以及終身學習（專為年輕學生獨立出來的課

185

186

185 表 11.1 評估步驟或檢驗時會遇到的問題

☐發展

有什麼樣的目的由誰來做?是由誰在做測試、製表、評分？這樣的目的可以符合使用者需求？手冊在使用說明上、執行上、評分上是否清楚？

☐模擬測試

評估的設備是否能通過測試，問題癥結是否有被找出？仔細閱讀在表格上所有的問題項目，確保用字遣詞清楚，選項恰當，並提供你想要的資訊。

☐正確性

此評估設備的測試範圍是否和使用者相符合？例如，表格設計適合學童而非成人。其他使用者能否從測量評估得到想要的有效資訊？

☐持續的評估

是否持續的評估而且保持其正確性，可能的話，有被修正嗎？選項方式符合現今語法和思考？

☐傳播

評估是否容易取得？有沒有為使用者不間斷的提供評估？

註解：此表來自 Scherer (1995d)。

程）；在第十章可以看到 Jeffrey 的例子，在選擇上不僅在個人需要或者在喜好、動機層面和解讀，以及期許和心情還有生活方式的因素上，能夠得到高度滿足。這種資訊會在使用科技輔助時隨著科技輔助的特質和功能中的情境／環境特點相互平衡。MPT 是實用的研究題材去分辨使用者在輔助科技的需求和目的，界定出使用最佳的輔助科技，規畫出最佳使用（輔助科技）的訓練目標和需要強化使用的額外輔助功能類型。MPT 是被設計出有效全面的整合資訊，以達到學生和輔助科技的完美搭配組合。理想的狀態是，可以使用在多元和複雜的輔助科技上面，而且選擇性高。MPT 格式可以在使用者和輔助科技達成適合的狀態下，執行一次或多次輔助科技所獲得的訊息，並去評

估認知能力的改變，主觀生活品質（QOL），以及社會心理因素像是自尊、心情、自我決定和社會參與以及援助。關於第十章所討論到的是（障礙者教育法案 IDEA）。IDEA 是被使用在學齡前、幼稚園到中學、中學後職業教育。MPT 過程藉由 G.O.O.D 操作有助於實證導向運作：

- 獲得（Get）資訊。
- 整合（Organize）資訊。
- 操作（Operationalize）並完成符合需求的步驟過程。
- 引證（Document），回顧並更新支援的效果。

切記 MPT 過程和格式並非去評量教師的表現，反而是去評量使用科技輔助者的發展、成就和滿足。

187

MPT 過程是個人也是團體（使用者和輔助者一起合作）的評估以及紙筆測驗，可以被用在面試指導。評估的範圍是快速掃瞄到特殊化評量（大概十五分鐘），最後是理解評估（使用者在十五分鐘內在表格上完成測試）。MPT 過程適合各式各樣的學生。過程在圖 11.1 可以觀察到，格式簡單的在底下描述出來。實際使用者表格樣品在附錄 A。

✦格式 1. 人與輔助科技搭配的初稿

這份格式可以歸納出具有經驗障礙的人（例如：說話／溝通，行動力，聽力和視覺）或者有重要特點的人。此份格式被設計出給專業人員和學生一起使用，並確認出使用輔助科技（或者其他的支援和技巧）的範圍或適應環境有多廣。

記錄出優點和不同之處，像是目標和目標達成的初步技巧。這牽涉到科技輔助或者環境的改變或者兩者都有。新的輔助科技在介紹給學生時，最好能說明其優點。無論是專業人員認為和學生是否有關都該說明每個項目。使用生命線面談技術（在第一章討論到的），不能夠確定溝通是否能成功或者之後的決定是否受到觀察的影響。例如：當一個人把焦點放在配備的通訊和

身心障礙者 的 教育輔助科技

188

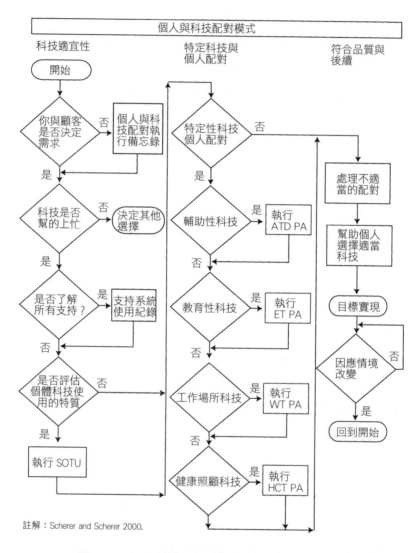

註解：Scherer and Scherer 2000.

圖 11.1 個人與科技配對模式

ATD PA 為輔助科技裝置適性評估

ET PA 為教育性科技裝置適性評估

WT PA 為工作場所科技裝置適性評估

HCT PA 為健康照料科技裝置適性評估

SOTU 為科技使用的測量

良好的視訊，因為這部分並沒評估故造成輕度視障學生的困擾。所以理想上，即使有MPT的幼兒版〔幼兒和輔助科技搭配（Matcing Assistive Technology and Child，簡稱MATCH）〕，這格式可同時藉由家長和幼兒一起完成。

◆ 格式 2. 支援使用的發展

這個格式在於過去哪些是被試用，還有為何新型的輔助科技比其他來得好。格式根據相同功能的範圍，像是 MPT 過程的初稿，還有被試用過的三種輔助科技的每個部分做一整合。

縱使格式 1 和 2 著重在學生的「獨立部分」，也確知每個範圍已被陳述過，仍舊遺漏輔助科技上的缺失。然而，我們的目的是著重在對全部的學生使用科技輔助的環境的理解評估等等，但是要達到這些，就要去悉心考慮許多盤根錯節的問題。

◆ 格式 3. 輔助科技使用的調查

當輔助科技被考慮有選擇性的時候，學生就要去完成輔助科技使用的調查（Survey of Technology Use，簡稱 SOTU），有關調查出作答者對於近期使用科技輔助經驗的二十九個選項。在這個格式中的問題列舉出所有他們使用過覺得不錯的輔助科技，並陳述新的輔助科技以及功能好又使用方便的意見。也要求學生們提出他們的使用心得、喜好，還有在研究中發現到的社會影響，會成為使用輔助科技喜好的前提。

專業的角度和學生的角度要被區隔開來。兩者格式要被設計成教師和學生使用以作為依據，才能發表論點。

189

✦ 格式 4. 輔助科技配置的前提評估

輔助科技配置的前提評估（Assistive Technology Device Predisposition Assessment，簡稱 ATD PA）指出，消費者主觀近期在不同的功能領域內的成就感所獲得的滿足（九個項目），詢問消費者優先想去積極改變生活中的哪些部分（十二個項目），簡介消費者的社會心理特質（三十三個項目），並詢問消費者使用特殊輔助裝置的期許和觀點（十二個項目）。每個抽樣項目在附錄 A。量表包含能力、主觀生活品質、自我抉擇、心情和自尊，以及對於治療師的信任度。ATD PA（專業格式）允許專業人員去決定還有評量特定消費者使用裝置的獎懲。

✦ 格式 5. 教具配置趨向評估

教具配置趨向評估（Educational Technology Device Predisposition Assessment，簡稱 ET PA）有四十三個項目，內容是專業輔助人員和教師對於課程前後的導讀理解，還有考慮負責配置教具以便教具能強化教學經驗。這個項目有助於投資和訓練，論證技術不斷的在改善，歸納學生特殊需求的訊息。此表格設計評估學生在四個主要領域的觀點（結合老師／教學者的版本，可以清楚辨認出觀點是被接受或不被考慮）

- 老師試圖去陳述使用特殊科技輔助的教育目標和教學需求的特點；
- 不被考慮的特殊教具特點；
- 輔助科技會被使用的社會心理環境特點，像是支持的家庭、同儕或者老師；
- 學生可能會受輔助科技影響的特點，包含學習方式和喜好。

從以上的陳述和測試有助於投資和訓練，論證技術不斷的在改善，歸納學生特殊需求的訊息，並有助於洞察對於使用理想的輔助科技的因素。有了這些仔細的觀察，老師可以診斷並介入或者知道問題的來源，也能確知使用

輔助科技能加強學生的教育經驗。資訊能夠成功的經由寫出綱目論點，而獲得哪些需要是要去實行，經由誰，藉由誰，在何時，必要條件還有可能發生的問題。

　　MPT 模式／理論是由廣大的研究理論所延伸（Scherer, 2000）。操作此模式和理論，我發展一種評估過程是由使用多種設備輔助科技的使用者和沒有使用設備的使用者所參與的研究。即使結論是立基於時間的測驗標準，MPT 評估被認為是可信賴且確實的。

MPT 評估的信度和效度

　　MPT 評估的發展和正確性經由圖 11.1 所推薦的測試步驟還有測量結構：(1)概念的定意和表明；(2)草稿或項目和反應量表；(3)模擬測試；(4)測量品質和實用性的決定（Scherer, 1995d）。和 ATD PA、ET PA 有關的心理層面因素包含在以下。

評量者間信度

　　三十位教授和研究生為 ATD PA 和 TPA 的個別反應製作錄音的面談和補充書面資料。選項，還有模式以及個別比率反應的相異處都被精密計算過。有關輔助科技的項目還有在家庭或者工作場所使用獲得了高度一致性。項目之於使用者的特點和不論每個是否對於使用輔助科技的獎懲，有著低度相關（Scherer & McKee, 1992）。

　　在 ATD PA 量表項目分析是假設去評估生活品質所決定的內部一致。初步可得知每個項目是和生活品質總數有關（這項移除了）。所有項目在分析上被保留著，生活品質的 alpha 係數是 0.80，算是滿高的。在愛爾蘭，生活品質量表也被決定出在 alpha 係數高於 0.80 有著高度內部一致。愛爾蘭的評估包含著 SOTU、ATD PA，還有 ET PA 項目。在愛爾蘭評估，輔助科技學習需求和殘障學生的喜好度（包含聽障、視障），從小學轉移到職業以及大

學，量表去測試學習者的自尊和主動性，發現到和 alpha 係數在 0.80 以上有高度內部一致性（Scherer & Craddock, 2002）。MPT 過程和評估在消費者和同儕之間所達到的輔助科技選擇、訓練和結果，是持續的著重在初期服務傳達模式，此數據具有正確性而現今在愛爾蘭被運用（Craddock, 2002; Craddock & McCormack, 2002）。相似的模式在紐約州科技法案運用 MPT 評估，去幫助消費者區分對於在使用上最佳的輔助科技（Heerkens, Briggs, & Weider, 1997）。

效 度

Scherer 和 Cushman（2001）研究二十人在近期的脊椎受傷中的康復期間（十男和十女），這些人完成(1) ATP PA 所假設的生活品質評估的 B 選項；(2)生活滿意度量表（SWLS）；(3)摘要症狀一覽表（BSI）。一個月後完成，參與者列出他們的輔助科技滿意度等級。ATD PA 的生活品質量表和 SWLS 的同時正確性和 BSI 沮喪量表的同時正確性，由 Spearman 所評估。所有 SWLS 和生活品質的選項和負面的 BSI 沮喪量表有關。生活品質量表總數和 SWLS 總數相關性高（0.89, p<0.01）這項結果建議他們在生活品質的案例中要測量相同的結構。

十四位消費者在輔助科技滿意度的數據，在一個月後製作出來。九位（64.3%）受試者反應對於輔助科技滿意，五位（35.7%）表示對於輔助科技不滿意。一份獨立的取樣測驗用來評估 ATD PA 中的生活品質量表，比 SWLS 中的兩受測群組還要來得有鑑賞力。BSI 沮喪量表因為對於輔助科技滿意度有著低相關性（−0.04）而沒有被測試。不滿意輔助科技的人（M=23.20, SD=7.59）和滿意輔助科技的人（M=34.56, SD=9.27）平均分數低於生活品質量表。此效應的程度是以 eta-square 指數（0.34）來估算指出大範圍的效應（另一種以統計方式呈現出來，說明 34%在生活品質上的變異數來引導出對於輔助科技滿意或不滿意的程度）。

➤ 標準參照效度

有正常聽力（指六十五歲）和其他戴助聽器的老人（ALDs）完成以下的測試：(1)老人聽障鑑定紀錄；(2)聽力受損溝通數據表（CPHI）；(3) ATD PA。CPHI 和 ATD PA 的部分是對於助聽器使用者和非使用者有著不同的重要意涵，評估個人和社會心理因素的價值在於使用輔助科技。使用者普遍較重視助聽器，對於適應輔助器材在心理上有較高的接受度，使用上不會感覺到在家裡、朋友之間、工作上或者學校，和非使用者有差異。然後，我們獲得四十位六十一至八十一歲的老人行為上和聽力數據。二十位 A 組的參與者有正常聽力，四十位 B 組參與者有高度聽障。每位參與者完成聽力調查，ATD PA 和聽力輔助表現（PHAP）。PHAP 和聽力調查適合聽障者的評估，像是主觀評定 ATD PA 的聽力選項。聽障者在獨立上缺乏滿足感，減少心情的愉悅，對於正常聽力者限制較多。分析顯示出 ATD PA 對於 A 組的成員或者 B 組 85%的參與者算是最佳預估指標，並且提供了解和適應聽障的社會心理指標（Scherer & Frisina, 1994, 1998）。

193

➤ 預測效度

以非使用者和不去使用的原因決定 ATD PA 的實用與否，四十七位被檢驗康復的病患在生病後以及三個月的康復期間完成測試。他們的主治醫生完成了 ATD PA。所有的參與者，使用一百二十八個裝置，在這其中，有八十六個仍舊在繼續追蹤使用。不再使用的裝置大部分是由於這些裝置不再被需要，即使裝置功能的改善是非使用者裝置的一半〔以獨立功能測試（FIM）出此結果〕。使用者和治療師完成的 Chi-square 有以下幾點：(1)使用者認為輔助科技比起其他的裝置較完善；(2)使用者和治療師對於輔助科技的好處有不同的見解；(3)使用者還不太能適應輔助科技。ATD PA 的結果指出，使用者對於裝置保持樂觀，假如不如預期結果，就不太會去使用此裝置。所以這還需要時間以及不同的狀況下試用觀察（Cushman & Scherer, 1996）。

補充研究報告

　　在加拿大魁北克、蒙特婁所做的研究（Vincent & Morin, 1999）顯示，ATD PA 的項目和個人決定使用輔助科技與否「著重在合適的因素」（p. 100）。另一項研究著重在使用輔助站立的功能性電子器材，以及在做 ATD PA 還有許多其他測試的青少年。結果顯示出支持 ATD PA，並強調了人和輔助器材在搭配上的心理社會層面需求（Brown, 1996; Brown & Merbitz, 1995）。

　　為了評估大學課程對電腦使用上的適應效果，Goodman、Tiene 和 Luft（2002）對十四所大專殘障學生做問卷（超過一半視障或者弱視），去找出影響他們使用或是不去使用電腦設備。結果顯示出 MPT 模式和 ATD PA 項目對於大學生修習電腦課有其實用性。

194

> *世界衛生組織（**Wold Health Organization, WHO**）*

　　由 WHODASII（Wold Health Organizaiton, 2001）改版的傷殘評估計劃表，心理測量（面試時執行三十六項目）包含六項活動（了解和溝通，到處走動，自我關懷，和他人相處，生命活動，和社會參與）等同於殘障評分。在做這些活動的時候，作答者被問及所經歷過的困難程度，包括使用輔助科技或者被人幫助的部分。實施的時候，以大專學生為主的 WHODAS II 評量是 WHO 所研發出來，研究因人為因素所影響的狀況，運用和使用輔助科技結果與模擬在大學的殘障同學適應校園是類似的（Federci et al., 記者會發表）。WHODAS II 和 SOTU 評分的相關係數計算出：

● 任務導向的模仿技巧和使用輔助科技的評比是正相關（SOTU）和沒有興趣使用輔助科技（SOTU）以及認知上的注意力和溝通能力是負相關（WHODAS II）。

● 感情導向的模仿技巧和使用輔助科技的經驗是正相關（SOTU），對於個人特質評量是負相關（SOTU），還有對於使用輔助科技不感興

趣也是負相關（SOTU）。

作者把 WHODAS II 這部分包含進來，就像一種器具對於殘障有不同面向的解釋，如此能夠和他們預測的個人模仿技巧和個人對於使用科技輔助的傾向相互關聯，也能論證 WHODAS II 和 SOTU 在正確性是一致的。

教育研究學者找出學生在小學時，選擇使用教育科技之前來使用 ET PA 有其實用性（Albaugh & Fayne, 1996; Albaugh, Piazza, & Scholsser, 1997）。其它的作者在抽象文章或者同伴評估發展使用 MPT 模式當作基礎治療處方。（Beigel, 2000; Demers et al., 1996, 2002; Zapf & Rough, 2002）

總而言之，研究結論的基礎是由作者群和其他人以及 SOTU, ATD PA 和 ET PA 顯示其研究結果的正確和可信度；如此，這也包含了一個觀念，以上這些方式不論是在實行上或者研究結果上，是有用的研究測量方法。MPT 模式的測驗決定於輔助科技使用者和非使用者的相關影響。表 11.2 列出這份 *195* MPT 評估中的心理因素的要點。

MPT 使用者說，他們要求多一點訓練，好讓他們在 MPT 過程和測量中得到最大的益處，他們也喜歡特別為使用者在步驟上還有技巧上做評分和解 *196* 說。普遍的，beta 原式用在(1)計算評分和 ATD PA 的解說結果；(2)互動式 CD 課程在 MPT 過程訓練使用者（Scherer & Cushman, 2002）。有關這些更新來源的資料，和 MPT 評估一起發展，可以在專屬人與科技適配機構找到網頁（http://members.aol.com/IMPT97/MPT.html）。

身心障礙者 *的* 教育輔助科技

表 11.2　人與科技搭配的心理因素評估資料來源（MPT）

資料來源	MPT 表格形式	信賴感	內部一致性	正確性評判準則	正確性的構成和協調	預測的準確度
Scherer and McKee （1992）	ATD PA ET PA	✓	✓	✓	✓	
Goodman, Tiene, and Luft（2002）； Scherer and Cushman （2001）； Vincent and Morin （1999）	ATD PA		✓	✓	✓	✓
Scherer and Craddock （2002）	ATD PA ET PA SOTU		✓	✓	✓	✓
Albaugh and Fayne （1996）； Albaugh, Piazza, and Scholsser（1997）	ET PA		✓	✓	✓	✓
D. L. Brown and Merbitz（1995）； D. R. Brown（1996）	ATD PA			✓	✓	
Cushman and Scherer （1996）	ATD PA				✓	✓
Scherer and Frisina （1994,1998）	ATD PA		✓	✓		
Federici et al. （付梓中）	ATD PA			✓	✓	

註解：ATD PA 為輔助科技裝置適性評估；ET PA 為教育性科技裝置適性評估；SOTU 為科技使用的測量。

學生使用輔助科技：
哪些學生因而茁壯發展？哪些卻凋萎？

我們在討論聽障視障學生時，在輔助、完成、指導和教學器材有很大的重疊部分。因為這些學生，科技輔助的使用變成某種明確的好處，像是能夠得到其他所不能獲得的課程，能夠和其他學校的學生溝通和教職員互動。然而，這些殘障的學生對於認同還有從屬關係以及成就感的需求產生困擾，這些是輔助科技不能去幫助他們度過在學校的挫折感，自尊降低和動機低落。如何提早發現此問題做出預防不要讓這難過的事情發生？有哪些步驟可以確定學生在使用輔助器材很順利並帶來正面的結果？在此項目，我提出三個不同學生使用輔助科技的例子，從中可知道哪個人和輔助科技較為適合。

◆ 中等教育遠距教學的案例：緬因州研習美國手語的學習者特性

在第八章，之前提過緬因州高中生透過遠距教學開始學習美國手語（ASL），他們在夏季課程有機會見面，參加科技輔助課程的新生訓練。他們參加的另一個理由是：完成紙筆測驗，內容是有關他們學習類型、自我概念和對於使用輔助科技的傾向。學生們會被要求完成下列著重在他們的感覺和態度的問卷：

1. 學習方式一覽表，三十個選項的評估，根據社會狀況還有獨立性以及推薦或概括他們的學習偏好來區分學生類型。

2. 田納西自我概念量表，有一百個選項總覽評估家庭、個人、社會和族
群，還有認同感、自我滿足以及行為。

3. 以下是兩個 MPT 評估：

   (1) SOTU。

   (2) ET PA。

在我們分析課程的結果（Keefe, Scherer, & McKee, 1996），成功的完成 ASL 被認定期末成績是 B+或更好。分析的決定結果來自於老師打分數決定和課程成績最有關聯，還有他們的能力程度以及對於輔助科技課程的滿意度的四種方法。結果顯示十五個變數成功的完成了。其中的五個變數來自 ET PA，四個來自 SOTU；ASL 有 83%的課程分數是由於 ET PA 和 SOTU 的變數。在田納西自我概念量表中，ASL 沒有成功的變數，只有兩個變數是來自學習風格一覽表。學生聽障的程度、預期分數、學習障礙測試、是否家中有聽障成員，以上這些因素都會影響到。

數據表來自成功 ASL 學生的學習所做出的報告，這位學生家中有聽障者，本身也是聽障生，但沒有學習障礙。這位學生普遍來講是個好學生，成績總是得到 A（學習風格一覽表）。這位學生動機強，有點急躁，正面積極的去學習新事物（SOTU）。這位學生了解也有信心將會達成的目標，注意力不容易分散，不喜歡獨自做事，沒有強烈慾望去控制他或她的學習進度（ET PA）。

學習 ASL 的變數是全部來自於 ET PA 和 SOTU。以下 ET PA 的鑑別學生的變數：

- 看一個人的論證和測試的喜好，
- 對於新事物有好奇而且有興趣，
- 想去控制他人的學習進度，
- 不斷回饋反應／強化的喜好，
- 覺得社會活動不會阻礙輔助科技，
- 有動機去學習。

鑑別在 SOTU 學生的連續和間斷變數：

- 優先去察看教學裡的輔助科技，
- 加強設備的使用和需求。

學生持續使用 ASL 是「行動派」，相對於「觀望派」，在教育上對輔助科技有更多的了解，而且比起沒有持續使用 ASL 的學生，在了解輔助科技上

更加強化。

　　下一個分析是在那些成功完成 ASL II 的學生特質以及預知成功的變數。再者，ET PA 和 SOTU 在預測 ASL II 分數上滿準確的。

　　其他成功的評論有關學生能力程度以及使用 ASL 提供的科技輔助課程。在 ASL II 後半部，教師會要求評比學生的能力程度以及對於四種輔助科技的滿意度：傳真、手提攝錄影機、電腦以及互動式電視。評比在三分的量表（1=低，2=中等，3=高），教師對每位學生的評比平均越過輔助科技之外。老師以學生熟練度和滿意度變數作為評比依據，ET PA 有七個變數，SOTU 有八個變數，其中有許多和最後的 ASL II 課程分數相同，可見課程分數和老師評比輔助科技的能力程度和滿意度有相關性。最後，SOTU、ET PA、學習風格一覽表和田納西自我概念量表相互重疊，匯聚在學習風格和自尊結構層面。

◆ 從中學到大學、技術學院或就業等轉銜學生 MPT 使用的案例

　　愛爾蘭"STATEMENT"計畫（主流教育使用輔具科技制度模式——全國測試），在第七章討論到發展一個充分運用的模式，在預備正規輔助科技需求的宣告之前，要了解到學生來自於第二階段（高中）到第三階段（大學），工作職場或者職業訓練；來區別輔助科技和學生的訓練需求形式。總共有八十六位學生申請此專題，表 11.3 分類出這些學生殘障的類型。

　　Roulstone（1998）區別出輔助科技服務評估中無效率部分：(1)首要著重在科技輔助提供者；(2)提供者的需求超過那些殘障生；(3)評估者或提供者著重在無能去做而非可以去做這部分能力。STATEMENT 計畫順應 MPT 評估，是以一種方式在算計出有關評估要求，還有輔助科技的使用者和非使用者影響這些廣泛因素時，來告知這些論點。無論如何 MPT 模式在美國被發展和評鑑，STATEMENT 計畫則在第一時間改編運用在愛爾蘭的論述中。

　　綜觀研究，發展和 MPT 模式的模擬，STATEMENT 計畫描述出新的工

199

身心障礙者 的 教育輔助科技

表 11.3　學生傷殘一覽表

傷殘	N	%
聽力不健全	21	25
眼疾，視盲	6	7
身體殘障	39	45
學習障礙	13	15
視力缺乏，智能障礙	1	1
多重障礙	6	7
總數	86	100

註解：出自 M. Scherer 與 G. Craddock 於 2001 年所著 Applying the Matching Person and Technology Evaluation Process 中的 Library Hi Tech News P.41。 版權 2001 年，必經允許方可改編。

具以及過程，來支持評估小組對殘障學生提供有效評估。MPT 提供機制以達到顧客為主的評估服務，以正面的眼光看待參與的學生（STATEMENT 模擬課程，2000, p.iii）。總而言之，對於了解使用輔助科技學生的論點，還有設備的結構、資源以及來自創造以客為尊、投資報酬率評估、服務的挑戰、有效評估工具的發展，可以確定能讓殘障人士使用輔助科技以獲得最大利益和實用性。

◆ 中學遠距教學的案例：在國立技術學院聽障和加拉德特歷史課學習者的特質

　　這部分的評鑑是在第八章討論過的兩個模擬電視課程，藉由對課堂最滿意和不滿意學生的滿意度，來評鑑出他們的學習風格或是喜好以及傾向和使用視訊以及電子郵件的差異（McKee & Scherer, 1994; Scherer & McKee, 1994b）。在課程最後，十位抽樣學生完成 ET PA 中的「學習者特質」調查。

面談數據是有關設備傳送系統服務的多種問題，來區分學生對其是否滿意或不滿意。

ET PA 數據是以這兩組學生提供並被評鑑測試，來區別滿意和不滿意的學生。總之，這些大專歷史學生把他們自己分為兩個基本的組別：(1)不滿意並陳述他們也不想去選類似課程；(2)喜歡並滿意傳送系統，並陳述他們會想去選其他的視訊課程。

不滿意的學生說他們喜歡面對面的討論，因為他們可以看到面部表情。每位學校最不滿意的學生說他們對於電腦反感，他們認為使用電腦會阻礙社交活動，而且他們也沒具備此課程相關的背景技巧。最滿意的學生都沒有提到會對社交活動造成阻礙，除了一個人之外，幾乎所有人都具備此課程相關的背景技巧。不滿意的學生自述需要更多的回饋，熟悉適應課程的需求較少。他們也說不覺得自己在讀書或工作上謹慎小心，他們覺得會對於他們的殘障想得比較多。

當一個人從以上三種評估所得知的測試數據，清楚的顯示學生說明可以從輔助器材、教學上以及輔助科技得到益處。在第十章全盤討論到有許多學生和輔助科技搭配的影響層面，這就是為什麼要去評估學生的學習需求和喜好，以及在一開始學習時要去比較科技輔助的特質。

MPT 評估還有一項方法去區分潛在不適合的人與科技搭配。為了要知道這項由 Maslow、Erikson、Hansell 和 Gardner 所提出的論點，以及最能幫助學生去實現目標的教具和輔助科技，教師必須記住以下幾點：

1. 輔助科技可以鼓勵也可以成為教室裡互動和聯繫的包袱。學生不只嘗試不同的社會經驗，也要探索輔助科技。

2. 相同的設備會帶來不同的結果。一項技巧是有關增加電腦作業一對一教學的責任感。然而，這將不能帶給所有學生益處。有些學生會從同儕教學、一對一和成人老師學習或者設計良好的獨立作業中得到益處。

3. 輔助科技可以藉由學生小組合作來加強社交技巧的發展。舉例來說，輔助科技使用者和正常學生可以在電腦專題上一起合作。殘障學生「電腦專才」可以看作老手教新手的教學。這種方式，正常學生可以

體驗到殘障學生是有能力也能夠去做事，正面的互動可以在教室裡被用在建立起更寬廣的同窗情誼。這個技巧也可以讓那些文靜膽怯的學生做得更好。此假設在電腦是廣被社會所接受，而且是普遍對電腦有興趣可以用來緊密學生之間的情感。

4. 家庭環境影響每個學生在課堂上的表現或者相反，在學校也許會比在家中更會影響學生的表現（並且反之亦然）。

5. 購買和採購上應先參考輔助器具和教育器具使用情況的實際經驗。

6. 因為教師對於學習輔助科技猶豫不決或者覺得使用上不是很便利，可以成為學生在使用時很好的參考指標（參見以上 2 和 3）。學校應有電腦人員，就像是學校有美術和音樂老師一樣。

本章節所陳述的案例，確定以客（學生）為尊的重要性以及對於人和輔助科技搭配的相關評估是本章重點精華之處，同樣的，增加使用輔助科技的研究素材也是重點中的重點；對於消費者（使用者）而言，當他們使用和選擇這些輔助科技過程中，他們並不全了解他們所推薦的產品（Cook & Hussey, 2002）。因此在輔助科技評估和選擇過程中的眾多專業人員（包含教師、使用者）身上看到高度個別性，就像協助許多學習者探索最有趣的部分（Lahm & Sizemore, 2002）。把這些所有的元素集合起來在下一章討論——個人需求和喜好，學習環境和輔助科技——是最後一篇的重點。

第六篇
學習的聯結

Chapter 12

個別化的整合

科技無法改變教學或學習,但人會。科技可以幫助學
生利用新的方法去達到目標。它改變我們的教學方法,
是讓我們學習新事物的工具。

——教導科技的大學教師

電腦可以用在工作、學校和休閒的時候。對一個有視障或聽障的人來說，電腦的電子郵件、網路，對他們而言是對外界很重要的溝通管道。由於個人電腦的功效與便利，它使得和朋友聊天、聲控輸入、書寫文件與視覺資訊發聲、逛街、玩遊戲、聽音樂、控制環境、看電視的對話轉為字幕以及動作轉為聽覺的描述、用 TTD 打電話、靠電力運作的服務、從很遠的大學中選課、做生意等等，這一切都可能發生而且僅僅只靠一台電腦。

科技在教育界中所扮演的角色對於有聽障或視障的學生來說，重點放在兩個地方：(1)有他們強烈的個人色彩和社會隱喻的輔助科學（ATs）；以及(2)專門輔助他們在學業上及社會隱喻的指導性、教育性的科技。在科技被拿來當作增加學習和教育機會的同時，科技所提供的網內互動及聯結亦成為一個新教法及學習地方的來源。因此，這代表著為了有障礙的學生所特別設計的科技和傳輸系統必須被大量的採用。就如同在前幾章所談到的，每個學生的需要、偏好和學習方法是大不同的，所以很多不一樣的呈現資訊的方法也就應運而生。隨著愈來愈多從不同特色、鐘聲、哨聲的選擇，從樂觀的一面來看，選擇可以更多元化，相反地，選擇產品就變得更複雜了。教育者需要知道如何有效的選擇和使用這些產品。

在小學和中學的教育中，人與科技適配（MPT）的評估過程可以作為蒐集個別化教育計畫（IEP）的指南。這才能確定學生吸收的是從很多不同的來源，而且這些來源都是有根據的。依照學生的需求配對最適合的科技，

- 縮小眼界，即目標；
- 考慮一個策略的方針；
- 減少選擇；
- 安排相關且在自然環境中的試驗性使用；
- 整合性地將學生（和家人、教室的）平常的生活習慣加入計畫中；
- 確認誰將會做什麼訓練，維持，給予協助，還有哪裡；
- 文件評量過程和結果。

表 12.1 條列出 IEP 的步驟，和 MPT 評量表如何能夠和 IEP 過程一樣能

206

表 12.1　個別化教育計畫（IEP）和人與科技適配（MPT）評估過程綜合版

使用者的輔助科技評估	輔助科技設備傾向評估(ATD PA；表格 4-1，人)，教具傾向評估(ET PA；表格 5)
繼續使用輔助科技或教具在消費環境測試的考慮因素	ATD PA(表格 4-1，設備) ET PA(表格 5)
以輔助科技或教具的整合性做選擇 ・設計出由誰做，怎麼做，哪邊做 ・訓練需求 ・支援，維持設備	ATD PA/ET PA 數據
評估文件化程序 ・使用者的特別需求、喜好及重要性 ・敘述殘障學生在重要的學科活動和目標的衝突點 ・標示哪些是現階段使用的，哪些已經試用過 ・敘述輔助科技和教具的特性，說明為何它們優於他者，為何它們能達到使用者需求	所有完整的 MPT 評估資訊
例行複習 ・目標和成就 ・設備需求 ・必要的環境調解條件	先前執行過的格式和用過的科技器材可達到此過程結果。為了輔助科技裝置適性評估，使用表格 4-2，個人化和表 4-2 使用裝置已根據後續的測量而進行特殊設計。

表示出個人。

　　關於表 12.1 的最後一個步驟，和 IEP 團員、老師、學生及家庭例行複習是相當重要的：(1)學生在學業和社會的表現有多好；(2)以科學來助其達成目標的進展；和(3)考慮提供學生任何額外的科學、設施或協助。

成功學習者的發展

　　誰才是成功的學習者？隨便挑一篇有關教育心理學的文章來看，你會發

現很多主要的特徵是被贊同的。成功的學習者大都是好奇、有彈性、動機、恆心且懂得應變。他們很有創造力且都很會解決問題。他們可以很輕鬆的應用新的技巧或知識。他們非常有自信和決心。他們工作的表現早已超越他們本身的潛力及能力，他們嘗試利用自己的優勢並且懂得改善缺點。他們可以好好掌握時間，將課業和社交活動分配得很平均，並且參與這整個環繞他們的世界。從這些特徵來看，失聰或者是其他一些殘障的人，並不會因此受到影響。

207　　　　我們如何栽培出成功的學習者？對於成功的學習經驗來說，有一些重要的條件，包括好的學習環境，適當程度的挑戰，還有相關的內容及資訊。幫助個人成為一個成功的學習者，首要考慮的是他本身的特質、需要還有學習者的喜好；環境裡的障礙和支持；需要的支持，可選擇的策略，住宿環境和科技等。建立自己的信心和決心的方法是相當重要的。由獨立生活中心發明
208　的附錄 A 表格，是將培養他們自信心和自主性而使他們可以選擇和融合科技到他們達到短程和遠程的種種因素結合在一起。

　　　　科技仍然只是一個接收或傳送資訊的方法。除非資訊對學生來說有意義，就算是最好的人與科技配對，也只能達到某個程度上的成功。雖然這已經超出本書討論的範圍，包括課程、指導設計和教育練習，許多極佳的在這方面的教科書和來源（Fisher, Frey, & Sax, 1999; Fisher, Sax, & Pumpian, 1999; Kearsley, 2001），一如學習理論（Scherer, 1994a, 1995a, 1995b, 1995c）和教育設計的原理（Scherer, 1990a）。

◆ 主要內容

以下是一些針對如何決定適當指導或教育科技內容為考量的主要問題：
- 實際上內容是不是有適當的含括到你課程上及教育的目標？
- 專門術語是不是和老師或計畫中使用的是一樣的，以便學生能夠了解？

- 使用的語言程度是不是符合學生的程度？
- 內容的表現方式是不是適合學生的成熟度、經驗和學生觀眾的興趣程度？

教學策略

接下來的是當決定將發送系統當作工具使用時所考慮的一些問題：

- 指導的意圖是否符合教育上目標——新技巧的發明，練習，進步，或者是必要技能的普遍化；了解關係的能力，相似和模式或者是不同點及特徵？
- 指導是不是有配合學生的需要——像是練習，仿效，個別指導，或發現的方法？
- 它是否能夠支援學生的創造和解決問題的能力？
- 學習的速度和成效適不適當？它們是不是有很好地發揮？
- 對於有分等級的學習來說，這是一個新的學習要素或者只有當學生已經精通為基準？最後，這是不是足夠證明給學生看這些基準是如何聯結整合為一體？
- 當學生開始新的學習基準時，指令是不是一直重複？
- 高階組織者進行推廣、強化、總結、測驗與回饋，是否旨在促進動作經過學習模式而導向成功？
- 使用例子中的年紀和性別是不是夠合適、有趣、重要且能吸引學生？
- 在小團體或教室的情境中輪流教導對學生是不是比較有幫助？
- 學生、老師或科技是不是能掌控住學習計畫？
- 課程安排是否符合當初的情況？
- 上課內容是不是有文字上的、影像的、聽覺上的和經驗等特點，以趕上全球學習設計的潮流？
- 有沒有一些不需要的花俏的上課內容讓學生感到困擾？

- 視覺上的教材是不是高品質且有解答？對於視障的學生來說，有沒有一些課文或圖片的口語解說和大量的錄影帶等等？
- 聽覺的訊息是否清楚？對於聽障學生來說，有沒有提供他們字幕或其他視覺上的影像及資訊課程？
- 練習的教材是否多樣化且充分？
- 學生如果遇到困難，他們是否能得到字典、學習手冊或老師的協助？

◆ 傳送系統

雖然並不是說每個教育科技都能夠拿來作為傳送系統，但一般來說，教育科技被認為是用來便利教導的一種生理上的設備或者是電子系統。這也許是說，例如，一台基本的電腦，一台凸字鍵盤的電腦，放大的文件或者有喇叭；也或許是有字幕的翻譯機，電話衛星系統，大螢幕的投影機，錄影帶錄音機，自動改錯的練習本，或者電子自動發問設備。表 12.2 繼續簡述在這章所要討論的人與科技搭配組合模式的優點。

210　表 12.2　合適條件（IT MATCHES）

I（instructional）教學指導目標教材對於科技媒體合適使用

T（technology）科技輔助的選擇，功能和特性符合學習者所需，學習類型，興趣和喜好

M（motivation）學生學習經驗的動機在於吸引力的設計。使用合適語言層次，以及學習者在學習時的主動參與感

A（ability）抓住學生的注意力，藉由使用視覺、聽覺和生動的題材達到效果

T（touching）應優先考慮設計出可透過多元模式的資訊呈現，讓身體感官（眼、耳、觸等）都能接觸到

C（collecting）蒐集並組織學生那些已知和已學過的資訊

H（habituating）鼓勵學生完成養成習慣

E（engagement）從範例和經驗和學習者約定把概念抽象變為具體化（反之亦然）

S（synthesis）從問題，反應，考試和應用完成整合資訊和概念的聯結

聽障或視障者的調適

　　非常重要的是，聽障和視障學生只是包含在設定背景下眾多學生裡的一群。所有的學生都有他們學習上特別的需要及上課方式。採用全球化學習設計的「多樣化智力」和學習風格中，資訊以多種方式來呈現而且盡量都用到身體感官。障礙學生和同儕其實是相同的，並不會特別不一樣。

　　不讓有殘缺的學生參加所有學校的活動──學習、社交、休閒等，是無法被接受的。當他們可以從很多不同的設備獲益（例如，預先給視覺老師的材料或者是可選擇的方式，多餘的時間去完成作業和考試，把考試問題錄音起來），還有協助性、使用性、教育性的科技，他們都應該被期望能夠完成和沒有障礙學生一樣的工作。下面是一些簡單有助於聽障或視障學生能和他們的同學一樣享有學術上成就的設備。

　　對於聽障的學生，他們很需要依靠視覺上的訊息。試著去避免「片段視覺」，這樣才能讓他們專注在重點上。同樣地試著去用不同的視覺教材（直線圖、電腦繪圖、實體）。當使用寫的教科書時，試著使用不同程度的閱讀內容。至於軟體，包括在多樣程度閱讀內容的輔助教材和預先合併文件。提供字幕或者是手語在所有的聽覺教程中。要確定燈光不能太亮，要適當（例如一個面對窗戶的電腦螢幕和反射的陽光）。對於配合度高的學習情況下，教學應該維持小團體（四個學生剛好，但能夠兩個是最好的）。

　　對視障學生而言，如同在第五章所談論到的，配對練習中 Stephen 和其他同學一樣有被包含在裡面，即使他需要視覺老師多些幫助。因為他看不見，老師或其他學生同意的微笑、手勢或點頭，沒有辦法和語言一樣被接收。視覺老師可以為 Stephen 描述任何非口語上的行為。Ellen 也一樣（同樣在第五章），幫助她盡可能在教室移動。這可以幫助視障者去感受且讓他／她在所處的環境中感到安心。

　　混亂的學習環境對於每個學習中的人來說，是非常不利。但是對於視障者，背後的對話或其他的雜音會干擾他們的注意力。為了讓視障的學生可以

從想要的聲音中獲益，鼓勵他們去處在最靠近聲音來源的地方是最恰當的。

對於印出來的教材，有一些科技可以放大文章和圖片，有一些發明則可以掃瞄和出產資料的聽覺或點字版本。對於弱視的人，他們比較喜歡冰銅字體，因為它們可以降低強光。為了建立高對比且讓課文變得更容易讀，白色或黃色的字體配上黑色的紙是最易讀的。而手寫教材，厚重或大小適中的鋼筆可以寫出最粗的字體。當寫在黃色紙上，或當黃色的字寫在白色紙上，就可以產生非常好的對比效果。大本的教科書標準字體為十四級時，其他就要求要有十六或十八級的大小。

而在課堂中傳授的視覺內容，老師以敘述形式寫下圖形教材的筆記或其他學生的筆記會很有幫助。以聽覺來描述或者是在紐約州立盲人學校所使用的條列式線索，和畫出在表面下的圖形資訊（第五章），將會幫助學生更了解圖的資料。

212　　　　總而言之，人與科技的每一配對都須經過審慎思量。今日的問題不在於是否要使用教育科技，而是如何以最佳的方式去迎合不同學生的需求、並使其課業進步，不論他們的身心是否有障礙。這意味著我們必須去了解學生，以可靠有效的評估來取得並組織相關訊息。因此，我們必須確認這些訊息被使用、計畫得到發展及實行，而隨著學生在學業及人際方面持續成長，這些訊息更要隨時更新。基於以下原因，評估的過程甚為重要：

- 很多資訊是可以取得的，並作為人與科技配對的評估之用。初始階段的良好評估可以為往後省下時間與金錢。
- 評估的結果將會以學生為中心考量，並可使得人們積極使用科技，學生學業進步，同時產生個人及社會滿足。
- 為學生取得所想要的服務通常看起來是件瑣碎又沒有組織的事情。文件的需求對於確保設施及服務的取得將會有所助益。
- 「品質保證」（quality assurance）以及「以證據為基礎的實踐」（evidence-based practice）皆需要事先評估並記錄結果；後兩者對科技經費籌措以及學生未來之計畫同等重要。

　　不可否認地，如同本書所示，有很多資訊是可以取得的。但評估的過程具有啟迪作用、有所助益，且絕對能夠產生以學生為中心的結果，同時可使得人們積極使用科技，使用者並將獲致較好的學習效果。

成功教育者的發展

　　在圖 12.1 中，教育及學習過程的互補關係以「1 + 1 ＝ 2」的簡單公式呈現。

　　是什麼構成良好的教學？誰是成功的教育者或教師？如同在紐約州立視障學校的 Betty 以及在「優良公立學校」的啟明教師（vision teacher）（於第五章中討論），教育者及教師皆擁有我們所討論的學習者的特質。他們有各自的需求、能力以及偏好；生活形態；期待與情緒；動機及準備狀態；於教學過程及情境中率先使用輔助。他們的教學環境受到政治法令與經濟資產及負債的限制甚深。在其教學環境中，態度、文化與生理上的因素，都將影響整體學生的結構組成，他們所將教導的學生，以及「隱藏課程」。當他們想要購買某項教育科技時，他們同樣必須衡量可行性、經費與其未來表現（performance factors）。有效率的教育者成功地面對挑戰，不被它所震懾或擊敗。他們與科技相處愉快（或確保自己即將如此），適應並應用之，以輔助教學。他們散發熱情，並且知道如何推動學生（Lang, 1996）。

　　學習／教學的過程是多面向、互動、充滿活力的。很明顯地，科技在這樣的過程中舉足輕重。但科技本身並不足以教導學生。學生需要經驗純熟、

213

213

老　師　→　教學過程　＋　教學情境		
＋		
學習者　→　學習過程　＋　學習情境		
學習／教育		

圖 12.1　教導與學習的互補關係

214 表 12.3　課堂中確認成功使用輔助科技的十一個步驟

1. 確定已把輔助科技帶來教室或其他上課地點 (窮鄉僻壤須有額外的支援器材)。
2. 教師須個別學習環境,以達到每位學習者最大的學習成效。
3. 教師要盡可能的讓學生搭配輔助器材,確定學生的費用、資源可以使其獲得最好的教材練習。
4. 教師須和家長溝通家中是否有足夠的輔助科技可供使用。
5. 把注意力集中在評量學生的熟練／技巧、理解、分辨能力和學習技巧。
6. 考試為主的軟體來訓練學生的閱讀技巧 (口語和字彙)。
7. 使用輔助科技之前,教師須為學生做器材測試。
8. 一次別對學生介紹太多輔助科技。
9. 允許學生去探索和失敗的自由。
10. 運用生活化的學習活動。
11. 了解它本身、發展性,和擁有的功能,如此教師應把這部分觀念灌輸在使用科技輔助的學生身上。

愛護學生、將科技視為工具而非教學代替品的老師。但不管是職前或在職教師,都必須接受訓練,內容則有關現有科技的選擇 (Edyburn & Gardner, 1999)、如何選擇並使用正確科技以達到特定教學目標,以及如何將科技融入教學活動中並發揮最大功效。

　　然而,今日的學校中,大多數的心力都投注在學習電腦與科技,而非如何傳授這些技巧,並與之相處愉快。教育者可以在科技使用上採取某些策略,並在所有學生身上達到效果,不論他們是否有視覺或聽覺障礙。這些策略載於表 12.3 中。除此之外,於附錄 E 中所列之資源,應會有所助益。

　　有效率的教師知道如何將新知與學生先前所學習的知識聯結,並使用多重模式的指導策略,以使這些資訊發揮功能。他們觀察學生的理解程度,加
214 強新知,並在進行新課程或單元之前,總結此課的教學內容。簡言之,最有效率的教師使學生渴望學習。

中等教育到中等教育後的轉銜

　　希斯資源中心（HEATH Resource Center, 1999）指出，大約十一分之一或 9% 的入學新鮮人認為自己有單項或多重障礙。國家教育統計中心（National Center for Education Statistics, 1999）與國家殘障會議（National Council on Disability）皆曾報導，在 1997 至 1998 學年年間，大約 428,000 名殘障學生正尋求兩年或四年制的高等教育機構的入學機會。

　　曾在綜合（inclusive）中學接受教育的學生通常選擇綜合學院（college）或大學，而非專業學校如國立聽障科技學院（National Technical Institute for the Deaf，簡稱 NTID）。從高中轉換到高等教育或工作的過程中，學生通常需要幫助。相關法令方面，已有條款強調身心障礙學生的過渡時期服務之重要性〔此為個別化教育計畫（IEP）要求的項目之一〕，而許多特殊教育者亦已將此視為一種專業。但是，許多有資格進入學院或大學就讀的學生因為面對阻礙，而使得他們在高等教育中缺席。「國家特殊教育學生適應過程之長期研究」（SRI International, 1993）的資料記載了身心障礙學生的悲慘下場：在他們自學校畢業三到五年以後，只有 20% 的人在工作及社交活動方面是獨立自主的（Sax & Thoma, 2002）。即使我們透過身心障礙個人教育法案（Individuals With Disabilities Education Act）以及更早之前的法令，實行了二十年以上的綜合教育，在美國，這些「夾縫中的學生」仍然存在。其他國家的情形也相差不遠。多數的案例都缺乏學生從中等教育過渡到高等教育、就業或生活所需的教育科技相關訊息。鑑於 1998 年的復健法案第 508 條款（Section 508 of the 1998 Rehabilitation Act），這樣的情形會帶來麻煩，因為此法令要求得到成功度過過渡時期所需訊息之平等途徑。

　　在愛爾蘭共和國，從「主流教育使用輔具科技制度模式」（STATEMENT）計畫（第七章及第十一章曾討論）中發展出的「需求聲明」，是在學生中學生涯即將結束時付諸實踐的。學生可以將此「需求聲明」送至大學職員或雇主那兒，告知他們有些科技及其他輔助將可以在學術或職業成就

215

上給予該學生一臂之力，並已經過評估。如此一來，有了「需求聲明」，學生不僅使他人知道自己的長處與需求，更可計畫自行尋求服務及協調。附錄B有一份學生「需求聲明」。看過附錄B之後，會發現愛爾蘭的模式可以輕易地在美國以及其他許多國家實行。

一旦學生持著一張「需求聲明」來到校園，上面列出能夠幫助他們平等地參與大學生活、學業人際兩得意的必要輔助與策略、了解並有能力爭取自己的權利、被告知可用的設施為何，大家的工作都將輕鬆許多。理想中，這項措施會在新訓練或註冊前的校園參訪時實行（Bondi-Wolcott & Scherer, 1988）。

但追求高等教育的學生卻常常遭遇挫折、孤立、失敗，最後甚至退出。我們可以從先前幾章 NTID 學生對學校及遠距教學經驗的討論中，得知這樣的景況；從大多數的身心障礙學生口中，往往也可得到相同訊息（Holloway, 2001）。多數美國大專院校都設有身心障礙輔助辦公室，在其他國家也有。這些辦公室通常必須

- 與課堂筆記服務（notetaking services）合作；
- 發展課堂教材的替代方案（放大字體、點字、錄音帶）；
- 安排家教及導師；
- 提倡與安排考場布置〔額外時間、替代素材、讀卷者與寫字者、配合生理障礙而做調整（physical adaptations）〕；
- 建議並訓練學生的學習與讀書技能（寫作與研究方法、拼字及時間管理）以及自我堅持與爭取權利的技巧；
- 協助科技選擇與使用訓練；
- 在學院／大學開學之前安排新生行動訓練（mobility orientation）（對於全盲或弱視的學生特別重要，如第十章的 Jeffrey）；
- 提供學生與學校雇員間的聯繫服務。

Craig、Michaels、Prezant 以及 Morabito（2002）對高等教育與身心障礙協會（Association for Higher Education and Disabilities，簡稱 AHEAD）大約

一半（四百八十八人）的正式會員做了一項調查。此協會的成員主要由提供或透過合作給予直接服務給大專院校身心障礙學生的人士所組成。大約 80% 的受訪者是女性，而 25% 的人有身心障礙。受訪者中大都（89%）擁有碩士或以上的學歷。受訪者表示，平均而言，每三位全職以及三位兼職雇員服務二百七十六位身心障礙學生，而這之中有 57% 的學生被歸為學習障礙或專注力失調（57%）。67% 的受訪者在四年制學院中服務。最普遍的輔助科技設施包括掃瞄器（83% 的校園）、視障者通訊設施（TTY/TTD，78% 的校園）、螢幕或文本閱讀軟體以及螢幕放大設施（78% 的校園）、特殊錄音帶錄音機（74% 的校園）。但研究者卻發現，輔助科技的實際取得、訓練、意識以及使用，與其重要性不成正比。他們也發現，身心障礙輔助服務（DSS）的提供者傾向於關注校園圖書館使用的相關議題，卻對大專院校身心障礙學生的教育科技投注最少心力。他們的資料也顯示，最有可能促進輔助科技服務的因素，包括身心障礙服務（DSS）工作人員對輔助科技議題的專業了解、身心障礙學生對輔助科技的意識與了解（如同之前所討論的「需求聲明」所帶來的成果），以及輔助科技的行政支援與預算資金籌措。附錄 E 提供了一份網站名單，對於加強目前科技相關法令及其他資源之認識將有所助益。澳洲的研究員也做了類似的推薦（Leung et al.,1999），更不用說在大專院校註冊前，經由合適的教育機構來評估身心障礙學生對輔助性科技的需求如何了。

217

　　學校雇員以及身心障礙服務（DSS）提供者必須(1)擁有得到輔助科技的基礎及後續訓練的管道；(2)擁有來自學校行政在計畫及財務上的支持，以增進對輔助科技的普遍性與特定的輔助科技產品的了解及意識；(3)在輔助科技訓練及策略發展上共同合作，以支持學生的需要。除此之外，總統任命之特殊教育成就委員會（President's Commission on Excellence in Special Education, 2002）的報告〈新時代：復興特殊教育孩童與其家庭〉（A New Era: Revitalizing Special Education for Children and Their Families）中承認，若要更有效率地幫助身心障礙學生，高品質的高等教育是必需的。

人們在評估羅徹斯特科技中心的輔助設施時（Scherer & Binder, 1992）
發現，若要身心障礙服務中心對學生有所助益，其設施必須符合學生目標並
個人化。人們必須不斷地宣傳這些設施，讓學生、學校雇員，以及大學中的
其他辦公室與員工知道有這些設施可利用。有些知道這些設施的學生要到年
紀大一些以後，才了解它們的價值所在。其他學生在碰到或失敗的時候才知
道設施的存在，但到這時候，他們往往已經在輟學邊緣。在這兩種情況下，
我們所推薦的補救方式，是贊助學生的交際活動，在那兒，他們可以從其他
曾經受益的學生那兒得到資訊，了解設施的價值，同時不覺被憐憫。這也讓
學生期待設施真能有所幫助，並且使他們及早發展歸屬感——在另一項最近
的研究中，我們發現缺乏歸屬感正是學生離開學校的主要原因（Stinson, Sche-
rer, & Walter, 1988）。這是再重要不過了，因為專注於輔助科技總是比發展
幫助學生產生歸屬感的成功策略來得簡單。同時，讓學生參與輔助科技的設
計及應用，以使其產生擁有、歸屬感及力量，也是值得推薦的作法。

　　另一推薦策略是任命平日被同事推為領導者、具有創新特質的學校雇員
以及其他重要人員（如校園安全、財務支援人員），為身心障礙設施的顧問
委員，如此一來，才可讓這些設施的訊息在各部門間廣泛流傳。身心障礙支
援人員被鼓勵去安排會議，以將其對現有便利設備（accommodations）、科
技及其他設施的需要及憂慮傳達給學校雇員，同時做機會教育。

　　雖然這項評估是在數年前舉行，但所有的建議都已被採納、實行。在
2001 年，輔助設施中心獲得國家科學基金會所頒發的科學、數學以及工程啟
迪成就之總統獎（Rochester Institute of Technology, 2002）。

從高等教育到工作及終身學習

　　本書中所討論的科技、便利設備以及輔助，成功學習者及有效率教師的
特質，推薦的聽障或視障的初／中等教育學生之教學策略，以及過渡期服務
與後續支援的需要，不僅在身心障礙人士上適用，非身心障礙人士亦可受

益。對於接受高等或更高教育的學生，成熟度與責任將會有所不同，學習內容將會更加複雜，而許多的輔助科技也會更為精密；但總體而論，所有在此討論的事項仍可應用在他們身上。

舉例來說，成人特別有意願參與學習過程，並從學習過程中獲益。這些學習內容與他們的生活、工作有關，並從實際經驗中驗證（Scherer & McKee, 1994b）。成人的學習通常較為獨立，但這端賴他們個人偏好的學習方式，看他們選擇的實際操作、演講、示範，或獨立研究。當那些利用輔助科技的年輕學生認為不同科技其實類似甚至相同時，對於到底什麼是適當的教育軟體，答案可能就有所分歧。使用軟體的原因必須清楚，所要解決的問題必須與軟體相關，並可幫助學習者真正解決問題，進展速度必須在學習者可掌握的範圍內，更要提供多樣的回應及練習之選擇（Scherer & McKee, 1994b）。

根據職務不同、組織特色，以及個人技術及偏好，在工作職場上的成人也需要個人化的便利設備（de Jonge, Rodger, & Fitzgibbon, 2001）。大多數在第一章與第二章中顯示的表格亦可應用於此：以美國身心障礙法案（ADA）之名，員工可以要求職場接受他們，並擁有「工作上便利的設備」（可能是不同形式的科技）。藉由要求「便利設備」，這項法令加強了身心障礙人士在職場上的機會。所謂的便利設備包括安裝設備或是輔助科技，以讓各個員工能夠依其能力做好自己的工作，提供如口譯人員等的輔助服務，以及在工作站、考試，或訓練素材上做必要的調整。

就如同各種不同程度的學生，雖然視障或聽障的輔助科技愈來愈普遍，雇主與員工在他們對現有輔助科技及其價值的認知上仍有差異。以下是雇主對於員工設施及系統的一些問題範例：

- 科技的使用會使員工的生產力有顯著的增長嗎？這能不能抵消科技所帶來的成本消耗？
- 我們怎能確定分配給科技的有限資金會得到「最佳報酬率」──也就是說，那些適當運用科技的人將會得到幫助？
- 適合某位人士的科技會不會變成另一位人士的障礙（例如，為了弱視

人士而設計的聽覺輸出系統並不能被聽力障礙人士所使用）？

●在所有關於開銷的問題之後，雇主最想知道的是：我們可以從哪兒得
到關於科技支援以及更多關於科技與美國身心障礙法案的訊息？

Curtis Chong 是國家視障者電腦科學聯合會的前總裁。他曾發言指出在
現有科技下，視障者「在普通情況下執行普通任務」的困難（Chong, 1997）。
「訓練中所熟悉的科技與在職場上碰到的科技不同」的情況很常見。由於硬
體、運作系統、應用軟體、觸接科技（access technologies）、螢幕閱讀，以
及放大系統與其兼容性（或因此帶來的匱乏）的選擇增加，使得人們在找尋
最適當的科技時，變得更加困難。為了在螢幕規格、軟體升級以及其他科技
改變時能夠跟著做更改，科技的靈活度也是必要的；另外，以文字為基礎的
設計工具逐漸消失在潮流之外。以上兩件事情同樣使得選擇適當科技更加複
雜。Chong（1997）用以下文字作為其文章結尾：

　　表面上看來，今日的盲胞為了得到與保有普通職場上的普通職
務，〔必須面對可怕且真實的科技挑戰〕。除非他們克服這些挑戰，
否則，在明日職場中，要盲胞保有工作將會更加困難。（p.123）

這本書以聽障或視障人士分享其個人經驗作為開場，包括他們在職場、
家裡，以及日常生活上所碰到的挫折。接下來，是聽障或視障人士身為員工
的一些經驗談。我們將會發現，許多挫折與障礙在今日仍然存在。

220　　　　我發現我工作的地方總是有新的老闆與經理，而在每個新情況
下，你還是同樣的 Christoper Columbus。有時候我必須從頭來過，
給予新經理或新老闆機會教育。這和政策或經驗無關，因為這很可
能是那位新來者第一次與身心障礙者工作。

　　有時候我的聽力障礙會讓我覺得非常非常生氣。由於生氣的關
係，我的要求變得相當無理。如果雇主覺得那是不合理的要求，我

並不覺得他們一定要理睬。當我非常生氣時，我要求受到的注目非常地……因為在那樣的憤怒中，我不太合作，因此它們的功能無法完全發揮。這是一種危機，因為當一個人不太合作，而雇主開始提供任何前者所要求的事物時，真正的問題並沒有被解決。

我的管理者是一個可以提供我在任何情形需求的人，但是其他在組織的人似乎沒有真的害怕那些需求。這裡在邀請參加其他地方會議會有一些距離和你可以去參加，但是人家不知道要為你準備什麼東西。整個組織真的需要予以教導。

雖然雇主並非總是知道該如何做，對於員工的意見，他們倒是抱著開明的態度。這使得員工必須對於自己的需求負起責任，開明地與雇主討論他們的需求，擁有務實及合理的期盼，對於其他的代替方案有所了解——就如此部分所引用的那些案例一般。過去的經驗指出，當這樣的情況發生時，雇主早已準備好聆聽並協助員工取得工作所需之協助，以順利完成任務。

最後……

在創造一個與科技及教育之間更為可行的合作關係，與確保教師在面對一屋子不同面孔、個性及能力的學生，能夠給予所有學生真正平等的教育時，必須面對很多挑戰。

理想上，科技是在生活及許多學習環境中，用來釋放、加強個人能力的。但更常見到的情況是，它被當作是一種「魔術」來使用，更可能分散學習注意力，而非強化學習本身及其表現。因此，有大量的人們避免、放棄、並告知他們並未從科技中獲益。

強加在學生身上、不適合其偏好或做事方式的科技被再度使用的機率將會降低。如同先前所提，需要紀律、耐心以及毅力，或是無法提供持續強化效果的科技，可能無法吸引喜愛不斷刺激的青少年。此外，降低教師與學生

221

互動，或是干擾學生樂在其中的社交活動的科技，常常被棄置一旁。本書所討論的教育科技的使用所帶來的不同程度的影響，在表 12.4 中將做一彙整。當教育科技迎合學生的特殊學習需求時，不論是何種科技，都將發揮最大的功能；當它們僅被當作強化學習的工具時則非如此（Scherer, 1996a, 1996b, 2001）。如同我們先前所見，目前各式電腦功能與特色仍各有利弊。雖然消費者可以擁有較多選擇，選擇他們認為最符合其需求的功能及特色，但除非依照良好的程序進行，並在一開始便做好合適的評估，否則選擇最適合的科技以便與人搭配，仍是一件令人挫折的事情，並可能消耗大量時間。

不管這本書的主題是教學科技或系統（technologies and systems for instructional delivery）、資訊與教學科技（technologies for access to information and instruction），或是加強個人功能之科技（technologies to enhance individual functioning），最終的目標是讓學習唾手可得、資訊有意義、成功不再遙不可及。今日，當採用普遍性的設計以及多元模式的原則時，身心障礙的學生便可以和非身心障礙學生一樣，利用許多教育及資訊科技。藉由除去科技使用與資訊取得上的不必要障礙，學生的自足、獨立、自我決斷力以及實踐能力都將獲得加強。

在學校、家庭、工作場合以及社區所使用的輔助科技，已經使身心障礙人士擁有更多參與生活中重要活動的機會。如同精密植入裝置（surgically implanted devices）一般，輔助科技也將不斷進化。基於學校所面對的吃緊預算以及需要幫助的龐大學生數目，不適當的學生與科技之配對及不被使用的科技，已不是我們能夠負荷的奢侈負擔。我們必須減低科技不被使用的機率、增加所有學生的識字率，並幫助那些需要額外協助的人們成功融入社會。

於第五章列出的身心障礙表單包括對嚴重情緒失調的定義。在本書中分享其生活故事的人們——不論老少，也不管他們是老師或學生——多次描述了符合前述定義的情況。他們與外界缺乏聯繫、沒有歸屬感、對周遭世界沒有情感依附，正顯示出今日的青少年在準備參與他們所期待的活動並融入環境時，仍要面對許多挑戰。雖然我們不應責怪體制、預算、有限的時間或其

他因素，科技的確在我們幫助個人與他人取得聯繫並融入社會時提供承諾。為了使這樣的承諾發揮最大功效，我們必須確保所選之科技與其使用者能相互配合；使用者被賦予利用科技的權利，以加強其表現、個人身心健全與成就；同時，科技還要能釋放並製造令人期待且值回票價的機會。科技的角色在於創造聯結：讓學習——以及生活——更方便、健全，而不是隔絕並限制其使用者。

224

表 12.4　人與科技適配(MPT)模式：不同人身上的影響以及配搭輔助科技的結果　*222*

	情境	人格	科技輔助教材
使用者完善部分	・家庭、同儕、老師的支持 ・家庭／教師／員工的現實期望 ・環境／周遭全面鼓勵使用 ・得到必要的訓練 ・教室中的電腦支援系統 ・合適的訓練	・自覺 ・有動機 ・合作 ・樂觀 ・模仿學習強 ・耐心 ・自我紀律 ・普遍主動在生活學習經驗 ・有技巧學習使用設備器材 ・了解現實理想差距 ・不自覺使用設備器材 ・擁有主動使用器具的經驗	・達成目標不會痛苦、疲勞或不舒適 ・和其他的支援相符合對應 ・是否安全、可靠、容易使用、建立與維持？ ・預期的流量 ・現階段沒有更好的選擇 ・支持生活形態和社會活動 ・隨時更新
部分不合適的地方	・來自家庭／同儕／老師的使用壓力 ・無法立即獲得幫助 ・環境／周遭不鼓勵使用，使用上很拙劣 ・不適應所給予的訓練	・使用器材時有自覺 ・沒動機 ・沒耐心／沒動力 ・不實際的期望 ・自卑 ・使用器具有時感到不悅 ・器具只能部分或偶爾符合目標 ・使用的技巧不足	・目標沒有完全達成或感覺不舒服、不方便 ・需要很多的組成構件 ・會被其他支援使用中斷 ・器材沒效率 ・較喜歡其他裝置 ・和一些社會活動不相符

（續）

223　表 12.4（續）

	情境	人格	科技輔助教材
非使用者無效的部分	·缺乏家庭／同儕／老師的支持 ·其他不切實際的期望 ·無法立即獲得幫助 ·環境／周遭不允許使用 ·沒有訓練	·沒有目標 ·不想使用裝置 ·沮喪 ·沒動力 ·不合群 ·孤僻 ·使用科技輔助感到壓迫威脅 ·習慣和生活形態的改變 ·不會使用	·感覺到難以達成目標或不舒適感、不方便去使用 ·需要很多組成構件 ·感覺或認為和其他支援生活形態無法一致 ·喜歡的設備太貴 ·傳輸遲緩 ·喜歡其他選擇 ·認為不被社會所需求的
放棄的部分	·缺乏家庭／同儕／老師的支持 ·環境／周遭不鼓勵或使用上很拙劣 ·需求和幫助無法立即獲得 ·不適應訓練	·自我意識到在使用科技輔助 ·沮喪 ·自卑 ·易怒 ·孤僻 ·固執 ·較喜歡和人互動 ·適應力差 ·生活中的改變 ·缺乏使用器材而未有訓練 ·使用未獲得益處	·目標未達成或不舒適／不方便感 ·和其他輔助工具不相容 ·過於飽和 ·使用困難 ·器材無效率 ·維修／服務不能立刻提供 ·較喜歡／較好的選擇出現了 ·和社會活動不一致

附　錄

使用者與科技適配的歷程與樣本評估表範例

✦ 使用者與科技適配（MPT）的歷程和方法

步驟 1： 初期的 MPT 模型工作表是用來決定專業人士和使用者所建立的初期目標，包括其他可能的目標。接下來，將這些目標潛在的支持點填入表格所提供的空白處。最後，記錄所以支持目標成果的技術法（參見此附錄中的例子）。

步驟 2： 支持使用的歷史用來確認過去的技術，對這些技術的滿足，以及那些客戶所需要但尚未開發的技術。專業人士和客戶合作完成此表格（參見此附錄的範例）。

步驟 3： 消費者被要求以他／她的觀點完成合適的表格。這取決於各種可考慮的技術類型：一般的、有幫助的（請參見此附錄中的範例）、教育性的（參見此附錄中的範例）、工作地點或是醫療照顧。如果使用者覺得非常適合，使用者表格也可以被用來作為口試的指導原則。專業人士以專業的觀點完成相同的表格，以及找出存在於專業者和客戶反應之間的矛盾，這些矛盾將成為可爭論的議題。

步驟 4： 專業人士與使用者討論哪些因素可能導致她或他接受適當使用技術法的問題。

步驟 5： 在發現有問題的部分後，專業人士和客戶確認特定相關的策略和制定敘述問題的行動方案。

步驟 6： 上述的策略和行動方案必須要記錄下來。經驗顯示，僅以口頭表達，這些方案無法達成和紀錄一樣的效果。紀錄性的計畫也可被視

為文件檔案,也可為後續行動提供證明(例如要求資金和訓練時間)。

註:有一個完整的手冊描述各項方法的實施與計分、結果的解釋與應用,以及方法的信度與效度。在以下網址可以查到更多的資訊:http://members.aol.com/IMPT97/MPT.html

◆ MPT 調查表樣本部分(包含原表格中少於 50%的項目)
MPT 過程的初始工作表

在下列之中有個別經驗於限制或有獨特的優點(確認所有的應用)。在每個領域,指出目標和潛在的技術、環境的適應,和其他介入。

領域	限制	優點	目標	介入	技術和環境適應的例子
演講/溝通	1. 2. 3.	1. 2. 3.	1. 2. 3.	1. 2. 3.	電子溝通設備、互動板 溝通技巧訓練
動作能力	1. 2. 3.	1. 2. 3.	1. 2. 3.	1. 2. 3.	輪椅、助步車、合適的駕駛設施、斜坡道、合適的地面
手部控制/靈巧度	1. 2. 3.	1. 2. 3.	1. 2. 3.	1. 2. 3.	合適的電腦鍵盤和滑鼠、修正器、自動門、有手觸式螢幕的銀行終端機
視覺	1. 2. 3.	1. 2. 3.	1. 2. 3.	1. 2. 3.	放大的設施、讀字機 合適的光線、觸覺標示和信號
聽力	1. 2. 3.	1. 2. 3.	1. 2. 3.	1. 2. 3.	電話放大機(揚聲器)、個人頻道、信號設施 減少噪音、字幕功能
閱讀/寫作	1. 2. 3.	1. 2. 3.	1. 2. 3.	1. 2. 3.	有聲書、附有聲輸出之電腦訓練讀者或記筆記者、測試適應力

使用經驗史：科技、特殊目的設施和個人協助

在各領域中，個人(1)使用；(2)曾使用；(3)需要科技或其他支援？寫下支援的名稱相關的領域，然後在該列下記錄要求的資訊。

領域	支援名稱	現在使用支援						過去使用支援							支援需求		
		每月用	每日使用比例	支援滿意度（	1＝非常不滿意	3＝中立	5＝非常滿意）	每月用	每日使用比例	支援滿意度（	1＝非常不滿意	3＝中立	5＝非常滿意）	不再使用的理由	需要渴望但無法得到	需要但不渴望	理由
演講/溝通	1. 2. 3.																
機動性	1. 2. 3.																
用手靈活操作	1. 2. 3.																
視覺	1. 2. 3.																
聽力	1. 2. 3.																
閱讀/寫作	1. 2. 3.																

229

身心障礙者 *的* 教育輔助科技

230   表 4-1   個人：科技輔具傾向評估（包含原表格中少於 50% 的項目）

姓名：＿＿＿＿＿＿＿＿＿＿＿＿＿＿＿   出生日期：＿＿＿＿＿＿＿＿＿＿
主要的目標（六個月）：＿＿＿＿＿＿＿＿   填表日期：＿＿＿＿＿＿＿＿＿＿
主要的目標（一年）：＿＿＿＿＿＿＿＿＿   填 表 者：＿＿＿＿＿＿＿＿＿＿

A. 在下面項目中你用輔助科技（或其他支持）而顯現的目前的能力為何？在每一項
   圈出最好的答案，並寫下你最初使用的輔具的名稱或你使用的相關器材。然後，
   你相信未來十二個月需求會增加的設備用加號（＋）表示，用減號（－）表示你
   認為未來十二個月會減少需求者。

	差	普通		良好		輔具名稱	需求增加（＋）或減少（－）
1. 視力	1	2	3	4	5	＿＿＿＿	＿＿＿＿
2. 聽力	1	2	3	4	5	＿＿＿＿	＿＿＿＿
3. 說話能力	1	2	3	4	5	＿＿＿＿	＿＿＿＿
4. 理解／記憶	1	2	3	4	5	＿＿＿＿	＿＿＿＿
7. 抓握及手指控制力	1	2	3	4	5	＿＿＿＿	＿＿＿＿

B. 下面的項目你目前的滿意度為何？圈出你的答案。然後圈出你最希望看到進步的
   項目。如果圈出超過一項，在「重要」一欄中寫出重要性的順序，＃ 1 表示最重
   要，依次為 ＃ 2……等。這些被圈出的項目中，請指出你面對的主要障礙是來自於
   環境的障礙（E）還是來自於你的殘障（D）。

	不滿意	滿意		非常滿意		重要性	主要的障礙（E）（D）
14. 參加渴望的活動	1	2	3	4	5	＿＿＿＿	＿＿＿＿
15. 教育的獲得	1	2	3	4	5	＿＿＿＿	＿＿＿＿
18. 親密的關係	1	2	3	4	5	＿＿＿＿	＿＿＿＿
19. 自治、自我決定	1	2	3	4	5	＿＿＿＿	＿＿＿＿
20. 感覺連貫的、親密而安全的關係	1	2	3	4	5	＿＿＿＿	＿＿＿＿

C. 請圈出下列所有描述你的陳述。

22. 我從家庭得到我需要的支持
23. 我從朋友得到我需要的支持
24. 我受到治療師、照顧者的鼓舞
25. 我感到一般大眾接受我
26. 我渴求去上學或去工作
27. 我經常挫敗或被壓倒
28. 我對新事物感到好奇且興奮
33. 我經常平靜且有耐心
34. 我的生活有目標、有意義
35. 我自我訓練
36. 我經常生氣

37. 我經常覺得沮喪
41. 我喜歡接受挑戰
42. 我是負責任、可信賴的
44. 我得到科技的興趣
45. 我是合作的
46. 我選擇寧靜的生活方式
47. 我經常感到孤獨與孤單
48. 我完成我開始去做的事
52. 我經常覺得不安全
53. 我覺得好像我有一些秘密

231　　表 4-1　　輔具：輔具及需求結果比照表
　　　　　　科技輔具傾向評估（包含原表格中少於 50% 的項目）

姓名：_____　　出生日期：_____
主要的科技輔具目標：_____　　填表日期：_____
　　　　　　　　　　_____　　填 表 者：_____

說明：在表格中「輔具」的欄位寫下輔具的名稱，然後閱讀下列十二個項目（A-L），圈出三個你認為最重要的字母。為每個輔具的十二個項目（A-L）計分，然後在適當的欄位中寫下數字。

　　　　5＝總是
　　　　4＝經常
　　　　3＝半數的時間、中立的、不適合的
　　　　2＝偶而
　　　　1＝目前沒有
A. 成功的使用輔具能得到援助與適應
D. 我有信心我知道如何使用輔具及它的不同的特徵
F. 這個輔具將會和我的習慣作息相配合
G. 這個輔具將會對我有幫助，並提升我的生活品質
J. 我將會覺得舒服（並且不是自我意識到的）在朋友間使用這個輔具
K. 我將會覺得舒服（並且不是自我意識到的）在學校及工作上使用這個輔具

輔具	A	B	C	D	E	F	G	H	I	J	K	L	總計

　　　　重新探討上面的總計分數，得到最高總分的輔具是最願意選擇的（最高分＝60），當評分結束，三個圈出的項目是最重要的。

輔具試用

販 售 者：_____　　聯絡人：_____　　電　話：_____　　傳真：_____
製造廠商：_____　　型　式：_____　　郵寄日期：_____
價　　格：_____　　付費者：_____　　註　記：_____

這個輔具被預期多久能達到個人的需求　　（年）_____　　（月）_____　　（週）_____

教育輔助科技學生評估表（包含原表格中少於 50 % 的項目）

學生姓名：_____　　日　　期：_____
輔　　具：_____　　教育目標：_____

A. 目標

1. 你了解上面所寫的目標嗎？	1	2	3	4	5
	否		有一點		是
4. 你多想要達成這個目標？	1	2	3	4	5
	很少		有一點		很想

B.（教育）輔助科技

1. 你有沒有曾經經驗這種科技或這種方法？	1	2	3	4	5
	從未		一些		經常
3. 你有沒有發現其他人使用過這個科技輔具或這種方法？	1	2	3	4	5
	從未		一些		經常

C. 周圍環境

1. 你比較希望聽老師上課還是自己閱讀課本來學習？	1	2	3	4	5
	聽講		兩者		閱讀
3. 你比較希望看到一個示範還是你自己實驗？	1	2	3	4	5
	否		有一點		是
5. 你覺得你的朋友/同儕會協助你做這件事嗎？	1	2	3	4	5
	否		有一點		是

D. 個人
請圈出下列所有描述你的陳述。

1. 我對新事物感到好奇且興奮
3. 我可以接受批評
4. 我容易完成艱難的工作
6. 我比其他人想要工作慢一些/快一些
7. 我小心的工作
8. 對於需要學習的事物我有背景技能

18. 我有時愛挑剔
19. 我會操作輔具的許多步驟
20. 我喜歡使用電腦
22. 我有時需要頻繁的回饋
25. 我很容易感到厭煩
27. 我經常感到焦慮

或知識

10. 我想要控制我自己的學習速率

13. 我喜歡嘗試新事物靈敏度很好

15. 我的肢體

16. 我會描述自己是勤奮好學的

28. 我有合作的態度

30. 我精確的做事

31. 我比較喜歡從電腦得到回饋比從我的老師得到回饋

32. 我的學習動機強烈

34. 用這個輔具會妨礙我的社交活動

請列出你在學習上的其他特徵。

35. ＿＿＿＿＿＿＿＿＿　36. ＿＿＿＿＿＿＿＿＿　37. ＿＿＿＿＿＿＿＿＿

 B 需求聲明表範例

填表日期：9 月 30 日
學生姓名：學生
地　　址：
入學機構：
學　　區：
科　　目：LLB 法律課程
殘障狀況：視覺障礙、骨質疏鬆症、雷諾氏症
醫療或其他證明文件：醫師證明

 介　紹

　　XXX大學請我為該學生諮詢，為該生做學術及資訊科技方面需求條件的評量，藉此評量提出適當的建議，幫助該生申請XXX補助金。我在 1999 年 9 月 15 日為該生做評量。

　　該生雙眼弱視且患有飛蚊症，她戴眼鏡只能矯正視力到某種程度，幫助非常有限，所以該生提出她在閱讀、操作電腦及行動方面都有困難。而她行動上的困難也是因為患有骨質疏鬆症的影響，所以該生表達她行動上的受限，而此情況在惡劣的天氣下會更嚴重。除此之外，該生患有雷諾氏症，會使她雙手感到麻刺和疼痛，以至於無法長時間書寫、使用教科書或是手提物品。

　　很顯然，該生在上課時，無法抄寫筆記，無法繳交需要手寫的作業，也無法在考試時書寫作答。因此她要投入更多的努力，以使自己能夠獨立及有

效地學習。

　　我對於該生殘障的評估結果，提出一套協助方案，幫助該生從課堂上獲取最大的效益。 我以該生現有的學習策略及所偏好的學習方式作為最大考量，而提出此建議。

　　在報告中推薦給學生的學校、基金會如下：

給學生的建議

1. 你最佳的做筆記方式便是在課堂及研討會上錄音。
2. 在上課之前，向老師影印一份打好字的課堂筆記或 OHP。字體最好是三十二級的粗體 Times New Roman。
3. 有必要的時候，向同學們借筆記來影印以輔助你的錄音筆記。在影印時，應該將筆記放大到可讓你舒適閱讀的程度。

　　＊如果這樣的做筆記方式無法讓你感到滿意，你可能就需要雇用專人來為你做筆記。若是如此，你需要和 XXX 聯絡為你做諮詢。

4. 不論是手寫的課堂筆記、錄音筆記、講義、OHP 或是其他同學的筆記，都要盡早將其打字整理成為讓你易懂的筆記。
5. 你需要要求老師給你一份精簡的閱讀明細表，所以你可以花較少的時間在閱讀一些較不重要的教材。
6. 你需要和學生中心或 DLO 辦公室的職員聯繫，詢問大學的圖書館裡廣泛的借出設備及取得和影印閱讀資料的協助。
7. 在閱讀書本及其他教材時，你需要用有照明設備的放大鏡。
8. 你應該用閱讀書架及書寫斜板來改善你的閱讀及書寫姿勢。
9. 你要以電話聯絡 XXX 學生圖書館的客戶服務部門關於借卡帶書本事宜。
10. 書本可透過以下機構以電子的方式，或是以卡帶及電腦磁碟的方式取得。

　　http://www.net.library.com

　　Recording for the Blind & Dyslexic in the USA:

20 Roszel Road

Princeton, NJ 08540

USA

Tel: (609) 452-0606

Fax: (609) 987-8116

Internet: http://www.rfbd.org

11. 我建議你能夠盡你所能在家裡藉文字處理器或視窗放大軟體來完成你的
學習。這樣可以減少你需要出門到學校的次數，特別在天氣狀況惡劣時
更需要這樣做。

12. 你需要使用網路聯結來進入學校圖書館的目錄網頁，以及聯結許多其他
的研究資源。在使用網路時，你也需要電腦螢幕放大軟體的協助。

13. 因為你在讀看一般電腦的螢幕顯示上有困難，我建議你用一個螢幕放大
軟體：Zoom Text Extra Level 2 for Windows。在使用此軟體時，你需要試
著調整放大程度及色彩設定，直到你找到一個理想閱讀的設定。

14. 為了減少你花在課堂講義及參考書的打字時間，你可以將這些資料掃瞄
到你的電腦裡。

15. 為了減少你在操作電腦上的不舒適，你要使用人體工學的滑鼠以及手腕
靠墊。

16. 我會非常強烈的建議你取得一些正統的行動訓練，以增加你獨立行動的
能力，特別是在往返學校及在校園裡行動的能力。這樣的訓練NCBI有提
供，你可和 XXX 聯絡。

17. 你在往返學校時，應盡可能搭計程車，你可以向 XXX 申請補助往返學校
的車資。

給學校的建議

◆ 做筆記方面

1. 教職員要允許學生在課堂上或研討會上錄音,因為這是學生主要的做筆記方式。此外,對於在寫黑板上的課程內容,老師也要有仔細的口頭敘述,如此學生才可將此資訊也一同錄音。

2. 在課堂上若有回答其他學生的問題,也要將問題重述一次,以助於學生的錄音。

3. 老師盡可能在每次上課的前一星期,提供給學生一份已打字好的課程筆記和 OHP,字體最好是粗體的三十二級 Times New Roman。

4. 如果來不及這樣做,老師應該在閱讀明細單中將必讀的書目打星號,以讓學生曉得閱讀的重點,才不至於花太多時間在不重要的閱讀上。

5. 如果大學裡沒有電腦設備,學校應該考慮購買一套螢幕放大軟體。這個軟體除了放大電腦螢幕,還提供了螢幕說話功能可以合成音發聲。詳細資料請向下列公司索取:

236

Sight & Sound Technology

Quantel House

Anglia Way

Moulten Park

Northampton, NN3 6JA

United Kingdom

Tel: 01604 798070

作業方面

6. 應以包容同情眼光來看待學生提出延長交作業期限之要求，但只有在設定作業期限會明顯地對學生不利的時候需要如此，但不要因為延長期限而追加功課。

考試方面

7. 目前，學生表達說她想參與正規的考試。因此每一個小時的考試，應該多給學生十五分鐘的時間以便讓她休息片刻，以及花一些時間瀏覽她的試卷。

8. 試卷的字體應該用三十二級 Times New Roman 粗體，而且要准許學生攜帶自己的放大鏡。另外也要提供給學生 A2 的書寫斜板，或是類似的輔助器材，讓他們可以用舒適的姿勢閱讀或書寫。

給基金會的建議

　　該學生和其他一般生比較起來是處於明顯的劣勢，所以她應該從殘障學生津貼基金中獲取補助，以購買一些協助器材或服務，使她可以和一般學生立足在平等的位置。 補貼項目如下：

特殊器材補貼

1. 卡式錄音機、腳控開關（footswitch）、卡匣錄音帶，這是學生在課堂上及研討會上主要做筆記的方式。

2. 一台桌上型電腦，包括 Office 軟體、數據機、印表機。這些配備可以協助學生：

237

- 將所錄音的內容打字。
- 以此附有螢幕放大軟體的電腦做作業。
- 掃瞄文件。
- 藉著螢幕放大軟體的協助在網路上搜尋資料。

3. 一台平面的掃瞄器和字體辨識軟體，以便讓學生將文件掃瞄進電腦，然後以螢幕放大器閱讀。

4. Zoom Text Extra Level 2 這個應用軟體可放大螢幕上的顯示，使視障者更容易閱讀。

5. 電腦螢幕濾光鏡。這可幫助學生消除一些電腦螢幕的反光，降低學生眼睛的疲勞，讓學生可以延長操作電腦的時間。

6. 一個網路帳戶。讓學生可以藉此帳戶登入一些資料庫網站，以獲取一些課程的資料，然後配合電腦螢幕放大軟體閱讀。此外，學生也可以藉電子郵件和職員交換資訊以及搜尋一些美國網站上 Blind & Dyslexic 的有聲書目錄。

7. 帶有書架的 A2 書寫斜板、可攜帶式的閱讀書架、有照明的放大鏡。這些輔助器可以讓書本及所要閱讀的資料放置在與眼睛水平的位置，避免不必要的彎背或垂頭以閱讀平面書桌上的資料。

8. 一個人體工學的滑鼠及手腕護墊。這可使學生操作電腦時，手臂及手腕的不舒適程度降到最低。

9. 提供保險基金，保險範圍涵蓋電腦設備、軟體以及電腦周邊配備。學生需要調查確認保險金額是否足夠涵蓋竊盜及損害，若保險金額不足，而需要額外加保，基金應該資助學生該項費用。

10. 影印的基金。需要提供此基金，以使學生可以在圖書館影印一些必要的資料。這是必要的，因為大部分的書籍教材、期刊及研究資料在圖書館中才有，而且是無法外借的。

11. 學生應該得到電腦消耗用品的補助金，例如印表紙和印表機墨水。

非醫療性輔助器材的補助

1. 設定及測試學生的電腦、軟體及相關周邊設備之費用。
2. 一天的專業軟體訓練之費用。
3. 專業費用,有關對學生做課程需求之評量,以及出具相關報告之費用。

差旅成本

學生應該可申請搭計程車往返學校的補助金。

以下列出完整的技術輔助器材之報價及供應商明細,所列之電腦硬體及軟體的描述與學校的系統相容。而且就我目前的認知,所列之電腦設備足夠讓學生使用到課程結束。

現在市面上有的電腦及印表機的機型都列入考慮的範圍,我們建議基本的規格,但是可得知有些學生會想要將電腦升級。我們希望 XXX 願意同意此,假如學生準備自行負擔差額。

有時,XXX 或學生會與我們聯繫,表明他們找到他們認為非常有價值的設備,但經驗告訴我們,在對這些請求深入調查後,結果都證明了他們找的這些配套設備都比較不完整或是品質較為次等。XXX 從一簡短明細單中選擇了一個供應商,此供應商是有聲譽且提供良好售後服務的。所有被建議購買的設備、硬體及軟體都經過 XXX 測試,而且後來都被發現是適用且可靠的。若學生或 XXX 自行選擇其他規格的設備或供應商,XXX 將不負責設備的無法正常運作,或是不相容等問題。

若你需要更進一步的資訊,或需要與我討論此報告的內容,請與我聯繫。

Joe Bloggs
輔助科技顧問

239　供應商與訂單資訊

項目	價格	稅	總計	供應廠商
P II /400 電腦 128MB RAM、Intel BX chipset、6G 硬碟、3.5 軟碟機、32 倍速光碟機、PCI 64 音效卡、8 MB ATI Xpert 98 AGP 顯示卡、17 吋螢幕、微軟 98 信件中心、機殼、三年保固				
Modem				
Epson 440 噴墨印表機（含連接線）訂購編號：OE1287				
HP 5200C 掃瞄器 訂購編號：OG5723				
Caera OmniPage Pro v 9.0 Competitive Upgrade. 編號：OH7797				
2×50 Maxell 3.5 吋 IBM HD 編號：2 x 044532				
微軟 2000 編號：075935				
總計（包含 21%的稅）				

240

項目	價格	稅	總計	供應廠商
APH 易操作的卡式錄音組				
充電器				
腳動開關				
領夾式麥克風				
錄音帶				
郵資				
總計（包含 21%的稅）				

項目	價格	稅	總計	供應廠商
放大課本二級 7.02 版				
郵資				
總計（包含 21%的稅）				

項目	價格	稅	總計	供應廠商
Luxo 燈光的放大鏡照射機 編號：LFM101A				
額外的 2x 放大鏡照射機鏡頭 編號：LFM8D				
總計（包含 21%的稅）				

項目	價格	稅	總計	供應廠商
Logitech Trackman Marble Plus 編號：LOG/TMPL				
17 吋螢幕變電器 編號：VF17P				
滑鼠墊 編號：EMOUSE1S				
手腕支撐架 編號：EREST1S				
迷你書寫板 編號：PPOS/2				
書籍夾板 編號：POS/PBH				
運費				
總計（包含 21%的稅）				

項目	價格	稅	總計	供應廠商
書桌椅子上的書籍夾板				
運費				
總計（包含 21%的稅）				

項目	價格	稅	總計	供應廠商
額外的 ISP 會費，每個月 15 歐元（含稅）				
總計（包含 21%的稅）				

242

項目	價格	稅	總計	供應廠商
三年的保險（電腦的配備和軟體）@電腦的配備和軟體總價值的 9%				
總計（包含 21%的稅）				

項目	價格	稅	總計	供應廠商
電腦耗材（紙、墨水匣等）				
總計（包含 21%的稅）				

項目	價格	稅	總計	供應廠商
6 張影印卡				
總計（包含 21%的稅）				

項目	價格	稅	總計	供應廠商
特殊軟體使用一日訓練				
電腦裝配				
專業評估的費用				
總計（包含 21%的稅）				

教育科技評估與選用檢核表

這些例子是來自於人和科技適配（Matching Person and Technology, MPT）模型及自我評估工具（http://members.aol.com/IMPT97/MPT.html）。它們被設計來輔助教育科學的潛在使用者，用以檢視他們的偏好與預期。

對於在MPT評估中的回應可以協助學習者和教師（和對年輕的學習者、父母以及個別教育學程的成員），做符合學習者需求的最適決策。在諸多個案中，合適的選擇可以幫助避免由科技和學習者偏好、個人特質以及學習方式的不協調所造成的挫折。

身為一個學習者和潛在教育技術的使用者，為了得到可促進你能力的教育技術，需要回答一個重要的問題。知道你是誰，你的所需和限制你去控制你的學習經驗的原因。你可以更輕易地更有效率地對別人解釋你的偏好和需求。一個較佳的自我感受能讓你有自信的看著外界而找到選擇。選擇就是力量。這力量會導引你繼續向前，和根據現有的選擇及你的經驗來計畫一些策略。刻意的設定目標會讓你寧願保持前進而不注意自己的弱點和恐懼點。

思考你已擁有什麼資源和確認你仍然需要什麼資源是重要的。它將會有助於做一些你的目標和達成你目標方法的自我檢查。在附錄A的表格將會有助於此過程。在 MPT 評估過程中，第一個表格被稱為「MPT 過程的初始工作表」，它是你現在必須提到的。當你使用此表格，你需要將重點放在你目前的優勢和弱勢，這是非常重要的。依據下列兩步驟完成此表格：

1. 寫下你的初始目標和包含其他可能的目標。

2. 決定什麼可幫助你達到這些目標。

一旦完成（以上步驟），你將可以確定一個行動方案去標明你的目標和

244 所提議的療育計畫。你需要寫出和推衍出你的策略和行動方案。經驗顯示口頭討論的計畫通常無法像寫下的計畫一樣被執行。寫下的計畫也可以提供一個未來行動的理由。例如：資金或訓練等等。

在接下來的兩頁是關於長短期目標、達成這些目標的企圖和結果的圖表。在目標之下，轉換你的想法到 MPT 技術過程的初始工作表。

245

短期目標				
日期	你想要實現的目標	何時	你如何去達成	完成日期

246

長期目標				
日期	你想要實現的目標	何時	你如何去達成	完成日期

選擇協助性和教育性的技術（包括軟體）

　　為了這些第一次使用特定協助性、教育性技術或軟體程式及要使用升級版或新事物的人，我們通常需要花很多時間、精力來找出適合使用者的學習方式及偏好的最佳組合。您對接下來問題的答覆將幫助您（學習者及技術使用者）、供應者、老師或 IEP 團隊在您的需求上做出最佳抉擇。在很多實例中，正確的抉擇可以幫助避免與偏好不相容的技術所造成的挫折。

　　因為想到什麼問題該問可能很難，而忘記什麼該問卻很容易，所以這裡有些問題可以幫助你開始著手。問題是以當你與供應者、老師或 IEP 團隊交談時，可以靈活運用的例子，分為兩個部分。在你傾向縮小產品抉擇時，問題的答案可以作為重要的分享情報。

　　核對的清單分成接下來的兩個部分：

1. 評量及評估過程中所要問的問題。
2. 當特定產品被推薦時該問的問題。

　　因為並非每個問題都和你的情況相關，所以每個問題都有兩個空格。第一個空格是用來指出對於你或這項產品而言，這特定問題有多重要。另一個空格則是要評等問題陳述的程度。可以打勾、使用 1 至 5 分的評比或任何評估方法。問號則表示該問題需要更多的資訊。最後，還有地方讓您寫下您的問題及記下該記的重要事項。

身心障礙者 *的* 教育輔助科技

248　●••評量及評估過程中所要問的問題

重要性	等級	
☐	☐	我有受到禮貌性、尊重的對待嗎？
☐	☐	在選擇我所要使用的技術、特點時，夠清楚嗎？
☐	☐	我所表達的偏好有被了解嗎？
☐	☐	我有察覺對於我的問題的渴望嗎？
☐	☐	對於自己的期望和需求，我清楚嗎？
☐	☐	我所選擇的服務或產品有重複嗎？
☐	☐	服務或產品有符合我變動的需求嗎？
☐	☐	在評量的相關部分有國家認證，人員對技術純熟嗎？
☐	☐	評量的供應者或團隊有跟上最新的發展、方法和產品嗎？
☐	☐	是否有適當範圍的服務和技術可以迎合我的需要？

我想記住或被提出的額外問題：

☐	☐	_____
☐	☐	_____
☐	☐	_____
☐	☐	_____

從這個會議或討論中得到的重點：

•⋯當特定產品被推薦時該問的問題

重要性	等級	
☐	☐	這產品有做到我要它完成的嗎？
☐	☐	我有看過它的示範操作嗎？
☐	☐	產品使用上需要某些我所沒有的技能或才能嗎？
☐	☐	從豐富的消息提供讓我在如何使用產品上有受到適當的訓練？
☐	☐	器具的尺寸、重量對我而言是好控制的嗎？
☐	☐	使用產品可以不需要協助或所需要的協助都在手邊嗎？
☐	☐	我能誠實地說使用這項科技讓我很自在嗎？
☐	☐	我會真的使用這科技還是棄之不用？
☐	☐	我有考慮過其他的替代產品嗎？
☐	☐	在不同的情況或環境裡，這項科技有符合我的需求嗎？
☐	☐	因為天氣狀況或地區的自然界特性，我需要特別的設計嗎？
☐	☐	在各種情況、環境下，設備有我所需要的穩定性嗎？
☐	☐	在各種情況、環境下，設備有我所需要的持久性嗎？
☐	☐	需要在環境中做什麼改變來符合器具的使用嗎？
☐	☐	如果我的職務技能、工作或聲望改變時，這產品合適嗎？
☐	☐	使用上很自在嗎？
☐	☐	把手、開關、帶子等很簡單容易使用嗎？
☐	☐	有考慮到使產品更多用途的額外設計嗎？
☐	☐	有用不著的額外設計嗎？
☐	☐	這裝置需要改版或外加的部分嗎？
☐	☐	我充分了解產品的科技援助嗎？
☐	☐	關於產品的維修、保養，我有門路和資訊嗎？
☐	☐	我能自己保養產品嗎？
☐	☐	我知道產品保養的時間表嗎？
☐	☐	平均的維修時間可以接受嗎？
☐	☐	如果沒有問題來進行是否有足夠多的貸款？
☐	☐	如果輔具需要組裝，有人會做嗎？

250

我想記住或被提出的額外問題：
☐ ☐ _____
☐ ☐ _____

使用此項科技所須記住的重點：

267

輔助科技的發現與補助
（紐約愛色佳科技促進法律中心）

　　法規規定公立學校轄區為了學生教育目標的達成，必須提供必要的科技協助（ATs），並且寫在個別化教育計畫（IEP）中。但預算有限，並非所有想要的科技都可以得到，例如筆記型電腦或掌上型電腦。設備考量如同醫療處理一樣，並非學校轄區全數給付。

　　在布希總統新自由提議權之下，強調協助科技的發展和有效運用。重點包括主要的承諾將有效資源擴展到協助科技法案第三大項中輔助科技貸款與殘疾人士的財務替代方案（AFP），致力於一些創新方案，例如發展事業群體管理中心的科技運用、雇用機會及履行奧姆斯特德（Olmstead）決議的重要科技。

　　當個人從種種的政府和民間資源獲得支付儀器的資金，多數的資金來自下述：

1. 私人保險計畫，包括醫學保險（例如憂鬱構成／保護）或意外保險（如汽車、房屋），可以保障很多維持學生健康與自主所需的儀器。
2. 在公立學校可獲得範圍之外的聯邦及州方案，當私人保險行不通或不足時，可為儀器提供資金。
   (1)為可能去工作的殘疾者提供職業重返。聯邦或州的職場重返方案中對可能去工作的定義很廣，在全職競爭工作之外，包含很多種活動如兼職、受保護的及和家政一樣的支援性工作。職場重返服務可幫助人們過渡中等教育、繼續後中等課程或職業訓練。如果對工作而言儀器有存在的必要，或成為稱職的工具，那麼職場重返服務就會付錢。如果這個人不是要找工作，而儀器是自主的必需品的話，那這個人會從獨立存在的計畫或中心得到援助。

身心障礙者的 教育輔助科技

(2) 醫療保險的 B 部分為六十五歲以上的人、連續二十四個月收到社會
福利殘障保險救濟金的人及父母親是殘障、退休或已故的殘疾人士
服務。醫療保險的 B 部分負擔被視為「醫學必需品」的耐久性醫療
設備和義體裝置的支出。

(3) 醫療補助計畫負擔私人保險未給付但符合財政規範的儀器。和醫療
保險一樣,儀器必須是「醫學必需品」。根據 1988 年涉及服務的
特殊教育的醫療補助計畫修正案（刊載於 Pub.L.100-360）,學生必
須是醫療補助計畫的合格者,儀器也該是「耐久性醫療設備」
（DME）,而且必須在學生的 IEP（個別化教育計畫）裡。

3. 慈善資源能幫助有特殊殘疾的人操作系統,或有特定殘疾的人（如腦
性麻痺聯合協會）獲得設備。民營組織例如獅子會、吉瓦尼斯俱樂部
等資助學生需要設備的動機。由洛杉磯的視障兒童基金會（Foundation
for the Junior Blind,簡稱 FJB）發起的「天使助學金」,捐助人都是
匿名,購買輔助科技給視力受損的個人最高每人 10,000 美元,在全國
很多地點都有（並沒有做廣告宣傳）。FJB 發展部經理主管方案的協
調。不具名的委員會考量呈交的傳記和輔助科技需求清單。如果核准
的話,申請人會在寫完感謝函後拿到設備,並簽署設備絕不出售或轉
讓第三者的協議,如果不需要設備了,會透過 FJB 歸還給捐助人。如
需更多資訊請洽 FJB 網站: www.fjb.org。

社區醫療設備和家庭健康管理的銷售者（供給者）通常對特定種類儀器
的支付者非常熟悉,而且有很多人有個人幕僚協助人們申請資金。並且,每
一州目前都有協助性科技法案贊助的科技法案計畫。州計畫是作為資訊和指
點的來源。想找任何特定的州計畫,請與美國華盛頓特區的教育部聯繫。

 附錄 E 資訊資源

　　本節附錄提供您可以找到本書相關資訊的地方。我們選擇一些經常更新並且比較不會變更的網址給您做參考。

對殘障人士有專精的美國機構

Council for Exceptional Children (CEC)	CEC 是全球最大的專業機構，致力於改善特殊教育的品質。CEC 提供許多資源，包括職業訓練、期刊、新的研究、資訊及教室服務等等。網址：http://www.cec.sped.org
American Psychological Association (APA)	APA 是美國專業的心理機構，它也是全球最大的心理學家協會，有超過 155,000 個會員。其網址：http://ww.apa.org。它旗下的 22 區 Rehabilitation Psychology 有特教組專精於協助科技，聾啞教育，幼兒教育等等（http://www.apa.org/divisions/div22）。APA 另有一個組專門負責統計和評量，實驗性心理學，教育心理學等等（http://www.apa.org/about/division.html）。

對輔助科技有專精的美國機構

Alliance for Technology Access (ATA)	ATA 是一個資源中心的網路，它致力於提供殘障的小孩及成人相關資訊，以提高他們的生活水平以及資訊生活（http://www.ataccess.org）。
Rehabilitation Engineering and Assistive Technology Society of North America (RESNA)	RESNA 是一個跨領域的組織，會員包括科技研究員、工程師、職能治療師、復健師、語言治療師等等（http://www.resna.org）。

Association for the Advancement of Assistive Technology in Europe（歐洲 AAATE）	http://www.fernuni-hagen.de/FTB/aaate.htm
The Australian Rehabilitation and Assistive Technology Association（澳洲 AAATE）	http://www.e-bility.com/arata/index.shtml
Human Perspectives of Technology (HPT)	致力於提供各式各樣最適合消費者使用的科技。（http://www.e-bility.com/arata/sigs-humanperspectives.shtml）。

◦◦◦對輔助科技有專精的網站

Tech Connection：提供殘障人士相關的工作或生活資訊（http://www.techconnections.org）。

ABLEDATA：提供網路上的產品目錄，它也接受美國政府的補助（http://www.abledata.com）。

AT Network：致力於輔助科技相關的科技，以提供殘障人士的獨立性、生產力（http://www.atnet.org/news/index.html）。

California State University Northridge (CSUN)：專門資助一個年度性的有關於殘障科技的會議。（http://www.csun.edu/cod/conf/index.htm）。

Closing The Gap：提供最新的資訊，資助相關會議並提供相關新聞（http://www.closingthegap.com）。

◦◦◦對相關立法有專精的網站

Individuals With Disabilities Education Act Amendments (IDEA) of 1997： IDEA 於 1975 年通過，只在提供所有幼童平等的教育機會，它特別對 580 萬

的殘障幼童提供了更佳的機會（http://www.ed.gov/offices/OSERS/ IDEA）。

Assistive Technology Act of 1998：這整部法案提供一些計畫讓有需要的人可以透過 NCDDR 取得需要的協助（http://www.ncddr.org/relativeact/state-tech/ata98.html）。

Section 508 of the Rehabilitation Act of 1973：這項法案的相關資訊可從下面的聯結取得：http://www.section508.gov。

No Child Left Behind Act of 2001 (Pub. L. 107-110)：這部法案也被稱作 NCLB，相關資訊以及所有的條文可在此處取得：http://www.ed.gov/ legislation/ESEA02。NCLB 網站 http://www.nclb.gov。

其他條文查詢：http://www.ed.gov/legislation。

殘障協會的相關網站：http://www.disabilityinfo.gov。

✴ 本書相關的網站

AbleNet 提供教導殘障幼兒的相關資訊（http://www.ablenetinc.com）。

CPB/WGBH National Center for Accessible Media 是一個研究發展的單位，致力於媒體與資訊工學，提供給障礙者於家庭、學校及工作場合的相關資訊 http://www.wgbh.org/ncam

256

Equal Access to Software and Information (EASI) 最先提供線上訓練的機構，讓殘障者易使用資訊科技 http://www.rit.edu/~easi

HalfthePlanet 提供一些服務及產品、同儕支持，及相關資訊。 http://www.halftheplanet.com

ICan Website 線上殘障社群，有 10,000 頁以上內容。http://www.iCan.com

InfoUse 應用資訊、科技、參與的研究，去改進社區的平等、促進殘障者的雇用及生活健康。http://www.infouse.com

Job Accommodation Network (JAN) 美國勞工部殘障雇用政策局。 http://www.janweb.icdi.wvu.edu/

National Center for the Dissemination of Disability Research (NCDDR) 美國教育
部所撥款補助的美國殘障研究傳播中心，補助高層次研究。
http://www.ncddr.org/index.html

National Council on Disability (NCD) 聯邦的獨立機構，提供總統、國會建議。
http://www.ncd.gov/

National Information Center for Children and Youth With Disabilities (NICHCY)
提供殘障相關資訊，特別在兒童及青少年。 http://www.nichcy.org/

National Rehabilitation Information Center (NARIC) 國立復健資訊中心，蒐集
傳播聯邦補助專案的研究成果、文獻，包括商業出版書籍、期刊、文
章、錄影帶，每個月至少蒐集兩百件文件，它對專業人員及非專業人員
提供服務。http://www.naric.com

Office of Special Education and Rehabilitative Services(OSERS) 特殊教育及復
健服務局、美國教育部的單位，對家長、個人、學校提供廣泛的支持，
服務包含三方面：特殊教育、職業復健及研究。
http://www.ed.gov/offices/OSERS/index.html

The Trace Research & Development Center 是 Wisconsin-Madison 大學工程學院
的一部分。建立於 1971 年，它是科技與障礙領域的倡導者。追蹤中心
的一個主要任務在於建立一個標準訊息化科技和一個更容易使用和被障
礙人士所接受的電子溝通系統。這項工作先前被國家障礙復健研究協會
（NIDRR）所負責的（美國教育部）。
http://trace.wisc.edu

U. S. Library of Congress, National Library Service for the Blind and Physically
Handicapped (NLS) 美國國會圖書館——視障、聽障服務分館，從全國
性網路服務及館際合作提供免費的點字、錄音帶材料提供圖者借閱。
http://www.log.gov/nls/

Untangling Web 是一個有十九類數以百計跟障礙者有關的網頁的手冊，包含
「視覺障礙」、「聽覺障礙」、「資訊科技」和「輔助性科技」。

附錄 E

http:www.icdi.wvu.edu/others.htm

World Wide Web Consoreium's Web Accessibility Initiative (WAI) 致力於尋求讓殘障者易使用的網站，包括：工學、教育、研究、發展。
http://www.w3.org/WAI

Assistive Technology Outcomes　是一個致力於發展、評鑑、應用一些有效的方法來做成果評量，來幫助輔助科技的實務人員，以決定比較經濟、有效的服務及選擇較好的科技產品。
http://www.utoronto.ca/atrc/reference/atoutcoms/index.html

Institute for Matching Person & Technology 一個跟適合個人和科技評估過程和伴隨結構的協會的訊息首頁。
http://members.aol.com/IMPT97/MPT.html

Quality Indicators for Assitive Technology (QIAT)　輔助科技品質指標，是普及全國各地的草根團體，研究關於學校中輔助科技的品質指標。
http://www.qiat.org

STATEMENT Project 顧客科技服務、英格蘭醫療中心。一個創新計畫提供給那些在他們輔助科技需求和選擇認定的學生使用。其成果是一個「需求的建議」讓學生可以進入學院／大學或是其他對於他們參與和成功是一種適當輔助科技的安全雇用地方。
http://www.crc.ie/service/technology/projects.htm#statement

Student, Environment, Tasks, Tools(SETT) 一個引導蒐集資料來導致一個有效的輔助科技的選擇的架構。
http://www2.edc.org/NCIP/workshops/sett/SETT_home.html

Wisconsin Assistive Technology Initiative (WATI)　由威斯康辛公共教學部門幫所有學區發展、改善輔助科技服務，同時也提供零至三歲嬰幼兒的服務方案。http://www.wati.org/

258

275

ERIC 資料庫

ERIC 是教育資源資訊中心，是聯邦補助全國性的資訊系統。有十六個特定
主題的資訊交換所，及其他附屬機構，能提供廣泛的教育相關議題的資
料。主要的網址是 http://www.eric.ed.gov

259　http://www.askeric.org/AskERIC 是一個以網路為基礎的服務，提供教育資訊
給教師、圖書館員、家長、輔導員及其他對教育有興趣的人。

http://www.ericec.org　ERIC 特殊教育及資優教育的網站

http://www.ericsp.org　ERIC 教學及教師教育網站

http://www.eriche.org　ERIC 高等教育網站

http://www.ericae.net　ERIC 評量資訊交換所

其他資源服務網

www.altavista.com

www.google.com

詞彙表

日常生活活動（Activities of Daily Living, ADL）：各式各樣需要每天完成的活動，例如穿衣服、準備三餐、持家、在公司上班、去學校、使用交通工具從一個地方到另一個地方等等。

提倡／自我提倡（Advocacy / Self-Advocacy）：主動表現支持自己或其他人在獲得必要服務和支持的關心。

可選用設備（Alerting Device）：一個對於聽障或有聽力損失的人的辨識力用視覺或觸覺的訊號來補足其不足的感官能力。

美國手語（American Sign Language, ASL）：聽障者用來溝通的手勢。這種語言有自己的文法結構和經常被當成外國語言的條件。

美國身心障礙者法案（American With Disabilities Act, ADA）：聯邦公民權利法案禁止在障礙者基本權利的妨礙。例如在(1)雇用；(2)計畫，服務和州政府的活動以及當地政府的代理人；(3)物品、服務、能力、權利、義務和公共場所的通行權利。

擴大（Amplification）：增加聲音的大小。

聽覺輔助器（Assistive Listening Devices, ALDs）：輔助電子器材用來幫助聽力損失的個人（和／或有學習障礙）去聽直接演說的內容、電話鈴聲和門鈴以及電視和收音機的聲音。可以戴著助聽器也可以不戴助聽器。包含介紹的電子迴路、紅外線以及調頻廣播系統。

1998 年輔助科技法案〔Assistive Technology Act（ATA）of 1998, ATA〕：在 1998 年聯邦法律提供州政府財力支持。美國 1998 年輔助科技法案取代跟障礙個人相關輔助科技法案。這在 2004 年重新予以修訂和制訂。

輔具科技（Assistive Technology Device）：輔助性科技被設計用來改善障礙學生的功能性能力。法律上，它們已經被定義為任何設備的一部分或整個系統，無論是從商業販售產品上取得或做部分改變，用來增強、維持或改善障礙者的功能性能力。

輔助科技服務（Assistive Technology Service）：任何服務可以直接協助障礙者在選擇、獲得或使用一個輔助科技設備的管道。

溝通輔具（Augmentative and Alternative Communication Device, AAC）：電子的、機器的和引導的器材，用以擴大溝通效果或替代語言溝通之系統。作為語言障礙溝通者之輔具。

點字（Braille）：一個觸摸系統，是由凸起的點來表示字元，讓視力障礙者可以閱讀文書的媒體。

字幕（Captioning）：在電視、電影或電腦螢幕上呈現人物說話內容文字。聽力障礙造成學習困難者用以達成多重模式的訊息呈現。字幕可以選擇打開（可以被觀賞者所看見）或是關閉（需要特殊的解碼器）。

閉路電路電視（Closed Circuit Television, CCTV）：利用投射在螢幕上的擴大文字，輔助閱讀。

影音描述服務（Descriptive Video Services）：對電影、遊戲和電視節目中的動作以口語描述語音服務。

早期介入服務（Early Intervention Services）：一個活動和服務的計畫，包括輔助科技，這是障礙者教育法案（IDEA）所要求的從出生到兩歲的小孩所必需的支持服務。強調認知、溝通、動作和社會技能。

工作中重要功能（Essential Functions of the Job）：美國障礙者法案定義受雇者必須具有的表現能力為基礎課題。一般來說，必須將受雇職務的特殊和基礎的責任清楚描述。這些工作是由那些對於狀況不必要的最低限度責任所連接的和在工作敘述中由其他所安排的責任所決定的情形。

免費和適當的公共教育（Free and Appropriate Public Education, FAPE）：在個別障礙教育法案（IDEA）給予三歲到二十一歲進入個別化公共教育而父母不用付錢的權利。

高科技（High Tech）：先前所提到的電腦化或複雜化的電子設備。

個別化教育計畫（Individualized Education Plan, IEP）：特殊支持包括輔助科技和教育科技需求的計畫文件。由學生是否成功進入融合教育來決定

262

其成果。

個別訓練計畫（Individualized Transition Plan, ITP）：在中等教育或中等以後的教育及就業的必要文件，認定所需的輔助和教育科技。在愛爾蘭這也叫作「需求聲明」。

獨立生活服務（Independent Living Services）：一個廣泛多元的服務用來促進顯著的身心障礙者的獨立生活能力，無論在社區或居家生活，以及如果合適的話，確保工作的維持與安全。

個別教育計畫（Individual Education Program, IEP）：由一個包括學生家長在內的團隊所制定的法定文件，在每學年中包含特殊教育學生的現在目標和教育表現，以及特殊教育和相關服務以及安置。

職能個別化計畫（Individualized Plan for Employment）：關於職能復健病患的工作表現以及由復健部門所給予病人的特殊職業復健服務的文件。

障礙者教育法案（Individuals With Disabilities Education Act, IDEA）：聯邦法律主要強調特殊教育和相關輔助性科技的服務。2003 年修訂實施。

教學科技（Instructional Technology）：決定改善教導者的功能性能力。例如促進學生的教學。

最少限制的環境（Least Restrictive Environment）：障礙者教育法案的術語，被用來要求最大的適用，包括在公共教育或私立教育機構或其他團體中，身心障礙學生與非身心障礙學生一起受教育。特殊班、隔離學校或其他將障礙學生從正常教育環境中隔離的措施，只有在障礙本質或嚴重性必須在這種環境才能獲得支持性協助和服務者，才可採用。

低科技（Low Tech）：是低花費和不需要電子化的設備。

多媒體（Multimedia）：使用聲音、文字、顏色、圖形、錄影帶的裝置。

特殊教育計畫辦公室（Office of Special Education Programs, OSEP）：美國教育部內獨立單位，負責障礙者教育法案的執行，OSEP 的公眾議題區分各式各樣的特殊教育的主題。

掃瞄鍵盤（On-Screen Keyboard）：在電腦螢幕上呈現鍵盤的軟體。鍵盤是

263

利用滑鼠作為管道或其他裝置作為選擇的方法。

文字掃瞄軟體（Optical Character Recognition, OCR）：翻譯掃瞄出來的已經打好的文字成為檔案。

視訊轉譯器（Opticon）：一種舊型的設備，可以將視覺和文字的訊息轉譯為點字的副本。

個人設備（Personal Devices）：在美國障礙教育法案（ADA）中規定裝置、協助工具以及補充物品等過去都是障礙者用來處理個人需求。比較無關於美國教育法案所包含的計畫或活動。

合理的便利設備（Reasonable Accommodation）：在美國障礙教育法案（ADA）中，合理的調節、修正或供應服務和設備，障礙者在工作上享有的機會平等的待遇。這個術語日常被應用在參與公共計畫和社區活動。

復健法案（Rehabilitation Act）：聯邦法律指出障礙者必須接受職業復健和獨立生活服務。這法律也禁止機構的歧視與不公平待遇，包括聯邦政府、獲得聯邦財政補助及聯邦的承包商。在第 504 條款中特別指出，對於障礙學生的免費和適當的公共教育（free appropriate public education, FAPE）。

相關服務（Related Services）：一個支持和服務的範圍對於障礙小孩接受免費和適當公共教育來說是必要的。相關服務包括輔助科技和服務。

螢幕擴視程式（Screen Magnification Program）：一個可以擴大文字和圖形訊息的電腦程式，依賴螢幕來加以呈現。

264 掃瞄器與螢幕（Screen Reader）：用軟體讀電腦的文字和透過語音輸出。

自我主張（Self-Advocacy）：在溝通時對自己興趣的自覺、動機與能力的表現，用以練習個人選擇和情境駕馭。

自我決定（Self-Determination）：傾向自己自由的做選擇、決定和失誤。自我決定奠基於技能、經驗和個人的目標以及同儕的支持。

特殊教育（Special Education）：依據障礙者教育法案，所提供給予障礙學

生的服務和活動計畫必須是免費和適當的公共教育。

語音合成、語音合成器（Speech Synthesis / Speech Synthesizer）：由電腦程式製造出的語音。

需求聲明（Statement of Need）：在愛爾蘭共和國，使用來認定輔助和教育科技是否讓學生成功進入中等教育階段或中等以後階段或就業。

棍棒式按鍵（Sticky Keys）：允許手部受到限制或手指控制不好的人使用一隻手指來控制多重鍵盤按鍵。

補助性協助或服務（Supplemental Aid or Service）：補助性的服務和設備，提供接受教育的最少限制環境。

補助性福利金（Supplemental Security Income, SSI）：對於低收入的障礙者或超過六十五歲的老人，由社會福利機構提供基本食物、衣物和收容場所。

科技輔助法案（Tech Act）：跟 1988 年的障礙者教育法案有關的科技。在 1988 年通過，1998 年修訂的法案提供很多對於帶給輔助性科技的系統性改變的相關計畫的目的。在 1998 年所修訂的便叫作輔助科技法案。

聽力障礙者遠距溝通器材（Telecommunication Device for the Deaf, TDD），**也叫作文本電話**（Text Telephone, TT）：允許有聽力障礙個人利用打字和閱讀文字訊息的方式來打電話。一個 TTD 或 TT 設備要包含電話話筒、鍵盤、文字呈現和列表機。

職業復健服務（Vocational Rehabilitation Service）：就業服務的範圍包括訓練、諮商、工作安置，及由復健部門為障礙者提供的輔助科技，以擴大就業機會。

字彙預測（Word Prediction）：使用者輸入一組字彙後，螢幕上出現適當的字彙選項。讓使用者選擇期望的字或持續打字下去。

參考文獻

Abouserie, R., Moss, D., & Barasi, S. (1992). Cognitive style, gender, attitude toward computer-assisted learning and academic achievement. *Educational Studies, 18,* 151–160.

Abrahamsen, A. A., Romski, M. A., & Sevcik, R. A. (1989). Change and the causes of change. *American Journal of Mental Retardation, 93,* 506–520.

Aguayo, M. O., & Coady, N. E. (2001). The experience of deafened adults: Implications for rehabilitation services. *Health and Social Work, 26,* 269–276.

Albaugh, P. R., & Fayne, H. (1996). The ET PA for predicting technology success with learning disabled students: Lessons from a multimedia study. *Technology and Disability, 5,* 313–318.

Albaugh, P. R., Piazza, L., & Scholsser, K. (1997). Using a CD-ROM encyclopedia: Interaction of teachers, middle school students, library media specialists, and the technology. *Research in Middle Level Education Quarterly, 20*(3), 43–55.

American Foundation for the Blind. (2002a). *Education: An overview.* Retrieved March 11, 2002, from http://www.afb.org/info_document_view.asp?document id=1372

American Foundation for the Blind. (2002b, April). *What is braille?* New York: Author. Retrieved April 28, 2003, from http://www.afb.org/braillebug/braille_technology.asp

Americans With Disabilities Act of 1990, Pub. L. No. 101-336.

Andrich, R. (2002). The SCAI instrument: Measuring costs of individual assistive technology programmes. *Technology and Disability, 14,* 95–99.

Arkow, P. (1989). *Pet therapy: A study and resource guide for the use of companion animals in selected therapies* (5th ed.). Colorado Springs: The Human Society of the Pikes Peak Region.

Barker, B. O., & Burnett, K. R. (1991, October). *Distance learning in Hawaii: Establishment and evaluation of a rural teacher inservice training program.* Paper presented at the annual conference of the National Rural Education Association, Jackson, MS. (ERIC Document Reproduction Service No. ED 338 473)

Barker, R. G., Wright, B. A., Meyerson, L., & Gonick, M. R. (1953). *Adjustment to physical handicap and illness: Survey of the social psychology of physique and disability* (2nd ed.). New York: Social Research Council.

Barry, E. K., & Barry, S. J. (2002). Personality type and perceived hearing aid benefit revisited. *Hearing Journal, 55*(8), 44–45.

Barry, E. K., & McCarthy, P. (2001). The relationship between personality type and perceived hearing aid benefit. *Hearing Journal, 54*(9), 41–46.

Behrmann, M. M. & Lahm, E.A. (1984). Babies and robots: Technology to assist learning of young multiple disabled children. *Rehabilitation Literature, 45,* 194–201.

Behrmann, M. M. & Lahm, E. A. (1994). Computer applications in early childhood special education. In J. L. Wright & D. D. Shade (Eds.), *Young Children: Active Learners in a Technological Age* (105–120). Washington, DC: NAEYC.

Beigel, A. R. (2000). Assistive technology assessment: More than the device. *Intervention in School and Clinic, 35,* 237–243.

Bishop, M. J., & Cates, W. M. (2001). Theoretical foundations for sound's use in multimedia instruction to enhance learning. *Educational Technology Research and Development, 49*(3), 5–22.

Blackhurst, A. E., & Edyburn, D. L. (2000). A brief history of special education technology. *Special Education Technology Practice, 2*(1), 21–35.

Blasch, B. B., Wiener, W. R., & Welsh, R. L. (Eds.). (1997). *Foundations of orientation and mobility* (2nd ed.). New York: American Foundation for the Blind.

Bondi-Wolcott, J., & Scherer, M. (1988). The Explore Your Future program for hearing-impaired students: Some deaf students have it easy in their transition from high school to college. *Journal of Rehabilitation, 54,* 15–17.

Bowe, F. (1994, July). *Technologies and systems for instructional delivery.* Presented at the National Symposium on Educational Applications of Technology for Persons With Sensory Disabilities, Rochester, NY.

Bowe, F. G. (2000). *Universal design in education.* Westport, CT: Bergin & Garvey.

Bowser, G., & Reed, P. (1995). Education tech points for assistive technology planning. *Journal of Special Education Technology, 12,* 325–338.

Bravin, P. (1994, July). *Learner characteristics and preferences.* Presented at the National Symposium on Educational Applications of Technology for Persons With Sensory Disabilities, Rochester, NY.

Brewster, S. (2002). Visualization tools for blind people using multiple modalities. *Disability and Rehabilitation, 24,* 613–621.

Brinker, R. & Lewis, M. (1982). Making the world work with microcomputers: A learning prosthesis. *Exceptional Children, 49,* 163–70.

Brown, D. L., & Merbitz, C. (1995). Comparison of technology match between two types of functional electrical stimulation hand grasp systems. In *Proceedings of the RESNA '95 annual conference* (pp. 381–383). Arlington, VA: RESNA Press.

Brown, D. R. (1996). Personal implications of functional electrical stimulation standing for older adolescents with spinal cord injuries. *Technology and Disability, 5*, 295–311.

Buckleitner, W. W., Orr, A. C., & Wolock, E. L. (1998). *Young kids and computers: A parent's survival guide.* Flemington, NJ: Children's Software Revue.

Cagle, S. J., & Cagle, K. M. (1991). *Ga and Sk etiquette: Guidelines for telecommunications in the deaf community.* Bowling Green, OH: Bowling Green Press.

Case, D., & Lahm, E. A. (2003, March 19). The essential elements of an assistive technology assessment and assessment report. *2003 Proceedings of the Technology and Persons With Disabilities Conference.* Retrieved April 28, 2003 from http://www.csun.edu/cod/conf/2003/proceedings/28.htm

Castellano, C., & Kosman, D. (1997). *The bridge to braille: Reading and school success for the young blind child.* Baltimore: National Federation of the Blind.

Chong, C. (1997, February). Performing the average job: A question of technology. *The Braille Monitor*, 122–123.

Connell, B. R., Jones, M., Mace, R., Mueller, J., Mullick, A., Ostroff, E., et al. (1997). *The principles of universal design.* Raleigh: North Carolina State University, Center for Universal Design. Retrieved April 28, 2003, from http://www.design.ncsu.edu/cud/univ_design/princ_overview.htm

Cook, A. M., & Hussey, S. M. (2002). *Assistive technologies: Principles and practice* (2nd ed.). St. Louis, MO: Mosby.

Coombs, N. (1998). Bridging the disability gap with distance learning. *Technology and Disability, 8*, 149–152.

Council for Higher Education Accreditation. (2002). Accreditation and assuring quality in distance learning. *CHEA Monograph Series, 1*(Whole issue).

Craddock, G. (2002). Partnership and assistive technology in Ireland. In M. J. Scherer (Ed.), *Assistive technology: Matching device and consumer for successful rehabilitation* (pp. 253–266). Washington, DC: American Psychological Association.

Craddock, G., & McCormack, L. (2002). Delivering an AT service: A client-focused, social and participatory service delivery model in assistive technology in Ireland. *Disability and Rehabilitation, 24*, 160–170.

Craddock, G., & Scherer, M. J. (2002). Assessing individual needs for assistive technology. In C. L. Sax & C. A. Thoma (Eds.), *Transition assessment: Wise practices for quality lives* (pp. 87–101). Baltimore: Brookes Publishing.

Craig, A., Michaels, C. A., Prezant, F. P., & Morabito, S. M. (2002). Assistive and instructional technology for college students with disabilities: A national snapshot of postsecondary service providers. *Journal of Special Education Technology, 17*(1). Retrieved January 10, 2003, from http://jset.unlv.edu/17.1/michaels/first.html

Cravener, P. A. (1999). Faculty experiences with providing online courses. Thorns among the roses. *Computers in Nursing, 17,* 42–47.

Cunningham, C., & Coombs, N. (1997). *Information access and adaptive technology.* Phoenix, AZ: Oryx Press.

Cushman, L. A., & Scherer, M. J. (1996). Measuring the relationship of assistive technology use, functional status over time, and consumer–therapist perceptions of ATs. *Assistive Technology, 8,* 103–109.

Davis, H. (1997). *Hearing and deafness: A guide for laymen.* New York: Murray Hill Books.

de Graaf, R., & Bijl, R. (1998). Geestelijke gezondheid van doven. Psychische problematiek en zorggebruik van dove en ernstig slechthorende volwassenen [Psychological well-being of deaf and severe hard-of-hearing adults]. Utrecht, the Netherlands: Trimbos-instituut.

de Jonge, D., Rodger, S., & Fitzgibbon, H. (2001). Putting technology to work: Users' perspective on integrating assistive technology into the workplace. *Work, 16,* 77–89.

Demers, L., Weiss-Lambrou, R., & Ska, B. (1996). Development of the Quebec User Evaluation of Satisfaction With Assistive Technology (QUEST). *Assistive Technology, 8,* 3–13.

Demers, L., Weiss-Lambrou, R., & Ska, B. (2002). The Quebec User Evaluation of Satisfaction With Assistive Technology (QUEST 2.0): An overview and recent progress. *Technology & Disability, 14,* 101–105.

Denham, A., Bennett, D. E., Edyburn, D. L., Lahm, E. A., & Kleinert, H. L. (2001). Implementing technology to demonstrate higher levels of learning. In H. L. Kleinert & J. F. Kearns (Eds.), *Alternative assessment: Measuring outcomes and supports for students with disabilities* (pp. 148–154). Baltimore: Brookes Publishing.

Dew, D. W., & Alan, G. M. (Eds.). (2002). *Distance education: Opportunities and issues for public vocational rehabilitation programs* (28th Institute on Rehabilitation Issues). Washington, DC: George Washington University.

Dugan, M. B. (1997). *Keys to living with hearing loss (Barron's keys to retirement planning).* Hauppauge, NY: Barron's Educational Series.

Easterbrooks, S. (1999). Improving practices for students with hearing impairments.

Exceptional Children, 65, 537–554.

Edyburn, D. L. (2000a). Assistive technology and mild disabilities. *Focus on Exceptional Children, 32*(9), 1–24.

Edyburn, D. L. (2000b). 1999 in review: A synthesis of the special education technology literature. *Journal of Special Education Technology, 15*(1), 7–18. Retrieved April 28, 2003, from http://jset.unlv.edu/15.1/edyburn/first.html

Edyburn, D. L. (2001). Critical issues in special education technology research: What do we know? What do we need to know? In M. Mastropieri & T. Scruggs (Eds.), *Advances in learning and behavioral disabilities* (Vol. 15, pp. 95–118). New York: JAI Press.

Edyburn, D. L. (2002). 2001 in review: A synthesis of the special education technology literature. *JSET E Journal, 17*(2). Retrieved April 28, 2003, from http://jset.unlv.edu/17.2T/tedyburn/first.html

Edyburn, D. L., & Gardner, J. E. (1999). Integrating technology into special education teacher preparation programs: Creating shared visions. *Journal of Special Education Technology, 14*(2), 3–20.

Edyburn, D. L., Higgins, K., & Boone, R. (in press). *Handbook of special education technology research and practice.* Whitefish Bay, WI: Knowledge by Design, Inc.

Eggen, P., & Kauchak, D. (2001). *Educational psychology: Windows on classrooms* (5th ed.). Upper Saddle River, NJ: Prentice Hall.

Eldredge, G. M., McNamara, S., Stensrud, R., Gilbride, D., Hendren, G., Siegfried, T., & McFarlane, F. (1999). Distance education: A look at five programs. *Rehabilitation Education, 13*, 231–248.

Equal Access to Software and Information. (2002). *All about EASI: EASI mission.* Retrieved November 20, 2002, from http://www.rit.edu/~easi/

ERIC Clearinghouse on Disabilities and Gifted Education. (2002). *What is universal design for learning?* Arlington, VA: Author. Retrieved November 22, 2002, from http://ericec.org/digests/e586.html

Erikson, E. (1963). *Childhood and society* (2nd ed.). New York: Norton.

Federici, S., Scherer, M. J., Micangeli, A., Lombardo, C., & Belardinelli, M. (in press). A cross-cultural analysis of relationships between disability self-evaluation and individual predisposition to use assistive technology. In *Proceedings of the Association for the Advancement of Assistive Technology in Europe, Denmark.*

Fisher, D., Frey, N., & Sax, C. (1999). *Inclusive elementary schools: Recipes for success.* Colorado Springs, CO: PEAK Parent Center.

Fisher, D., Sax, C., & Pumpian, I. (1999). *Inclusive high schools: Learning from contemporary classrooms*. Baltimore: Brookes Publishing.

Flemming, J. E., & Flemming, J. P. (1995). RESNA 1995 Proceedings: Multimedia for Assistive training and recruitment: Two CD-ROM Training Programs (Available http://www.resna.org). Retrieved April 28, 2003

Flippo, K. F., Inge, K. J., & Barcus, J. M. (Eds.). (1997). *Assistive technology: A resource for school, work, and community*. Baltimore: Brookes Publishing.

Fradd, S. H., Kramer, L. R., Marquez-Chisolm, I., Morsink, C. V., Algozzine, K., & Yarbrough, J. (1986). Teacher competencies in the mainstreaming process. *Journal of Classroom Interaction, 22*(1), 31–40.

Francis, H. W., Koch, M. E., Wyatt, J. R., & Niparko, J. K. (1999). Trends in educational placement and cost–benefit considerations in children with cochlear implants. *Archives of Otolaryngology and Head and Neck Surgery, 125*, 499–505.

Gardner, H. (1983). *Frames of mind: The theory of multiple intelligences*. New York: Basic Books.

Gelderblom, G. J., & de Witte, L. (2002). The assessment of assistive technology outcomes, effects and costs. *Technology & Disability, 14*, 91–94.

Gilden, D. (2002). Using MS Office features as low vision accessibility tools. In K. Miesenberger, J. Klaus, & W. Zagler (Eds.), *Computer helping people with special needs: Proceedings of the Eighth International Conference of the ICCHP* (pp. 469–470). Heidelberg, Germany: Springer.

Goldberg, L. (2000). *From A(nalog) to D(igital): Access to new and emerging media. 2000 Conference Proceedings: Center on Disabilities Technology and Persons with Disabilities Conference 2000*. Retrieved April 28, 2003, from http://www.csun.edu/cod/conf/2000/proceedings/0085Goldberg.htm

Golden, D. (1998). *Assistive technology in special education: Policy and practice*. Albuquerque, NM: Council of Administrators of Special Education/Technology and Media Division of the Council for Exceptional Children.

Goodman, G., Tiene, D., & Luft, P. (2002). Adoption of assistive technology for computer access among college students with disabilities. *Disability and Rehabilitation, 24*, 80–92.

Gregory, G. H., & Chapman, C. (2001). *Differentiated instructional strategies: One size doesn't fit all*. Thousand Oaks, CA: Corwin Press.

Hansell, N. (1974). *The person-in-distress: On the biosocial mechanisms of adaptation*. New York: Behavioral Sciences Press.

Hasselbring, T. S., & Glaser, C. H. (2000/Fall–Winter). Use of computer technology to help students with special needs. *Future Child, 10,* 102–122.

HEATH Resource Center. (1999). *College freshmen with disabilities: A biennial statistical profile.* Washington, DC: American Council on Education.

Heerkens, W. D., Briggs, J., & Weider, T. G. (1997). Using peer mentors to facilitate the match of person & technology. In S. Sprigle (Ed.), *Proceedings of the 1997 RESNA annual conference* (pp. 484–486). Arlington, VA: RESNA Press.

Heine, C., & Browning, C. J. (2002). Communication and psychosocial consequences of sensory loss in older adults: Overview and rehabilitation directions. *Disability and Rehabilitation, 24,* 763–773.

Hetu, R., Jones, L., & Getty, L. (1993). The impact of acquired hearing impairment on intimate relationships: Implications for rehabilitation. *Audiology, 32,* 363–381.

Holloway, S. (2001). The experience of higher education from the perspective of disabled students. *Disability and Society, 16,* 597–615.

Hooper, S., & Hannafin, M. J. (1991). Psychological perspectives on emerging instructional technologies: A critical analysis. *Educational Psychologist, 26*(1), 69–95.

Hourcade, J. J., Parette, H. P., & Huer, M. B. (1997). Family and cultural alert! Considerations in assistive technology assessment. *Teaching Exceptional Children, 30,* 40–44.

Hutinger, P. (1987). Computer-based learning for young children. In J. L. Roopnarine & J. E. Johnson (Eds.), *Approaches to early childhood education* (pp. 213–234). Columbus, OH: Charles E. Merrill.

Hutinger, P., Johanson, J., & Stoneburner, R. (1996). Assistive technology applications in educational programs of children with multiple disabilities: A case study report on the state of the practice. *Journal of Special Education Technology, 13,* 16–35.

Individuals With Disabilities Education Act, Amendments of 1997, Pub. L. No. 105-17, § 602, U.S.C. 1401.

Internet TV for Assistive Technology. (2003). *Corda's software enhance career opportunities for people with disabilities.* Retrieved April 28, 2003, from http://www.at508.com/articles/jw_010.asp

Jary, D., & Jary, J. (1995). *Collins dictionary of sociology.* New York: Harper Collins.

Jensema, C., & Rovins, M. (1997). Instant reading incentive: Understanding TV captions. In *Perspectives in education and deafness* (No. 16/1). Retrieved November 15, 2002, from http://clerccenter.gallaudet.edu/products/perspectives/

sep-oct97/instant.html

Johnstone, S. M. (1991). Research on telecommunicated learning: Past, present, and future. *Annals of the American Academy of Political and Social Science, 514*, 49–57.

Judge, S. L., & Parette, H. P. (1998). *Assistive technology for young children with disabilities: A guide to family-centered services.* Cambridge, MA: Brookline Books.

Jutai, J., & Day, H. (2002). Psychosocial Impact of Assistive Devices Scale (PIADS). *Technology & Disability, 14*, 107–111.

Kanigel, R. (1986). Computers will help—someday. *Johns Hopkins Magazine, 38*(2), 38–44.

Kanigel, R. (1997). *The one best way: Frederick Winslow Taylor and the enigma of efficiency* (Sloan Technology Series). New York: Viking Press.

Katsiyannis, A., & Conderman, G. (1994). Section 504 policies and procedures: An established necessity. *NASSP Bulletin, 78*, 6–10.

Kay, R. (1992). An analysis of methods used to examine gender differences in computer-related behavior. *Journal of Educational Computing Research, 8*, 277–290.

Kearsley, G. (2000). *Online education: Learning and teaching in cyberspace.* Belmont, CA: Wadsworth.

Keefe, B. (1994). As Maine goes ... American Sign Language at a distance. *Technology & Disability, 3*, 72–76.

Keefe, B., Scherer, M. J., & McKee, B. G. (1996). MainePOINT: Outcomes of teaching American Sign Language via distance learning. *Technology & Disability, 5*, 319–326.

Kelker, K. A., Holt, R., & Sullivan, J. (2000). *Family guide to assistive technology.* Cambridge, MA: Brookline Books.

Keller, B. K., Morton, J. L., Thomas, V. S., & Potter, J. F. (1999). The effect of visual and hearing impairments on functional status. *Journal of the American Geriatrics Society, 47*, 1319–1325.

Kemp, C. E., Hourcade, J. J., & Parette, H. P. (2000). Assistive technology funding resources for school-aged students with disabilities. *Journal of Special Education Technology, 15*(4), 15–24.

Kilgore, K. L., Scherer, M., Bobblitt, R., Dettloff, J., Dombrowski, D. M., Godbold, N., et al. (2001). Neuroprosthesis consumers' forum: Consumer priorities for research directions. *Journal of Rehabilitation Research and Development, 38*, 655–660.

Knutson, J. F., & Lansing, C. R. (1990). The relationship between communication problems and psychological difficulties in persons with profound acquired hearing loss. *Journal of Hearing and Speech Disorders*. 55, 656–674.

Koskinen, P. S., Gambrell, L. B., & Neuman, S. B. (1993). Captioned video and vocabulary learning: An innovative practice in literacy instruction. *The Reading Teacher, 47*(1), 36–43.

Kraut, R., Patterson, M., Lundmark, V., Kiesler, S., Mukopadhyay, T., & Scherlis, W. (1998). Internet paradox: A social technology that reduces social involvement and psychological well-being? *American Psychologist, 53*, 1017–1031.

Krendl, K. A., & Broihier, M. (1992). Student responses to computers: A longitudinal study. *Journal of Educational Computing Research, 8*, 215–227.

Kristina, M. (1995). *Educational audiology across the lifespan: Serving all learners with hearing impairment.* Baltimore: Paul H. Brookes.

Krueger, M. W., & Gilden, D. (2002). Going places with "KnowWare": Virtual reality maps for blind people. In K. Miesenberger, J. Klaus, & W. Zagler (Eds.), *Computer helping people with special needs: Proceedings of the Eighth International Conference of the ICCHP* (pp. 565–567). Heidelberg, Germany: Springer.

Lahm, E. A., & Sizemore, L. (2002). Factors that influence assistive technology decision-making. *Journal of Special Education Technology, 17*, 15–25.

Lang, H. G. (1994). *Silence of the spheres: The deaf experience in the history of science.* Westport, CT: Bergin & Garvey.

Lang, H. G. (1996). What makes effective teaching? *NTID Research News, 1*(1), 1–3.

LaPlante, M. P., (1995, September). *Disability demographics: Technology and people with disabilities* (Draft report prepared for U.S. Congress Office of Technology Assessment). Retrieved April 28, 2003, from http://www.empowermentzone. com/tech_dsb.txt

LaPlante, M. P., & Carlson, D. (1996). *The Disability Statistics Report 7: Disability in the United States: Prevalence and Causes, 1992.* Washington, DC: National Institute on Disability and Rehabilitation Research. Retrieved April 28, 2003, from http://dsc.ucsf.edu/UCSF/pub.taf?UserReference=7D1869AE4027EA32 BBB5731E&_function=search&recid=65&grow=1

Leung, P., Owens, J., Lamb, G., Smith, K., Shaw, J., & Hauff, R. (1999, November). *Assistive technology meeting the technology needs of students with disabilities in post-secondary education.* Melbourne, Australia: Deakin University, Institute of Disability Studies.

Leventhal, J. D. (1996). Assistive devices for people who are blind or have a visual impairment. In J. Galvin & M. Scherer (Eds.), *Evaluating, selecting and using* appropriate assistive technology (pp. 125–143). Gaithersburg, MD: Aspen.

Lockwood, R. (1983). The influence of animals on social perception. In A. H. Katcher & A. M. Beck (Eds.), *New perspectives on our lives with companion animals* (pp. 64–71). Philadelphia: University of Pennsylvania.

Maki, D. R., & Riggar, T. F. (Eds.). (1997). *Rehabilitation counseling: Profession and practice.* New York: Springer.

Maki, W. S., & Maki, R. H. (2002). Multimedia comprehension skill predicts differential outcomes of web-based and lecture courses. *Journal of Experimental Psychology: Applied, 8,* 85–98.

Margolis, E. (Ed.). (2001). *The hidden curriculum in higher education.* New York: Routledge.

Marullo, S. (2002, Winter). Innovations expand alternatives to computer access and communication. *RESNA News, 3,* 6.

Maslow, A. (1954). *Motivation and personality.* New York: Harper.

McFadyen, G. M. (1996). Aids for hearing impairment and deafness. In J. Galvin & M. J. Scherer (Eds.), *Evaluating, selecting and using appropriate assistive technology* (pp. 144–161). Gaithersburg, MD: Aspen.

McKee, B. G., & Scherer, M. J. (1987). Winston Smith – there is yet hope: Review of high technology and human freedom. Invited book review for *The Review of Education, 13,* 11–16.

McKee, B. G., & Scherer, M. J. (1994, April). *A formative evaluation of two Gallaudet University/Rochester Institute of Technology courses offered by teleconferencing.* Paper presented at the annual meeting of the American Educational Research Association, New Orleans, LA. (ERIC Document Reproduction No. ED 377 213)

Mencher, G. T., Gerber, S. E., & McCombe, A. (1997). *Audiology and auditory dysfunction.* Boston: Allyn & Bacon.

Messent, P. (1984). Correlates and effects of pet ownership. In R. K. Anderson, B. L. Hart, & L. A. Hart (Eds.), *The Pet Connection: Its influence on our health and quality of life* (pp. 331–341). Minneapolis: CENSHARE, University of Minnesota.

Morris, N., Buck-Rolland, C., & Gagne, M. (2002). From bricks to bytes: Faculty and student perspectives of online graduate nursing courses. *Computers, Informatics, Nursing, 20,* 108–114.

Mulrow, C. D., Aguilar, C., Endicott, J. E., Tuley, M. R., Velez, R., Charlip, W. S., et al. (1990). Quality of life changes and hearing impairment. *Annals of Internal*

Medicine, 113, 188–194.

Munk, D. (2003). *Solving the grading puzzle for students with disabilities.* Whitefish Bay, WI: Knowledge by Design, Inc.

Myers, D. G. (2000). *A quiet world: Living with hearing loss.* New Haven, CT: Yale University Press.

National Center for Education Statistics. (1997). *Digest of education statistics.* Washington, DC: U.S. Department of Education.

National Center for Education Statistics. (1999). *An institutional perspective on students with disabilities in postsecondary education.* Washington, DC: U.S. Department of Education, Office of Educational Research and Improvement.

National Council on Disability. (2000). *Transition and post-school outcomes for youth with disabilities: Closing the gaps to post-secondary education and employment.* Retrieved April 28, 2003, from http://www.ncd.gov/newsroom/publications/transition_11-1-00.html

National Council on Disability. (2002, August 13). *People with disabilities need assistive technology.* Retrieved April 28, 2003, from http://www.ncd.gov/newsroom/news/f02–380.html

National Federation of the Blind. (2002, April). *What is braille and what does it mean to the blind?* Baltimore, MD: Author. Retrieved April 28, 2003, from http://www.nfb.org/books/books1/ifblnd03.htm

National Health Interview Survey. (1995). *Current estimates from the National Health Interview Survey: Vital and health statistics* (Series 10, No. 199). Hyattsville, MD: National Center for Health Statistics.

National Information Center for Children and Youth With Disabilities. (2001a). *General information about deafness and hearing loss: Fact Sheet No. 3.* Washington, DC: Author.

National Information Center for Children and Youth With Disabilities. (2001b). *General information about visual impairments: Fact Sheet No. 13.* Washington, DC: Author.

Noreau, L., Fougeyrollas, P., & Vincent, C. (2002). The LIFE-H: Assessment of the quality of social participation. *Technology & Disability, 14*, 113–118.

Ohler, J. (1991). Why distance education? *Annals of the American Academy of Political and Social Science, 514*, 22–34.

Ormrod, J. E. (2000). *Educational psychology: Developing learners* (3rd ed.). Upper Saddle River, NJ: Prentice-Hall.

Overbrook School for the Blind. (2001). *Technology for all: Assistive technology in the classroom*. Philadelphia: Towers Press.

Palloff, R. M., & Pratt, K. (2001). *Lessons from the cyberspace classroom: The realities of online teaching* (Jossey-Bass Higher and Adult Education Series). San Francisco: Jossey-Bass.

Pape, T. L-B., Kim, J., & Weiner, B. (2002). The shaping of individual meanings assigned to assistive technology: A review of personal factors. *Disability and Rehabilitation, 24*, 5–20.

Pardeck, J. T. (1996, June). Advocacy and parents of special needs children. *Early Child Development and Care, 120*, 45–53.

Parette, H. P. (1991). Use of technological assistance and families of young children with disabilities. *Psychological Reports, 68*(3, Pt. 1), 773–774.

Parette, H. P. (1998). Cultural issues and family-centered assistive technology decision-making. In S. L. Judge & H. P. Parette (Eds.), *Assistive technology for young children with disabilities: A guide to providing family-centered services* (pp. 184–210). Cambridge, MA: Brookline.

Parette, H.P., & Van Biervliet, A. (1991). Rehabilitation technology issues for infants and young children with disabilities: A preliminary examination. *Journal of Rehabilitation, 57*, 27–36.

Persson, J., Andrich, R., VanBeekum, T., Brodin, H., Lorentsen, O., Wessels, R., & deWitte, L. (2002). Preference based assessment of the quality of life of disabled persons. *Technology & Disability, 14*, 119–124.

Pillemer, K., & Suitor, J. J. (1996). It takes one to help one: Effects of status similarity on well-being. *Journal of Gerontology, 51B*, S250–S257.

Pollard, R. Q. (1996). Professional psychology and deaf people: The emergence of a discipline. *American Psychologist, 51*, 389–396.

President's Commission on Excellence in Special Education. (2002, July). A new era: Revitalizing special education for children and their families. Retrieved April 28, 2003, from http://www.ed.gov/inits/commissionsboards/whspecial education/reports.html

QIAT Consortium. (2003) *Quality indicators for assistive technology*. Hosted by the Department of Special Education and Rehabilitation Counseling, University of Kentucky (Lexington). Retrieved April 28, 2003 from http://www.qiat.org

Ramsey, C. L. (1997). *Deaf children in public schools: Placement, context, and conse-quences*. Washington, DC: Gallaudet University Press.

Reed, P., & Walser, P. (2000). *Assistive Technology Checklist*. Wisconsin Assistive Technology Initiative. Retrieved April 28, 2003, from http://www.wati.org/

pdf/atcheck1.pdf

Rehabilitation Act of 1973, 29 U.S.C. § 794.

Rochester Hearing and Speech Center. (2001). *Hear better now: Participants hand-book*. Rochester, NY: Author.

Rochester Institute of Technology. (2002, Spring). Presidential award a first for RIT. *RIT: The University Magazine*. Retrieved December 12, 2002, from http://www.rit.edu/~umagwww/spring2002/presAward.html

Roulstone, A. (1998). *Enabling technology: Disabled people, work and new technology*. Buckingham, England: Open University Press.

Rubin, D. C., Rahhal, T. E., & Poon, L. W. (1998). Things learned in early adulthood are remembered best. *Memory & Cognition, 26,* 3–19.

Sachs-Ericsson, N., Hansen, N., & Fitzgerald, S. (2002). Benefits of assistance dogs: A review. *Rehabilitation Psychology, 47,* 251–277.

Sacks, S. Z., Wolfe, K. E., & Tierney, D. (1998). Lifestyles of students with visual impairments: Preliminary studies of social networks. *Exceptional Children, 64,* 463–478.

Sax, C. (2002a). Assistive technology education: An online model for rehabilitation professionals. *Disability and Rehabilitation, 24*(1–3), 144–151.

Sax, C. (2002b). Assistive technology online instruction: Expanding the dimensions of learning communities. In M. J. Scherer (Ed.), *Assistive technology: Matching device and consumer for successful rehabilitation* (pp. 213–227). Washington, DC: American Psychological Association.

Sax, C., & Duke, S. (2002). Integration of AT education by rehabilitation professionals. In R. Simpson (Ed.), *Proceedings of the RESNA 25th International Conference on Technology and Disability: Research, design, practice, and policy* (pp. 189–191). Arlington, VA: RESNA Press.

Sax, C. L., & Thoma, C. A. (2002). *Transition assessment: Wise practices for quality lives*. Baltimore: Paul H. Brookes.

Scheetz, N. A. (2001). *Orientation to deafness* (2nd ed.). Boston: Allyn & Bacon.

Scherer, M. J. (1982). Sandpaper-like tickles. *Advocacy News, 2*(3), 4.

Scherer, M. J. (1990a). *Creating quality instructional materials* (NTID Working Paper). Rochester, NY: National Technical Institute for the Deaf.

Scherer, M. J. (1990b). *Interviews with RIT students with disabilities: Summary of findings and needs* (Working paper). Rochester, NY: Rochester Institute of Technology, Office of Special Services.

Scherer, M. J. (1991). Technology and mainstreamed students with physical disabilities: Perspectives toward the end of the 20th century. In M. Foster (Ed.), *Readings on Equal Education, 11*, (pp. 95–112). New York, AMS Press.

Scherer, M. J. (1992a). *The Assistive Technology Device Predisposition Assessment (ATD PA) consumer form*. Rochester, NY: Author.

Scherer, M. J. (1992b, August). *Psychosocial factors associated with the use of technological assistance*. Paper presented at the 100th Annual Convention of the American Psychological Association, Washington, DC. (ERIC Document Reproduction Service No. ED 350 795)

Scherer, M. J. (1994a). *Learning strategies: A program of individualized instruction to improve study skills* (Working paper). Rochester, NY: National Technical Institute for the Deaf.

Scherer, M. J. (1994b). [Recommendations to the Department of Education that emerged from the national symposium on educational applications of technology for persons with sensory disabilities]. *Smithsonian 1995 ComputerWorld Awards*. Retrieved April 28, 2003, from http://www.cwheroes.org/his_4a_detail.asp?id=2094

Scherer, M. J. (1995a, March). *Assessing the outcomes of teaching to students' learning styles*. Invited presentation for the Design for Excellence Conference, San Diego, CA.

Scherer, M. J. (1995b, March). *Fitting technology to your students' learning styles*. Invited presentation for the Design for Excellence Conference, San Diego, CA.

Scherer, M. J. (1995c, March). *How educational technology enhances learning for the deaf*. Invited presentation for Project Needs, San Diego Public Schools, San Diego, CA.

Scherer, M. J. (1995d). A model of rehabilitation assessment. In L. Cushman & M. Scherer (Eds.), *Psychological assessment in medical rehabilitation* (pp. 3–23). Washington, DC: American Psychological Association.

Scherer, M. J. (1996a). Influences on the use of assistive technology. In *Primary care for persons with disabilities: Access to assistive technology: Guidelines for the use of assistive technology: Evaluation, referral, prescription* (p. 23). Chicago: American Medical Association.

Scherer, M. J. (1996b). Outcomes of assistive technology use on quality of life. *Disability and Rehabilitation, 18*, 439–448.

Scherer, M. J. (1998). *The Matching Person and Technology (MPT) model manual and accompanying assessment instruments* (3rd ed.). Webster, NY: Institute for Matching Person & Technology, Inc.

Scherer, M. J. (1999). Matching students and teachers with the most appropriate instructional and educational technologies. In B. Rittenhouse & D. Spillers (Eds.), *The electronic classroom: Using technology to create a 21st century curriculum* (pp. 143–164). Wellington, New Zealand: Omega.

Scherer, M. J. (2000). *Living in the state of stuck: How technology impacts the lives of people with disabilities* (3rd ed.). Cambridge, MA: Brookline Books.

Scherer, M. J. (2001). Matching consumers with appropriate assistive technologies. In D. A. Olson & F. DeRuyter (Eds.), *Clinician's guide to assistive technology* (pp. 3–13). St. Louis, MO: Mosby.

Scherer, M. J. (Ed.). (2002a). *Assistive technology: Matching device and consumer for successful rehabilitation.* Washington, DC: American Psychological Association.

Scherer, M. J. (2002b). The change in emphasis from people to person: Introduction to the special issue on assistive technology. *Disability and Rehabilitation, 24*, 1–4.

Scherer, M. J., & Binder, G. E. (1992). *The Department of Science and Engineering Support (DSES): A phase three report of student perceptions* (NTID Working Paper). Rochester, NY: National Technical Institute for the Deaf.

Scherer, M. J., & Craddock, G. (2001, January/February). Applying the Matching Person and Technology evaluation process. *Library Hi Tech News, 18*(1), 40–42.

Scherer, M. J., & Craddock, G. (2002). Matching Person and Technology (MPT) assessment process [Special issue: The assessment of assistive technology outcomes, effects and costs]. *Technology & Disability, 14*, 125–131.

Scherer, M. J., & Cushman, L. C. (2001). Measuring subjective quality of life following spinal cord injury: A validation study of the assistive technology device predisposition assessment. *Disability and Rehabilitation, 23*, 387–393.

Scherer, M. J., & Cushman, L. A. (2002). Determining the content for an interactive training programme and interpretive guidelines for the assistive technology device predisposition assessment. *Disability and Rehabilitation, 24*, 126–130.

Scherer, M. J., & Frisina, D. R. (1994). Applying the Matching People With Technologies Model to individuals with hearing loss: What people say they want—and need—from assistive technologies. *Technology & Disability: Deafness and Hearing Impairments, 3*(1), 62–68.

Scherer, M. J., & Frisina, D. R. (1998). Characteristics associated with marginal hearing loss and subjective well-being among a sample of older adults. *Journal of Rehabilitation Research and Development, 35*, 420–426.

Scherer, M., & McKee, B. (1991, April). *The development of two instruments assessing the predispositions people have toward technology use: The value of integrating quantitative and qualitative methods.* Paper presented at the annual meeting of the American Educational Research Association, Chicago. (ERIC Document Reproduction Service No. TM 016 608).

Scherer, M., & McKee, B. (1992, April). *Early validity and reliability data for two instruments assessing the predispositions people have toward technology use: Continued integration of quantitative and qualitative methods.* Paper presented at the annual meeting of the American Educational Research Association, San Francisco. (ERIC Document Reproduction Service No. ED 346 124).

Scherer, M. J., & McKee, B. G. (1994a). Assessing predispositions to technology use in special education: Music education majors score with the "Survey of Technology Use." In M. Binion (Ed.), *Proceedings of the RESNA '94 annual conference* (pp. 194–196). Arlington, VA: RESNA Press.

Scherer, M. J., & McKee, B. G. (1994b). *The views of adult deaf learners and institutions serving deaf learners regarding distance learning cooperative arrangements with NTID/RIT: The results of two surveys.* Paper presented at the annual meeting of the American Educational Research Association, New Orleans, LA. (ERIC Document Reproduction No. ED 377 214)

Scherer, M. J., McKee, B. G., & Keefe, B. (1994, April). *Distance learning, interactive technologies, and student learning: Which students blossom and which wilt?* Paper presented at the annual meeting of the American Educational Research Association, New Orleans, LA.

Scherer, M. J., McKee, B. G., & Young, M. A. (1990). *The Educational Technology Predisposition Assessment (ET PA).* Rochester, NY: Institute for Matching Person & Technology.

Scherer, M. J., & Sax, C. (in press). Technology in rehabilitation counseling. In T. F. Riggar & D. R. Maki (Eds.), *Rehabilitation counseling: Professional and practical issues.* New York: Springer.

Schiller, J. (1997). The role of primary school leaders in integrating information technology: A longitudinal study. In B. Conners & T. d'Arbon (Eds.). *Change, Challenge and Creative Leadership: International Perspective on Research and Practice.* Hawthorn: Australian Council for Educational Research.

Schirmer, B. R. (2001). *Psychological, social, and educational dimensions of deafness.* Boston: Allyn & Bacon.

Seppa, N. (1997, July). Hard-of-hearing clients often hide their disability. *APA Monitor,* p. 28.

Simonson, M., Sweeney, J., & Kemis, M. (1993). The Iowa distance education alliance. *Tech Trends, 38*(1), 25–28.

Smart, J. (1999). Issues in rehabilitation distance education. *Rehabilitation Education,*

13, 187–206.

Smith, R. O. (2002). OTFACT: Multi-level performance-oriented software with an assistive technology outcomes assessment protocol. *Technology & Disability, 14*, 133–139.

SRI International. (1993). *The transition experiences of young people with disabilities.* Palo Alto, CA: Author.

STATEMENT Pilot Programme. (2000). *Evaluation report.* Dublin, Republic of Ireland: Author.

Sternberg, R. (1998). Principles of teaching for successful intelligence. *Educational Psychologist, 33*(2/3), 65–72.

Stinson, M., & McKee, B. (2000). *Speech recognition as a support service for deaf and hard-of-hearing students: Adaptation and evaluation* (Year 2 annual progress report to the Spencer Foundation). Rochester, NY: National Technical Institute for the Deaf.

Stinson, M. S., Scherer, M. J., & Walter, G. G. (1988). Factors affecting persistence of deaf college students. *Research in Higher Education, 27*, 244–258.

Strassler, B. (1999). *Deafdigest Gold, 3*(32). Retrieved July 20, 2000, from http://www.deafdigest.com/Gold/index.html

Technology-Related Assistance for Individuals With Disabilities Act of 1988, Pub. L. 100-407, 29 U.S.C. 2201 et seq.

Tehama County Department of Education. (2002). *Learning pyramid.* Bethel, MA: National Training Laboratories. Retrieved December 12, 2002, from http://www.tcde.tehama.k12.ca.us/pyramid.pdf

Telecommunications Act of 1996, Pub. A. No. 104-104, 110 Stat. 56 (1996).

Thomas, A. J. (1985). *Acquired hearing loss: Psychological and psychosocial implications.* San Diego, CA: Academic Press.

Tobias, C. U. (1996). *The way they learn.* Wheaton, IL: Tyndale House.

Tomlinson, C. A. (1999). *The differential classroom: Responding to the needs of all learners.* Alexandria, VA: Association for Supervision & Curriculum Development.

Tuttle, D. W., & Tuttle, N. R. (1996). *Self-esteem and adjusting with blindness: The process of responding to life's demands.* New York: Charles C Thomas.

Tyler, R. S., & Schum, D. J. (1995). *Assistive devices for persons with hearing impairment.* Boston: Allyn & Bacon.

University of Illinois at Urbana-Champaign, Graduate School of Library and Information Science. (May, 2002). *Library services to patrons with blindness and visual impairments: Adaptive and assistive equipment.* Champaign, IL: Author. Retrieved

May 7, 2003, from http://alexia.lis.uiuc.edu/~lis405/special/blind.htm

U.S. Department of Education, National Center for Education Statistics. (2000). *Digest of education statistics*. Retrieved April 28, 2003, from http://nces.ed.gov/pubs2001/digest/

U.S. Department of Education, Office of Special Education and Rehabilitative Services. (1998a). *Twentieth report to Congress on the implementation of the Individuals with Disabilities Education Act*. Washington, DC: Author.

U.S. Department of Education, Office of Special Education and Rehabilitative Services. (1998b). *To assure the free appropriate public education of all children with disabilities: Twentieth annual report to Congress on the implementation of the Individuals With Disabilities Education Act* (Code of Federal Regulations, Title 34, Section 300.7, 1995). Washington, DC: Author.

U.S. Department of Education, Office of Special Education and Rehabilitative Services. (2001). *Annual report to Congress on the implementation of the Individuals With Disabilities Education Act*. Washington, DC: Author.

Vanderheiden, G. (1994, July). *Technologies for access to information and instruction*. Plenary presentation for the conference, "National Symposium on Educational Applications of Technology for Persons With Sensory Disabilities," Rochester, NY.

Vanderheiden, G. (2001a, August). *Development of generic accessibility/ability usability design guidelines for electronic and information technology products*. Paper presented at the First International Conference on Universal Access in Human–Computer Interaction, New Orleans, LA.

Vanderheiden, G. (2001b). Fundamentals and priorities for design of information and telecommunication technologies. In W. F. E. Preiser & E. Ostroff (Eds.), *Universal design handbook* (pp. 65.3–65.15). New York: McGraw Hill.

Vanderheiden, G., & Tobias, J. (2002). *Universal design of consumer products: Current industry practice and perceptions*. Retrieved December 17, 2002, from http://trace.wisc.edu/docs/ud_consumer_products_hfes2000/

VandeVusse L., & Hanson, L. (2000). Evaluation of online course discussions: Faculty facilitation of active student learning. *Computers in Nursing, 18*, 181–188.

Vernon, M., & Andrews, J. F. (1995). *The psychology of deafness: Understanding deaf and hard-of-hearing people*. Washington, DC: Gallaudet University Press.

Vincent, C., & Morin, G. (1999). L'Utilisation ou non des aides techniques: Comparaison d'un modele americain aux besoins de la realite quebecoise [The use of technical aids: Comparison of the American model with the needs and

realities of Quebec]. *Canadian Journal of Occupational Therapy, 66,* 92–101.

Wallhagen, M. I., Strawbridge, W. J., Shema, S. J., Kurata, J., & Kaplan, G. A. (2001). Comparative impact of hearing and vision impairment on subsequent functioning. *Journal of the American Geriatrics Society, 49,* 1086–1092.

Wessels, R., Persson, J., Lorentsen, O., Andrich, R., Ferrario, M., Oortwijn, W., et al. (2002). IPPA: Individually Prioritized Problem Assessment. *Technology & Disability, 14,* 141–145.

Withrow, F. B. (1991, August 4). *Stars schools: The cutting edge* (Working paper). Washington, DC: U.S. Department of Education.

World Health Organization. (2001). *International Classification of Functioning, Disability, and Health.* Geneva: World Health Organization.

Wormsley, D. P. (2000). *Braille literacy curriculum.* Philadelphia: Towers Press, Overbrook School for the Blind.

Yalom, I. (1995). *The theory and practice of group psychotherapy* (4th ed.). New York: Basic Books.

Zabala, J. S. (1995). *The SETT framework: Critical areas to consider when making informed assistive technology decisions.* Houston, TX: Region IV Education Service Center. (ERIC Document Reproduction Service No. ED 381 962)

Zapf, S. A., & Rough, R. B. (2002). The development of an instrument to match individuals with disabilities and service animals. *Disability and Rehabilitation, 24,* 47–58.

作者索引

（正文旁頁碼係原文書頁碼，供索引檢索之用）

Abouserie, R., 131
Abrahamsen, A., 163
Act to Promote the Education of the
    Blind, 70
Aguayo, M. O., 54
Alan, G. M., *142*
Albaugh, P. R., 194
American Foundation for the Blind, 26,
    29, 32, 33, 39
Americans With Disabilities Act of 1990,
    Pub. L. No. 101-336, 76, 163
Andrews, J. F., 46
Andrich, R., 184
Arkow, P., 76

Barasi, S., 131
Barcus, J. M., 94, 163
Barker, B. O., 131
Barker, R. G., 51
Barry, E. K., 54
Barry, S. J., 54
Behrmann, M. M., 163
Beigel, A. R., 194
Bennett, D. E., 163
Bijl, R., 46
Binder, G. E., 217
Bishop, M. J., 148
Blackhurst, A. E., 163
Blasch, B. B., 75, 76
Bondi-Wolcott, J., 66, 215
Boone, R., 156
Bowe, F., 41, *42–43*, *147*, 151, *151*, *152*,
    161
Bowser, G., 163, 184
Bravin, P., *23*, *24*, *112–113*, *113–114*,
    147–148
Brewster, S., 104
Briggs, J., 191
Brinker, R., 163
Broihier, M., 131
Brown, D. L., 193
Browning, C. J., 54
Buckleitner, W. W., 129

Buck-Rolland, C., 131
Burnett, K. P., 131

Cagle, K. M., 12
Cagle, S. J., 12
Case, 184
Castellano, C., 32
Cates, W. M., 148
Chapman, C., 165
Chong, C., *219*
Coady, N. E., 54
Conderman, G., 96
Connell, B. R., 153
Cook, A. M., 201
Coombs, N., 121, 135, 143
Council for Higher Education Accredita-
    tion, 141, 143
Craddock, G., 104, 105, 121, 122, 162,
    163, 185, 191
Craig, A., 216
Cravener, P. A., 131
Cunningham, C., 121
Cushman, L. A., 179, 191, 193, 195

Davis H., 4
Day, H., 184
deGraaf, R., 46
de Jonge, D., 218
Demers, L., 184, 194
Denham, A., 163
Dew, D. W., *142*
Dewey, J., *3*
de Witte, L., 184
Dugan, M. B., *12*, *24*, *27–28*, *29*
Duke, S., 135

Easterbrooks, S., 63
Education of All Handicapped Children
    Act (Pub. L. 94-142), 59
Edybrun, D. L., 101, 156, 163, 213
Eggen, P., 43

Eldredge, G. M., 143
Equal Access to Software and Information, 136
ERIC Clearinghouse on Disabilities and Gifted Education, 114
Erikson, E., 42–43, 162

Fayne, H., 194
Filippo, K. F., 94, 99
Fisher, D., 208
Fitzgerald, S., 76
Fitzgibbon, H., 218
Flemming, J. E., 163
Flemming, J. P., 163
Flippo, K. F., 163
Fougeyrollas, P., 184
Fradd, S. H., 157
Francis, H. W., 96
Frey, N., 208
Frisina, D. R., 54

Gagne, M., 131
Galvin, J., 15
Gardner, H., 167, 169
Garner, J. E., 213
Gelderblom, G.J., 184
Gerber, S. E., 24
Gety, L., 54
Gilden, D., 115, 150
Glaser, C. H., 60
Goldberg, L., 113
Golden, D., 94, 164
Gonick, M. R., 51
Goodman, G., 193
Gregory, G. H., 165

Hannafin, M. J., 157
Hansell, N., 5, 6, 23
Hansen, N., 76
Hasselbring, T. S., 60
HEATH Resource Center, 214
Heerkens, W. D., 191
Heine, C., 54
Hetu, R., 54
Higgins, K., 156
Higher Education Act [Pub. L. 102-325], 91
Holloway, S., 216

Holt, R., 99
Hooper, S., 157
Hourcade, J. J., 173
Huer, M. B., 173
Hussey, S. M., 201
Hutinger, P., 163

Individuals With Disabilities Education Act, 25, 68, 91, 163, 164
    Amendments of 1997 [Pub. L. 105-117], sec 602, U.S.C., 92, 93
Individuals With Disabilities Education Act (IDEA [Pub. L. 94-142]), 8, 25, 26, 80–81, 92
Inge, K. J., 94, 163
Internet TV for Assistive Technology, 103

Jary, D., 94, 101
Jary, J., 94, 101
Johanson, J., 163
Johnstone, S. M., 131
Jones, L., 54
Judge, S. L., 94, 99, 100, 163
Jutai, J., 184

Kanigel, R., 127
Kaplan, G. A., 54
Katsiyannis, A., 96
Kauchak, D., 43
Kay, R., 131
Kearsley, G., 208
Keefe, B., 132, 134, 156, 197
Kelker, K. A., 99, 101
Keller, B. K., 54
Kemis, M., 131
Kemp, C. E., 177
Kilgore, K. L., 153
Kim, J., 46
Kleinert, H. L., 163
Knutson, J. F., 54
Koch, M. E., 96
Kosman, D., 32
Kraut, R., 131
Krendl, K. A., 131
Kristina, M., 46
Krueger, M. W., 150
Kurata, J., 54

Lahm, E. A., 163, 184, 201
Lang, H. G., 68, 213
Lansing, C. R., 54
LaPlante, M. P., 6
Leung, P., 217
Leventhal, J. D., 34, 35
Lewis, M., 163
Lockwood, R., 76
Luft, P., 193

Maki, D. R., 95
Maki, R., 143
Maki, W. S., 143
Margolis, E., 173
Marullo, S., 103
Maslow, A., 43
McCarthy, P., 54
McCombe, A., 24
McCormack, L., 191
McFadyen, G. M., 24, 25
McKee, B. G., 60, 111, 130, 132, 136,
        156, 158, 191, 197, 199, 218
Mencher, G. T., 24
Merbitz, C., 193
Messent, P., 76
Meyerson, L., 51
Michaels, C. A., 216
Morabito, S. M., 216
Morin, G., 193
Morris, N., 131, 143
Morton, J. L., 54
Moss, D., 131
Mulrow, C. D., 54
Munk, D., 162
Myers, D. G., 24

National Center for Education Statistics,
        214
National Council on Disability, 142–142,
        214
National Federation of the Blind, 32
National Health Interview Survey, 6, 7
National Information Center for Chil-
        dren and Youth With Disabili-
        ties, 7–8, 13
    Fact Sheet No. 3, 16, 17
    Fact Sheet No. 13, 16
Niparko, J. K., 96

No Child Left Behind Act of 2001 (Pub.
        L. 107-110), 96–97
Noreau, L., 184

Ohler, J., 131
Ormrod, J. E., 43
Orr, A. C., 129
Overbrook School for the Blind, 99

Page, T. L-B., 46
Palloff, R. M., 131, 143
Pardeck. J. T., 96
Parette, H. P., 60, 94, 99, 100, 163, 173,
        174, 177
Persson, J., 185
Piazza, L., 194
Pillemer, K., 52
Poon, L. W., 19
Potter, J. F., 54
Pratt, K., 131, 143
President's Commission on Excellence in
        Special Education (2002, July),
        97, 217
    report of
        disability categories in, 8–9
Prezant, F. P., 216
Pumpian, I., 208

Rahal, T. E., 19
Reed, P., 163, 184
Rehabilitation Act of 1973, 29 U.S.C.
        sec 794, 95, 142, 163
    1998 Amendments, Section 508,
        142
Rehabilitation Act of 1973 (Pub. L. 93-
        112), 95
    Section 504, 95
Riggar, T. F., 95
Rochester Hearing and Speech Center,
        14
Rochester Institute of Technology, 9, 10,
        12, 218
Rodger, S., 218
Romski, M. A., 163
Rough, R. B., 77, 194
Roulstone, A., 198
Rubin, D. G., 19

Sachs-Ericsson, N., 76
Sacks, S. Z., 74
Sax, C., 131, 135, 139, 208, 215
Scadden, L., 103
Scheetz, N. A., 24, 53
Scherer, M. J., 15, 34, 41, 47, 54, 60, 66,
    104, 105, 118, 121, 122, 132,
    136, 139, 143, 148, 149, 156,
    157, 158, 162, 163, 178, 179,
    185, 190, 191, 193, 195, 197,
    199, 208, 215, 217, 218, 221
Schiller, J., 163
Schirmer, B. R., 46, 48
Scholsser, K., 194
Schum, D. J., 53
Seppa, N., 48
Sevcik, R. A., 163
Shema, S. J., 54
Simonson, M., 131
Sizemore, L., 201
Ska, B., 184
Smart, J., 143
Smith, R. O., 185
SRI International, 215
Stassler, B., 7
STATEMENT Pilot Programme, 199
Sternberg, R., 167
Stinson, M., 130
Stinson, M. S., 111, 130, 217
Stoneburner, R., 163
Strassler, B., 7
Strawbridge, W.J., 54
Suitor, J. J., 52
Sullivan, J., 99
Sweeney, J., 131

Technology-Related Assistance of Individ-
    uals With Disabilities Act of
    1988, Pub. L. 100-407, 9–10
Tehama County Department of Educa-
    tion, 165
Telecommunications Act of 1996 Pub.
    A. No. 104-107, 110 Stat 56,
    110
Thoma, C. A., 215
Thomas, A. J., 46, 47
Thomas, V. S., 54
Tiene, D., 193
Tierney, D., 74

Tobias, C. U., 167
Tobias, J., 153
Tuttle, D. W., 48
Tuttle, N. R., 48
Tyler, R. S., 53

University of Illinois at Urbana–
    Champaign, Graduate School of
    Library and Information Science,
    39
U.S. Department of Education
    on hearing and vision loss, 5, 6, 8
    National Center for Education Statis-
        tics, 9, 60–62, 62, 64–65
    Office of Special Education and
        Rehabilitative Services, 9, 78–79,
        80–81
    Office of Special Education Pro-
        grams, 60, 61, 62, 65, 106

Van Biervliet, A., 163
Vanderheiden, G., 151, 153
Vernon, M., 46
Vincent, C., 184, 193

Wallhagen, M. I., 54
Walser, P., 184
Walter, G. G., 217
Weider, T. G., 191
Weiner, B., 46
Weiss-Lambrou, R., 184
Welsh, R. L., 75
Wessels, R., 185
Wiener, W. R., 75
Withrow, F. B., 131
Wolfe, K. E., 74
Wolock, E. L., 129
World Health Organization, 194
Wormsley, D. P., 32
Wright, B. A., 51
Wyatt, J. R., 96

Yalom, I., 52

Zabala, J. S., 163, 184
Zapf, S. A., 77, 194

主題索引

（正文旁頁碼係原文書頁碼，供索引檢索之用）

Access 接觸

to computers. See Computer access technol-
ogy(ies) 電腦，參見電腦接觸科技

electronic 電子的 153, 156

to internet 網際網路 125, 142

to telecommunications equipment and servi-
ces 電子溝通設備和服務

Federal Communication Act, Section 255
and 聯邦通訊法案第 255 條款和
143

to Web sites 網址（網路、網站）
125-126, 142

Accessibility 可接觸的、可觸及性

of multimedia systems 多媒體系統
150-151

Access technologies. See Computer access
technology(ies)
可觸及的科技，參見電腦所及科技

Accommodations 調適

for conferences and symposia 研討會和論
文集 109-110

for employee working from home 在家工
作受雇者 142

employers' questions about 雇主的問題
219

for students 學生們

with cochlear implants 配戴助聽器 96

with hearing loss 聽障 211

with vision loss 視障 82, 211

usability of technology and 科技的可用

性 178

for vision loss 視障 30-32

in workplace 職場 218

individualization of 個人化 218

Act to Promote the Education of the Blind 1879
1879 年提升視障教育

American Printing House for the Blind and
美國國家視障人出版社 70, 71

Adjustment 調整

hearing loss and 聽障（聽力障礙） 46,
50-54

Meyerson patterns of 形成的 51

vision loss and 視力障礙和 50-51, 54

Age 年齡

hearing loss and 聽力障礙和 7

American Foundation for the Blind 美國視
障基金會 26, 29

American Printing House for the Blind educa-
tional materials and services supplied by
美國國家視障人出版社的教育資料和服
務提供 70, 71

American Sign Language in schools for the
deaf 美國聽障生手語學校（美國手語
的重要機構） 68

American Sign Language distance learning
course 美國手語遠距學習課程

Chromakey text versus blackboard in
Chromakey 文字 vs. 黑板 133

communications hardware and software for
溝通硬體和軟體 133-134

deaf-hearing student interaction in　聽障和
正常聽力的學生的互動　134

fiber-optic (two-way video) channel for　人
造眼睛（兩個方向的錄影機）的管道
132

instructor reactions to　教學者的反應
134-135

Matching Person and Technology in learner
characteristics in　人和科技的適配在學
習者特質上　195-198

student proficiency and satisfaction　學
生熟練度和滿意度　198

variables discriminating continuing and
noncontinuing students　持續和不持
續學生多變的區別　197- 198

multimedia instruction in　多媒體教學
133

onsite teacher monitor for　線上老師的機
器　132

pre-course assessment of student　學生課
前評估　196-197

profile of successful student　成功學生的
指述　197

student groups in　學生群體　132

technology areas in　科技區域　133

video roll-ins and　轉軸影片和　133

Americans With Disability Act of 1990 Pub. L.
NO. 101-336　1990 年美國身心障礙者
法案　41

service animal definition　服務性動物的定
義　76

Anxiety　焦慮

computers and　電腦和　127

Assessment instruments　評估教學

in Matching Person and Technology model
人和科技搭配模式　186-195

to match people/ students with technology
人／學生和科技的搭配　184-185

Assistive devices　輔助裝置

inclusion of students with disabilities and
所有障礙學生的融合　60

Assistive listening devices(ALDs)　輔助聽力
設備

Matching Person and Technology assess-
ment of　人和科技搭配的評估
192-193

Assistive Technology Act of 1998, 98 Web site
for　1998 年輔助科技法案網址　255

Assistive technology(AT)　輔助科技

abandonment of device　終止配備　179

for access to information　獲得資訊　18

advantage of　優點　163

for blind persons　視障者

problems in workplace　工作場所的難
題　219

children's use of　孩童使用的

research findings　調查結果　99

considerations for educators and　教育者的
考慮　200-201

definition of　定義　110

federal　聯邦　163, 164

by law　法律上　9-10

emotional readiness to use　情緒調適好
47

focus on limitations versus capabilities　限
制 vs. 能力可及的焦點　100, 101

funding sources for　補助來源　251-252

importance of　重要　163

individualization of　個別化　163

for instructional delivery　教學安置　18

literature review of　文獻回顧　101-102

matching with child　適合孩子　99

measurement of outcomes, costs, effectiveness　結果、費用和成效評估　184-185

necessity of　需求　162

negative aspects of　負面觀點　15, 16

personal meaning of　個人意義　46

for persons with hearing loss　為了聽力障礙的人　10-13, 17

for persons with vision loss　為了視力障礙的人　17

selection of　選擇

　client-centered approach in　以客為尊　201

　STATEMENT Program and STATEMENT 計畫和　121-122

team for　團隊　92, 93-94

U.S. organizations focused on　美國機構專精　253-254

use at 4-year institutions　在四年制中使用　216

Web sites focused on　網站專精　254-255

Assistive technology (AT) service defined　輔具科技服務定義　93, 164

Assistive Technology Device Predisposition Assessment (ATD PA)　輔助科技配置的前提的評估

　reliability and validity of　信度和效度　194

Assistive technology devices (ATDs)　輔助科技設備

　spinal cord injury in　脊髓損傷

　　Matching Person and Technology assessment of　人和科技搭配的評估　191-192

Attachments　依附

　for quality of life　生活品質　5

　to world　對世界上　5, 6

Attitudes　態度

　in matching students and technology　配合學生和科技　174

Audio induction loop　聲音導入迴路　11

Audiotapes　錄音帶　31

Betty

　teacher at New York State School for the Blind　紐約州視障學校的教師

　　adaptation in teaching and　改造教學　84-85

　　on assistive and educational technologies　輔具和教育的技術　87-88

　　behavioral approach to teaching　教學上的行為研究步驟　86-87, 88

　　experience as mother of learning disabled son　學習障礙兒子的母親　99-100, 100

　　individualized approach to instruction　個人化方法到教育　83, 85-88

　　Jamie and　Jamie 和　85-86

　　substitute teacher preparation and　代理老師的準備　86-87

　　use of operant conditioning　操作制約的

使用 86

Blind people/ students 盲人／學生

individualized, hands-on instruction of 個人化的、實際的教導 83, 84-88

New York State School for the Blind and 紐約州立視障學校 69-71

service animals for 服務性動物 76-77

technologies for, current state of 科技，流行的情況 219

Bobby guidelines, for Web site access Bobby 引導標準，接觸網路 125

Adolescent experience of trying to fit in 嘗試適應的成人經驗 42-43

on evolution of and reaction to technologies 科技的進展和反應 42

technological link with blind colleague 全盲團體關連的科技 42, 151

use of technology 科技的使用 147

Braille （盲用）點字

origin and description of 起源和描述 32-33

refreshable keyboard display of 更新鍵盤顯示 35-36

slate and stylus production of 石板和尖筆 33-34, 38

BrailleNote （有聲）點字記錄器

comparison with Braille'n Speak 相較於有聲點字機 39

Braille'n Speak notetaker 有聲點字記錄器

BrailleNote comparison with 盲用點字機相較於 36-39

description by a user 使用者的描述 37, 38, 39

invention and description of 發明與描述 36-39

level of 層級 38-39

on flexibility in captioning 字幕的彈性 112-113

research finding from National Captioning Institute 國家字幕學會的研究結果 113-114

Captioning 字幕

audible but unspoken information and 可聽見但無法說明的訊息和 113

closed 封閉式 110, 111

color-coding of speakers and 說話者的彩色編碼和 112

decoders for 解碼器 111, 122

live-display 臨場呈現 111

open 開放 111

real-time 即席的 111

use of 使用 116

Caregivers 教養者

involvement in Individualized Education Programs 個別化教育計畫涵蓋 93

Central hearing loss 中樞聽力損失 25

Charlie

experience of 經驗

at New York State School for the Blind 在紐約視障學校 71

user and instructor of Braille'n Speak 有聲點字記錄器的使用者和教師 37

Children 兒童

assistive technology use by 使用輔具科技 99

computer use by　電腦使用
　ability by age levels　符合年齡層級的能力　129
　freedom and experimentation in　自由和實驗　128
　programs that are fun　有趣的程式　127-128
　success for　成功　128-139
with disabilities　障礙（兒童）
　U.S organizations sites focused on　美國機構專精網站　253
hearing loss in　聽力障礙　26, 28-29
　range and effects of　範圍和結果　27
　technologies and accommodations for　科技與調適　26, 27
Matching Assistive Technology and CHild (MATCH)　幼童和輔助科技的搭配　187
school-age　學齡
　disabilities in　障礙　9
　transfer from one school to another　學校轉介　100, 101
　vision loss in　視障（視力障礙）　26, 29-30
Closed captioning　封閉式字幕
　decoding of　解碼　111, 112-113
　glossaries and　辭典和　113
　versus open captioning　vs.開放式字幕　111
　Telecommunications Act of 1996 and　1996 年電子通訊法案　110
Cochlear implants　電子耳裝置
　description of　描述　95-96

Section 504, 1998 amendments to Rehabilitation Act of 1973　1973 年復健法案之 504 條款（於 1998 年修訂）　96
College/university　學院／大學
　assistive devices in　輔助設備
　　Statement of Need for　需求聲明　215, 235-236
　　transition to work/lifelong learning　轉銜到獨立工作／生活的學習　218-220
　disability support offices in　身心障礙輔助辦公室　216
　　factors in success of　成功因素　217
　　faculty advisory committee for　有能力的顧問委員會　217-218
　　AT training of　輔助科技訓練　217
Communication　溝通
　by persons with hearing loss and their communications　由聽障者和他們的對話者　28-29
Communication competence　溝通能力　6
Computer　電腦
　in deaf students'classroom discussion　聽障學生課堂上的討論　152
　interaction between blind or deaf teachers and deaf students　視障或聽障老師和聽障學生之間的互動　136, 137
　software for　軟體　154
Computer access technology(ies)　電腦關連科技　193-194
　for college students, assistive technology device predictive assessment of　大學生，輔助科技裝置預測評估　193-194

computer display and output　電腦螢幕和
　　輸出　115-116

keyboards　鍵盤　116-117

matching user with　適合使用者　118-119

mice　滑鼠　117

pointers　指引器　117

switch access　開關接觸　117

voice input with speech recognition software
　　語音輸入辨識軟體　116

Computer laboratory　電腦實驗室

resource for　資源

　　at postsecondary level　在較次要的層級
　　　121

　　in schools　在學校　119-121

Computer learning　電腦學習

student characteristics and　學生特點
　　126

Computers　電腦

children's use of ability by age level　小孩
　　使用時要符合其年齡層級的能力　129

　　enthusiasm　熱中　127-129

　　frustration with　挫折　127

voice input with speech recognition software
　　for　語音輸入辨識軟體　116

Conductive hearing loss　傳導性聽力損失
　　24, 25

Connectedness　聯結

hearing and　聽力和　4

information and　資訊（訊息）和　5-6

and quality of life　生活品質和　4

vision and　視覺和　4

Cost　費用

in matching student with technology　適合

學生的科技　175

purchase versus funding for　購買 vs. 補助
　　176-177

C-Print software　C-Print 軟體　130

Culture definition of　文化的定義　68

Curriculum　課程

expanded core　延伸核心　29-30

hidden　隱性　173, 174, 213

Data　資料

transformation into meaningful data　轉變
　　成有意義的資料　23-24, 147-148

Dave

on adjustment to hearing loss　聽障（聽力
　　障礙）的調適　52-53

Deafness See also Hearing loss　聾，參見聽
　　力損失

in children　兒童　26, 27

definition of, Individual With Disabilities
　　Education Act　身心障礙者個人教育法
　　案的定義　25-26

experience of　經驗　3

Deaf students, See also Hearing loss　聾學
　　生，參見聽力障礙

distance learning for　遠距學習

　　instructional delivery in　教育的傳遞
　　　136

　　interactions with blind or deaf teacher and
　　　視障或聽障老師的互動　136

　　student comments on　學生評論　137,
　　　138

　　versus hearing student　vs. 聽力正常的學
　　　生　130

with linguistic skill limitations interpreters versus text-based systems for 語言技術受限的口譯員 vs. 以文字為主的系統 130, 131

software remediation of 軟體補救 130, 131, 149

media-base programs/systems for, successful 以媒體為基礎的課程／系統，成功的 149-150

residential schools for 社區學校 63

social advantage of 社會優勢 65, 66

schools for 學校 63

Dependence 依賴

of hearing impaired students on parents 聽力缺損學生的雙親 66

on special education support in inclusive environment 在融合環境中特殊教育的支持 74, 75

of visually impaired students 視障的學生 74

Disability 失能

categories of 項目

President's Commission on Excellence in Special Education report 總統委任小組對卓越的特殊教育的報告 8-9

classification of 分類

Individual With Disabilities Education Act 個別障礙教育法案 8, 60-61

in school-age children 學齡兒童 9

Disability Support Office 身心障礙輔助辦公室 216

application of assistance in Jeffrey, freshman with low vision 弱視新鮮人 Jeffrey 使用輔具的描述 179-180

assistive technology training of 輔助科技訓練 217

college/university 學院／大學 216

faculty advisory committee for 有能力的顧問委員會 217-218

successful 成功 217

Distance 距離

between speaker and listener 說話者與聽話者之間

communication difficulty and 溝通困境和 28, 31

Distance learning 遠距學習

accredited institutions offering 由認可的學會安排 141-142

advantage and disadvantage of comparison with classroom instruction 和傳統課程比較的優點和缺點 144-145

American Sign Language educational goal and 美國手語教育目標 165

American Sign Language course for high school students 高中學生的美國手語課程 132-135

Matching Person With Technology model in 人和科技契合模式 195-198

benefits and shortcomings of 益處和缺點 131-132

class discussions and 課堂討論 140

demands on teacher 老師的要求 140, 141

dropout rate for course 課程淘汰率 143

feedback in 回饋 137

findings and recommendations in　發現和建議　139

history course for deaf college students　聽障學院學生的歷史課程　136-139

blind professor　視障教授　136

deaf professor　聽障教授　136

Matching Person With Technology model in　人和科技搭配模式　199-200

issues in　議題

　　e-mail demands　電子郵件需求　140

　　interactive communication　互動式溝通　139

post-secondary　中等教育之後

　　history course　歷史課程　136-139

　　for professional rehabilitation counselors　專業復健諮商員　139-140

　　Rehabilitation Act of 1973 (1998 amendment), Section 504 and　1973 年復健法案（1998）年修訂，504 條款　142

　　research on　研究　142

student comments　學生評論　137, 138

from student perspective time management and　學生觀點的時間管理　141

from teacher perspective　教師觀點　139-140

teachers in wide accessibility of　廣泛接觸的老師　139

Web-based course　網路本位課程　105

Economic environment for student technologies　學生科技的經濟環境　175

Educational environment(s)　教育環境

definitions of　定義　61-62

form exclusive to inclusive　78-79

inclusive　融合　91-98

regular class　普通班　61

resource room　資源班　61-62

separate facilities　隔離機構　63

technology rich, connection deprived　充裕豐富的科技，關係的喪失　98-102

Educational Excellence for All Learners Act of 2003　2003 年全體學習者教育卓越法案　98

Educational technology (ET)　教育科技

considerations for educators and　教育者的考量　200-201

evaluation and selection of checklists for　評估選用檢核表　243-250

selection of client-centered approach in　適合個案為中心的選擇方式　201

Educational Technology Predisposition Assessment (ET PA)　教具配置趨向評估

reliability and validity of　信度和效度　194

Education of All Handicapped Children Act of 1975 (Pub. L. 94-142). See also Individual with Disabilities Education Act of 1997　所有小孩的教育法案，身心障礙者教育法案

inclusive education and　融合教育和　59-60

Educators　教育者

characteristics of　特質　212-213

relationship between teaching and learning　教導與學習關係　212, 213

selection of technology and　科技的選擇

213

successful　成功

　development of　發展　212-214

　incorporation of technology in teaching
　　科技在教學上的結合　213, 214

　resource for　資源　253-259

　student-centered　以 學 生 為 中 心
　　213-214

Elementary school　小學

　blind child in　視障生　73-74

　Educational Technology Perdisposition As-
　　sessment in　教育科技配置的前提評估
　　194

Ellen

　blind kindergarten student in inclusive class-
　　room　幼稚園融合教室中的視障生

　　pull-out and push-in activities for　抽離
　　　和融入的活動　77-78

　　support activities for　支持活動　77

　　support personel for　支持個人的　75,
　　　77

　educational goal for　教育目標　165

　Erikson's developmental stages and
　　Erikson 發展階段和　162

Employers　雇主

　assistive technologies and for employees
　　with hearing or vision loss　提供聽障或
　　視障雇員輔助科技　219, 220

Employment of blind people　盲人的就業
　83

Environmental(s). See also Educational envi-
　ronment (s)　環境的，參見教育環境

　economic　經濟的　175

inclusive　融合　74-75

learning　學習

　individualization of　個別的　23-24

　physical　身體行動　175

　use of technology and　科技的使用
　　158, 175

Equal Access to Software and Information,
　mission statement of　軟體和訊息對等接
　觸　135-136

ERIC (Educational Resources Information
　Center) Web site for　（ERIC）網址教育
　資源資訊中心　258-259

Erikson, E., stages of psychological develop-
　ment　Erikson 心理社會發展階段
　43-44, 162

Evidence-based practice　驗證為基礎的練習
　97

　assessment and documentation for　評估並
　　記錄　212

　Matching and Person Technology contribu-
　　tion to　搭配和人的科技需求　186

　Matching person and technology process
　　and　搭配人和科技歷程　178, 186

Expanded core curriculum　延伸核心教材

　for blind or visually impaired students　為
　　全盲或有視障的學生　29-30

Expectations　期待

　for students with disabilities　障礙學生
　　210

　of technology　科技的　54

　parents'　父母的　174

　students'　學生的　172-173

FCC Caption Decoder Standard of 1991 and

1992 revision　1991 年 FCC 字幕解碼標準，1992 年聯邦通訊法案修訂 255 條款電子溝通的可接觸機會　112

Federal Communication Act, Section 255

　accessibility of telecommunications equipment and services　設備和服務　143

FilterKeys　過濾鍵　117

Frustration　挫折

　with assistive technology　輔助科技的　15

　in communication between hearing impaired and non-hearing impaired persons　聽力缺損者和非聽力缺損者之間的溝通　67

　with computers　透過電腦　127

　of employee with hearing or vision loss　聽障或視障的員工　219

　with Internet communication　透過網際網路溝通　136

　of students with cognitive or information-processing deficits　學生的認知缺陷或資訊處理困難　162

Funding　補助

　for assistive technology source for　輔助科技來源　251-252

　statement of need for　需求聲明　236-242

Gallaudet distance learning history courses and　加拉德特遠距學習歷史課程　136-139, 199-200

Graphic information　圖形訊息

　presentation to blind student　呈現給盲生　211

　tactile portrayal to blind students　給盲生

觸（摸）覺的圖像　82, 211

Handwritten materials accommodations for　手寫教材設備　211

Hearing psychological levels of　聽力的心理層次　4

Hearing aid　助聽器　10

　choice to wear or not wear　戴或不戴的選擇　47

　personal experience with　個人經驗　45

　stigmatization feelings with　烙印的感覺　49

Hearing impairment. See also deafness; Deaf students　聽力損傷參見聽障、聽障學生

　definition of, Individuals With Disabilities Education Act　身心障礙者教育法案的定義　25-26

　increase in students served　受益學生增加　60-61

　as Individuals With Disabilities Education Act disability type 身心障礙者教育法案障礙類型　81

　service for educational environments for　教育環境的服務　65

Hearing loss, See also deafness; deaf students　聽力損失，參見聽障、聽障學生

　adjustment pattern in　調適形式　51, 53

　adjustment to　調適　52-53

　adventitious deafness and　偶發性失聰　53

　alerting and signaling device for　警報和信號裝置　10, 14

　assistive technologies for　輔助科技　9-14

in children 兒童 25-26, 27, 28-29

communication strategies for 溝通策略 28-29

degree of 程度 25

educational implications of 教育意義 16-17

employee experience of 受雇經驗 219, 220

Erikson's stages of psychological development and Erikson心理社會發展階段和 43-44

hearing aids for 助聽器 10

incidence of 發生率 6-7

meaning of 意義 25

negative impact of 負面衝擊 54

normal hearing threshold and 正常聽力的界限和 25

personal experience of 個人經驗 3

in childhood and adolescence 兒童時期和成人期 45

in college 大學 46

deaf person's 聽障者 3

grade school to college 大學以前 49

in inclusive education 融合教育 67-68

prevalence of 盛行率 6-9

problem interactions and 互動的問題和 53

psychological effects of 心理上的成效 54

psychological levels of 心理層次 4

psychological problems with 心理問題 46

psychological learning and behavioral changes in 心理學習和行為改變 48

range and effects of in adults and children 成人及兒童的範圍和結果 27

reactions to 反應 43-47

self-esteem and 自尊和 48

Self Help for Hard of Hearing People and 聽力困難自助會和 50

social life and 社會生活和 51

solitariness as coping strategy for 獨居的應對策略 51-52

sound amplification devices in group milieu 在大型場合的聲音放大裝置 11

statistics for 統計資料 6-9

discrepancies in 有差異 7

in students accommodations for 便利學生的設備 211

technologies and accommodations for 科技與調適 26, 27

telecommunications devices for 通信裝置 11, 13, 14

type of 類型 24-25

Hidden curriculum 隱藏課程 173, 174, 213

Hierarchy of needs 需求等級 47-48

Higher Education Act (HEA [Pub. L. 102-325]) 高等教育法案 91

amendment to 1998 (Pub. L. 105-244) 1998年修訂案 98

History courses 歷史課程

distance learning 遠距學習 136-139

Matching Person With Technology Model in 人和科技搭配模式 199-200

IMS Guidelines for Creating Accessible Learning Technologies　創造可接觸的學習科技的 IMS 指南　126

Inclusive education　融合教育

of blind kindergarten child　幼稚園的視障兒童　74, 75

closure of schools for deaf and　聽障學校的停辦　68-69

dependence on parents　依賴父母　66

hearing loss and personal experience of　聽力損失和個人經驗　67-68

legislation for. See under Legislation loss of resource people support with　立法，參見立法支持缺乏資源的人們　66

loss of support with　支持的缺乏　66

pull-out and push-in activities in　抽離和融入的活動　77-78

versus separate facilities　相對於隔離機構　61, 63, 66-68

special education support in peer interaction and　同儕互動的特殊教育支持和　74

vision loss and fifth grade example　視覺障礙和五年級案例　73-74

Individualization　個人化

of accommodations in workplace　便利工作職場的設備　218

of information and educational system　資訊和教育系統　153

Individualized Education Program (IEPs)　個別化教育計畫

amendments of 1997 (Pub .L. 105-117) 1997 年修訂案

involvement of parents/caregivers and

包含父母／教養者和　93, 94

assessment for　評估　206, 207

assistive technology devices and service and evaluation for　輔具科技的建議、使用和評估　94

blueprint for education　教育的藍圖　94-95

step in Matching Person and Technology assessment process in　人與科技適配評估過程　206, 207

teams on　團隊　93-94

Individual Plan of Employment　個人化職業計畫　94-95

See also Individualized Education Programs (IEPs)　參見個別化教育計畫

Individuals With Disabilities Education Act (IDEA), 25-26. See also Education of All Handicapped Children Act　身心障礙者個別化教育法案，參見全體障礙兒童教育法案

assistive technology service provision and　科技輔具的準備和　92-93

core principles of　核心原則　92

disability categories of　障礙的類型　92

disability classification in　障礙的區別　80-81

Individual With Disabilities Education Act　身心障礙者個別化教育法案

change in students ages　學生年齡的改變　6-21

served under　年限　60-61

reauthorization of　再度修訂　91

Information 資訊

  complex communication difficulty and 複雜的溝通困難和 32, 39

  graphic tactile portrayal to blind students 對盲生的圖表的觸摸式圖像 82, 211

  as link to connection 連接環節 5-6

  organization and memory of teaching for 教導其組織和記憶 150

  redundancy in 冗長 149-150

  visual 視覺

    audio description of 聽覺描述 211

    tactile portrayal of 觸摸式圖像 82, 211

    as visual material 視覺材料 148

Information competence 資訊能力 6

Information explosion effect of 資訊探索的成果 55

Information technologies description of 資訊科技的描述 110

  Telecommunications Act of 1996 and 1996 年電子通訊法案和 110-111

Infrared sound transmission systems 紅外線聲音傳輸系統 11

Instructional Materials Accessibility Act of 2003 2003 年教育資源無障礙法案 98

Internet 網際網路

  access to 可接觸的 125, 142

  as barrier in distance learning 遠距學習的障礙 137

Interpreter 口譯員

  deaf student and 聽力障礙學生和 148

  differentiation of deaf from hearing student with 聽障和聽力正常學生的不同 129-130

  versus text-base systems vs. 以文字為主的系統 130, 131

Intimate relationships 親密關係

  hearing loss and 聽力損失和 54

Jamie

  operant conditioning with 操作制約 86

  teaching strategies with 教學策略 85-86

Janet, experience of hearing loss Janet 聽力損失的經驗 45, 46

Jeffrey

  affiliation needs and 入會需要 181

  assistive technology use cost factor in 使用輔助科技的成本因素 180

  low-tech devices 不複雜的配備 179-180

  preferences in 偏好 180

  Disability Support Office and 殘障服務中心 180-181

Kate

  experience of hearing loss 聽力損失的經驗 49-50

  support group and adjustment 支持團體和調適 52

Keyboards 鍵盤 116-117

Kindergarten class 幼稚園班上

  blind child with cerebral palsy in observation notes 全盲並有腦性麻痺兒童的觀察筆記 75

Language skills for deaf persons' video text communication　聽障人士電視文字溝通的語言技巧　152

Learners. See also Students　學習者，參見學生

　characteristics and preferences of　特質與優先權　18

　matching with technology characteristics of good match in　配合良好的科技特性　210

　　step in　步驟　225

　needs and preferences of technology and　科技的需求和偏好　148-149, 156

　successful　成功　206

　　condition for　條件　207

　　delivery systems　傳送系統　209

　　instructional strategies in　教學策略　208-209

　　subject content and　主要內容　208

Learning　學習

　in community-based environment　社區學習環境　105

　environment for　環境　18

　　individualization of　個別的　23-24

　　outside schools　校外　103-106

　　at home　家中　105-106

　　in laboratories　在實驗室　103-104

　　in libraries　在圖書館　104-105

　　outside schools　校外　103-106

　　teaching how to　教導如何　150

　　teaching relationship with　教導的關係和　212, 213

Learning style (s)　學習模式

　global　全面性　165, 166, 167

　linear or analytic　線性或分析式　165, 166, 167

　matching with teaching styles　教學風格的一致性　166

　visual, auditory, kinesthetic　視覺、聽覺、觸覺　167, 168

　Stephen and inclusive school match exercise　Stephen 和融合學校的配合練習　167, 168-170

Lectures pre-recording of　演講前的預先記錄　31

Legislation　立法

　Assistive Technology Act (ATA)　輔具科技法案　98

　Educational Excellence for All Learners Act of 2003　2003 年全體學習者教育卓越法案　98

　Educational of All Handicapped Children Act of 1975 (Pub. L. 94-142)　1975 年所有障礙小孩的教育法案　59

　Higher Educational Act (HEA [Pub. L. 102-325])　高等教育法案　91

　　amendments to 1998 (Pub. L. 105-244)　1998 年修正案　98

　Individualized Education Programs　個別化教育計畫　92, 93-94, 94-95

　Individuals With Disabilities Education Act of 1997 (Pub. L. 105-117)　身心障礙者個別教育法案

　　amendments of 1997　1997 年修正　91, 92-93, 163

　　reauthorization of　再度修訂　91

Instructional Materials Accessibility Act of
2003　2003 年教育資源無障礙法案
98

No Child Left Behind Act of 2001(Pub. L.
107-110)　2001 年兒童適性安置法案
96-97, 255

Rehabilitation Act of 1973 (Pub. L. 93-112)
1973 年復健法案
Individual Plan of Employment and　個
人化職業計畫　94-95
Section 504, 1998 amendments　1998 年
修訂 504 條款　95, 95-96
Section 508　508 條款　142, 255
Telecommunications Act of 1996 and
1996 年電子通訊法案　110-111
Web sites for　網址　255

Libraries learning in　在圖書館學習
104-105

Lifelong learning　終身學習　105, 218-220

Lifestyle matching technology to person and
人們的生活形態配合科技　173, 174

Light, communication difficulty and　光線，
溝通困境和　29

Mainstreamed education, see Inclusive educa-
tion　主流教育，參見融合教育

Mainstreaming law, 59.see also Educational of
All Handicapped Children Act of 1975;
Individuals With Disabilities Education
Act (IDEA)　主流法，參見 1975 年全
體障礙兒童教育法案，身心障礙者教育
法案

Maslow, A., hierarchy of needs　Maslow 需

求的階層　47-48, 161

Matching Assistive Technology and CHild
(MATCH)　幼童和輔助科技的搭配
187

Matching learners with technology　配合學習
者的科技　18

Matching people/students with technology
人／學生和科技的搭配
assessment instruments for　教學評估
184-185
frameworks for　架構　184
need for　需求　184-186

Matching Person and Technology (MPT)　人
和科技搭配　118, 121, 186-195
in assessment of computer access technol-
ogy　電腦通路科技評估　193
assessment process and forms in　評估程序
和格式　186-195, 196, 225-232
Assistive Technology Device Predisposi-
tion Assessment　輔助科技配置的前
提評估　189-190, 230-231
Educational Technology Predisposition
Assessment Student Form　教育科技
前提評估學生表　190, 232
in formulation of Individualized Educa-
tion Program　個別化教育計畫的描
述　206, 207
History of Support Use　支援使用的發
展（支援使用的歷史、使用經驗史）
187, 189, 225, 228-229
Initial Worksheet　初稿　187, 225, 226
reliability of　信度　191
Survey of Technology Use　輔助科技使

用的調查　189

validity of　效度　191-193

collaborative model for　合作模式　188

origin of　起源　190

process in and assessment forms　歷程和評
估表　225-232

references for psychometric properties of in-
struments in　心理測量屬性工具　196

steps in　步驟　206

Matching student with technology assessment

in importance of　學生和科技適配評估
的重要　212

characteristics in　特點

of milieu/environment　情境／環境
174-175

of student　學生　172-174

of technology　科技　176-177

diversity of cultures, language, lifestyles and
文化、語言、生活形態的不同
173-174

evaluation of usability of selected technol-
ogy　選擇科技可用性的評估　177-178

key considerations in　關鍵考慮　178

goals and　目標　164

skills for　技能　164

incorporation of technology into student/
school routines and structure　學生使用
輔助科技以及學校所習慣的例行公事和
結構層面　177

lifestyle and　生活形態　173

milieu/environment characteristics in attitu-
dinal　態度上情境／環境的特點　175

cultural　文化　174

economic　經濟　175

legislative/political　立法／政策　175

personal characteristics and resource in ex-
pectations, mood, and temperament　在
預期、心情和性情上的個人特性和資源
172-173

motivation and readiness to achieve goals
達成目標的動機和意願　172

needs, capabilities, preferences　需求、能
力、喜好　172

prior exposure to and experience with tech-
nologies　先前使用科技輔助的經驗
172

usability of device selected　選擇設計的可
用性　178

MATCH (Matching Assistive Technology and
CHild)　幼童和輔助科技的搭配　187

Measurement and assessment Web sites for
測量和評估網址　258

Mice　滑鼠　117

Microsoft Windows　微軟系統

computers access for people with disabilities
適用於有障礙者的電腦　117

Mobility training. See Orientation and mobility
training　隨機訓練，見固定和隨機訓
練

Motor patterns for visual mapping by blind stu-
dents　供盲生使用的視覺地圖的操作
方式組型　88

Multimedia captioning and　多媒體字幕
148

as convergence of text, graphics, sound　文
字、圖片和聲音的集合　148

problem with 問題 150-151

Multiple handicaps of students at New York State School for the Blind 紐約州立視障學校多重障礙學生 69

Multiple intelligence 多元智能

　Gardner's seven intelligence Gardner 的七種智力 167- 168, 169

　Sternberg triarchic model Sternberg 的智力三元論 167

Multiple speakers communication difficulty and hearing loss and 多數說話者和聽障者溝通困境 28

　vision loss and 視障者和 31

Meyerson, L., adjustment patterns in hearing loss Meyerson 聽力障礙的調適形式 51, 53

National Information Center for Children and Youth With Disabilities 身心障礙兒童與青少年聯邦資訊中心

　on hearing loss 聽力障礙 16, 17

　on vision loss 視力障礙 16

National Technical Institute for the Deaf (NTID) 國立聽障生技術學院 63, 66

　distance learning history courses and 遠距學習歷史課程 136-139, 199-200

New York State School for the Blind 紐約州立視障學校 69-71

　community-based functional programming and 以社區本位為主的課程和 82-83

　exclusive education student comment on 教育程度較低的學生評論 71

　teacher comment on 老師評論 73

founding and history of 成立和歷史 69

inclusion education dropouts at 融合教育的中輟生 82

mental mapping at 內心地圖 82

from one teacher's perspective 從一個老師的觀點 84-88

physical education at 生理教育 81-82

resource center in 資源中心 70, 71

services offered by 服務安排 81

staff comments on 工作人員評論 69, 82

state book depository for braille and large print books 收藏點字書和大字體印刷書本 70

student example, Jamie Jamie 學生例子 85-86

students with multiple disabilities in 多重障礙學生 79

teacher comment exclusive teaching 老師評論隔離教育 73

teacher example at, Betty Betty 的教師案例 84-88

teaching at adaptation in 改編教學 84

　of color 顏色 85

　of Jamie: deaf, blind, autistic 關於 Jamie：聽障、視障、自閉 85-86

verbal versus functional skills of students and 口語 vs. 技巧的學生熟練 84-85

transformation of 轉型 69, 70, 71

transition to adult programs and 轉銜至成人課程 83

typical day in 典型的一天 79, 81

Noise 噪音

　communication difficulty and hearing loss

and　溝通困境和聽障者和　28

for persons with vision loss　視障者　31

Optional character recognition(OCR)　可選擇的特點識別　34

Opticon (Optical to Tactile Conversion)　視覺到觸覺的轉換　34

Orientation and mobility training for blind persons　視障人士定向和行動的訓練　75-76

information sheet for teachers　老師手冊　75-76

Outcome measurement of selected technology　選擇科技的結果評估　177-178

Parents　父母

assistive technology and　輔具科技和　99

expectations and desires of　預期和希望　174

individualized Education Program team and　個別化教育計畫團隊和　93, 99, 100, 101

transfer of child to another school　轉學後孩子的轉變　101

Peer relationships　同儕關係

in inclusive environment　融合環境中　74-75

technology use and　科技使用和　174

of visually impaired students　視力缺損學生　74

Peer support, See also Support groups　同儕支持，參見支持團體

in hearing loss　聽力障礙者　54

for persons with disability　身心障礙者　50

Physical disability　生理障礙

deaf students with augmentative communication supports for　支援聽障學生增加溝通　149

Physical environment for student technology use　學生使用科技的身體行動環境　175

Pointers　指引器　117

President's Commission on Excellence in Special Education　總統任命之特殊教育成就委員會

disability classification in　失能的分類　8-9

findings and recommendations of　結果和可取之處　97

mandate of　命令　97

Print materials technologies for　列印教材科技　211

Quality of life　生活品質

attachments and　依附　5

connectedness and　聯結　5-6

Reading with refreshable Braille keyboard　以更新點字鍵盤閱讀　36

vision loss and　視力障礙旳人　4, 30-31

Refreshable braille keyboard　更新的點字鍵盤　35-36

Rehabilitation Act of 1973 (Pub. L. 93-112)　1973 年復健法案

Individual Plan of Employment　個人化職業計畫　94-95

Section 504, 1998 amendments 1998 年修訂案 504 條款

cochlear implant candidates 接受人工電子耳 95-96

comparison with Individuals With Disabilities Education Act 身心障礙者個人化教育法案的比較 96

disability defined in 身心障礙的定義 95

enforcing agency for 執行機構 96

Equality with non-disabled student 等同於普通學生 95, 96

inclusion of people in programs receiving Federal financial assistance 受到聯邦財務支持的計畫所涵蓋的人 142

Section 508 online access for disabled persons 為失能者能夠上線的 508 條款 142

Web site for 網址 255

Relationships 關係

assistive technology and 輔具科技和 102

Reliability of Matching Person and Technology model 人和科技適配模式的信度 191

Rochester Institute of Technology inclusion of deaf with hearing students 羅徹斯特科技中心融合聽障和聽力正常的學生 129-130

Rochester School for the Deaf 羅徹斯特聽障者學校 63

School for the blind. See New York State

School for the Blind 盲人學校，參見紐約州立視障學校

School (s) for the deaf 聽障學校

advantages of 優勢 68-69

closure of 關閉 68

Gallaudet University 加拉德特大學 136

National Technical Institute for the Deaf 國立聽障生技術學院 63, 66

Screen readers (synthesized voice out-put) 螢幕閱讀器（電腦語音產出） 34-35

Secondary education 中等教育

distance learning in, American Sign Language course 遠距學習，美國手語課程 132-135

Educational Technology Predisposition Assessment in 教育科技配置前提評估 194

transition to college or work 轉銜到大學或工作 214-220

Statement of Need to college/ university 給學院／大學的需求聲明 215, 235-236

Section 504. See under Rehabilitation Act of 1973 (Pub. L. 93-112) 504 條款，參見 1973 年復健法案

Self-esteem 自尊

hearing loss and 聽障和 48

vision loss and 視障和 48

Sensorineural hearing loss 感覺神經的聽力損失 24, 25

Separate facilities 隔離機構

versus inclusive education 相對於融合教育

educator's comment on 教育者的評論 63, 66

mothers' comment on 母親們的評論 63, 66

student comment on 學生的評論 66, 67-68

Service animals 服務性動物

for blind persons 為了視障者 76-77

candidates for assessment of 量表的測試 77

waiting lists and 等待名單 76

definition of 定義 76

for persons with hearing loss 聽力障礙者 10

Service Animal Adaptive Intervention Assessment and 服務動物適應介入量表 77

socialization and 社會性和 76

training of 訓練 76, 77

Slate and stylus, in production of braille 石板和尖筆，點字的製作 33-34

Social isolation 社會孤立

hearing loss and 聽障和 45, 46, 47

of students with vision/ hearing loss Disability Support Office and Jeffrey 殘障服務中心 視力／聽力受損學生和Jeffrey 181

in inclusive environment 融合環境中 74-75

of visually impaired students 視力缺損的學生 74

Socialization 社會化

hearing loss and 聽力障礙和 51, 52

Social skills technology and 社交技巧科技 201

Software selecting and customizing 軟體的選擇和訂做 126-127

Solitary activities 獨居行動

hearing loss and 聽力障礙和 51

versus social life 相對於社會生活 51

Speech recognition 語言識別 116

in telecommunication 電子通訊 151

Speech synthesizer in Braille'n Speak notetaker 點字摘記紀錄器的複合語音 37, 38

Statement of Need for assistive technology devices 輔助科技設備的需求聲明 215, 232-236

in STATEMENT program 主流教育使用輔助科技制度模式計畫 215

Statement of need recommendations to funding agency 給基金會的需求聲明的建議 236-242

to student 學生 234-235

to university 大學 215, 235-236

STATEMENT (Systematic Template for Assessing Technology Enabling Mainstream Education)program evaluation for 主流教育使用輔具科技制度模式計畫評估 121-122

Matching Person With Technology model in disability profile of student applicants and 人和科技適配模式中關於學生傷殘一覽表 199

for Statement of Assistive Technology Need 輔助科技需求的宣示 198

Statement of Need and 需求聲明 121-122, 215

student testimonials 學生的證明書 122, 183

Stephen

educational goal for 教育目標 165

Erikson's developmental stages and Erikson 的發展階段和 162

in inclusive classroom 融合教室 73-74

issues in 議題 74

match exercise 分配練習 73-74, 167, 168-170

StrickyKeys 棍棒式按鍵 117

Students . See also Learners blind/ visually impaired education of 學生，參見盲人學習者／視力損傷教育 29-30

with disabilities accommodations for 便利障礙者的設備 210-212

expectations for 期望 210

matching with technology 科技的搭配 184-186

in distance learning 遠距的學習 195-200

in STATEMENT project STATEMENT 計畫 198-199

for success 成功 170-180

personal goal of 個人目標 171

transitioning to post-secondary school or employment 中學後或就業的過渡 198

use of technology and 科技的使用 158

with vision loss and hearing loss characteristics of 視覺缺陷和聽力缺損的特質 83

Support 支持

for computer access technologies 電腦接觸科技 119

hearing loss and 聽力損失者 66

of peers 同儕 50, 54

Support groups 支持團體

for persons with hearing loss 為了聽力障礙者 50, 52

Survey of Technology Use (SOTU) 輔助科技使用的調查

in matching person and technology 人和科技的契合 189

reliability and validity of 信度和效度 194

Synthesized voice output (screen readers) 合成語音輸出（螢幕閱讀器） 34-35

Systematic Template for Assessing Technology Enabling Mainstream Education (STATEMENT) Pilot Programme. See STATEMENT (Systematic Template Enabling Mainstream Education) Program 主流教育使用輔具科技制度模式計畫，參見主流教育制度模式計畫

Teachers 老師

attitudes toward technology and 面對科技的態度 174

of disabled persons preparation and screening of 障礙者的預習和考察 100

expectations of students 學生的期望 172-173

身心障礙者 的 教育輔助科技

Teaching 教導
learning relationship with 學習關係 212, 213
Technology 科技
barriers to use of 使用的障礙 105-106
in curriculum design 課程設計 154
delivery system in instruction design 教育設計的傳達系統 154
explosion of, effect of 探索，成效 55
instructional for children and adults 兒童和成人互動教育 152
strategies for 策略 155
teacher education for 老師的教育 152-153
intrinsic factors and in use of 內在因素和使用上的 158
for learner with vision or hearing loss 視力或聽力損失的學習者 156
matching with students see also Matching Person and Technology (MPT) 障礙的標記和異於敵手的學生，參見人和科技的密合 156, 172-173, 175, 178
selection of 選擇 178
subject content of 主題內容 155
use by students 由學生來使用 147-157
influence on 影響 158
instructional design for 教育設計 154
needs and preferences and 需要和嗜好 148-149
usefulness for individual user 有助於個別使用者 153, 156
Telecommunication 電子通訊

speech recognition in 語音辨識 151
Telecommunication Act of 1996 1996 年電子通訊法案
manufactures and 製造商和 110
service providers and 服務提供者和 110-111
Telephone device (TT or TTY) 電話裝置
conversation abbreviations for 為了交談縮寫 12
description of 描述 12
for persons with hearing loss 為了聽力障礙者 11-13, 14
relay services for 轉播裝置 13
Television 電視
captioned use of 字幕使用 114
Touch cane (Hoover) technique 利用手杖碰觸地面（真空吸塵器）的技巧 77
Transitions 轉銜
from college/ university to work/lifelong learning 從學院／大學到獨立工作／生活的練習 218-220
from secondary education to college/university 從中等教育到學院／大學 214-218

Universal design 一般設計
for accessibility and usability 人人可得和可使用的 105
advantages and disadvantages of 優點和缺點 114-115
of information and educational systems 資訊和教育系統 153
in learning, movement for 學習活動 114

of products and systems 產品和系統
114

U.S. Department of Education Office of Speci-
al Education and Rehabilitative Services
美國教育部門特殊教育及復健處

changes from exclusive to inclusive environ-
ment 從隔離到融合環境的改變
78-79

Office of Special Education Programs edu-
cational environment definitions 美國
教育部門特殊教育計畫處教育環境定義
61-63

service statistics，age 6-21 六到二十一
歲，官方統計 60-62

service to hearing and visually impaired stu-
dents 聽力和視力缺損學生的安置
64-65

Usability, technology selection for 可用性，
選擇科技 178

Validity 效度
of Matching Person and Technology assess-
ments concurrent 人和科技適配評估的
一致性 192
construct 結構 192
criterion related 標準參照 192-193
predictive 預測 193

Virtual reality systems applications of 虛擬
實境系統的應用 149-150

Vision loss 視力損失
accommodation for 調適 30-32
Braille 'n Speaker notetaker 有聲點字記
錄器 36-39

categories of 領域 13-14

in children 兒童 26, 29-30

communication strategies for persons and
communications with 溝通所需的溝通
策略 31-32

educational implications of 教育意義 6,
16

Erikson's stages of psychosocial develop-
ment and Erikson 心理社會發展階段
43-44

experience as employee 受雇的經驗
219, 220

incidence of 發生率 6-9, 7

independent reading and writing and 獨立
閱讀和寫作 4, 30-31

negative impact of 負面衝擊 54

prevalence of 盛行率 6-9, 7

psychological learning and behavioral
changes in 心理學習和行為的改變
48

self-esteem and 自尊和 48

in students accommodations for 便利學生
的設備 211

technologies for 科技 14-15, 32-40

braille 點字 32-34

optical character recognition 視覺特徵的
認知 34

Option (Optical to Tactile Conversion) 選
擇（視覺到觸覺的轉換） 34

refreshable braille keyboard 更新點字鍵
盤 35-36

screen readers 螢幕閱讀器 34-35

Visual impairment. See also Blind people/ stu-

身心障礙者 的 教育輔助科技

dents　視力缺損，參見盲人／學生

increase in students served　受益學生增加
60-61

as Individuals With Disabilities Education
Act (disability type, 81)　身心障礙者教
育法案（障礙類型，81）

service for educational environment for　教
育環境的安置　65

voice input　聲音輸入　116

Web sites access to　網路（網站、網址）接

觸　125-126, 142

World Health Organization Disability Assess-
ment Schedule revised (WHODAS Ⅱ)
世界衛生組織障礙評估程序——修訂第
二版

concurrent validity with Survey of Technol-
ogy Use　科技使用調查的一致性效度
194

Writing vision loss and　視障者寫作和　4,
30-31

國家圖書館出版品預行編目資料

銜接上學習之路——身心障礙者的教育輔助科技
／ M. J. Scherer 作；張倉凱等譯. --初版. --
臺北市：心理，2006（民 95）
　面； 公分. --（障礙教育；62）
參考書目：面
含索引
譯自：Connecting to learn:educational and assistive
　　　 technology for people with disabilities

ISBN 978-957-702-939-3（平裝）

1. 學習障礙─教育　2. 融合教育

529.6　　　　　　　　　　　　　　　　95016668

障礙教育 62　　　**銜接上學習之路**
　　　　　　　　── 身心障礙者的教育輔助科技

作　　者：M. J. Scherer
總 校 閱：藍瑋琛
譯　　者：張倉凱、陳玉鳳、陳淑芬、王梅軒、鄭裕峰
執行編輯：李　晶
總 編 輯：林敬堯
出 版 者：心理出版社股份有限公司
社　　址：台北市和平東路一段 180 號 7 樓
總　　機：(02) 23671490　傳　真：(02) 23671457
郵　　撥：19293172 心理出版社股份有限公司
電子信箱：psychoco@ms15.hinet.net
網　　址：www.psy.com.tw
駐美代表：Lisa Wu　tel: 973 546-5845　fax: 973 546-7651
登 記 證：局版北市業字第 1372 號
電腦排版：龍虎電腦排版股份有限公司
印 刷 者：東縉彩色印刷有限公司
初版一刷：2006 年 9 月

讀者意見回函卡

No. _____　　　　　　　　　填寫日期：　年　月　日

感謝您購買本公司出版品。為提升我們的服務品質，請惠填以下資料寄回本社【或傳真(02)2367-1457】提供我們出書、修訂及辦活動之參考。您將不定期收到本公司最新出版及活動訊息。謝謝您！

姓名：_____　　性別：1□男　2□女

職業：1□教師 2□學生 3□上班族 4□家庭主婦 5□自由業 6□其他____

學歷：1□博士 2□碩士 3□大學 4□專科 5□高中 6□國中 7□國中以下

服務單位：_____　部門：_____　職稱：_____

服務地址：_____　電話：_____　傳真：_____

住家地址：_____　電話：_____　傳真：_____

電子郵件地址：_____

書名：_____

一、您認為本書的優點：（可複選）

　❶□內容 ❷□文筆 ❸□校對 ❹□編排 ❺□封面 ❻□其他____

二、您認為本書需再加強的地方：（可複選）

　❶□內容 ❷□文筆 ❸□校對 ❹□編排 ❺□封面 ❻□其他____

三、您購買本書的消息來源：（請單選）

　❶□本公司 ❷□逛書局⇨_____書局 ❸□老師或親友介紹

　❹□書展⇨____書展 ❺□心理心雜誌 ❻□書評 ❼其他_____

四、您希望我們舉辦何種活動：（可複選）

　❶□作者演講 ❷□研習會 ❸□研討會 ❹□書展 ❺□其他____

五、您購買本書的原因：（可複選）

　❶□對主題感興趣 ❷□上課教材⇨課程名稱_____

　❸□舉辦活動　❹□其他_____　　　　（請翻頁繼續）

廣　告　回　信
台　北　郵　局　登　記　證
台 北 廣 字 第　940　號
（免貼郵票）

心理出版社 股份有限公司

台北市 106 和平東路一段 180 號 7 樓

TEL: (02) 2367-1490
FAX: (02) 2367-1457
EMAIL:psychoco@ms15.hinet.net

沿線對折訂好後寄回

六、您希望我們多出版何種類型的書籍

❶□心理 ❷□輔導 ❸□教育 ❹□社工 ❺□測驗 ❻□其他

七、如果您是老師，是否有撰寫教科書的計劃：□有□無

書名／課程：＿＿＿＿＿＿＿＿＿＿＿＿＿＿＿＿＿＿＿

八、您教授／修習的課程：

上學期：＿＿＿＿＿＿＿＿＿＿＿＿＿＿＿＿＿＿＿＿

下學期：＿＿＿＿＿＿＿＿＿＿＿＿＿＿＿＿＿＿＿＿

進修班：＿＿＿＿＿＿＿＿＿＿＿＿＿＿＿＿＿＿＿＿

暑　假：＿＿＿＿＿＿＿＿＿＿＿＿＿＿＿＿＿＿＿＿

寒　假：＿＿＿＿＿＿＿＿＿＿＿＿＿＿＿＿＿＿＿＿

學分班：＿＿＿＿＿＿＿＿＿＿＿＿＿＿＿＿＿＿＿＿

九、您的其他意見

謝謝您的指教！　　　　　　　　　　　　　63062